汉语快速阅读

训练与测试

CHINESE SPEED READING

Drills and Tests

暨南大学对外汉语教学系　编

华语教学出版社

北　京

First Edition   1996

ISBN 7-80052-329-2

Copyright 1996 by Sinolingua

Published by Sinolingua

24 Baiwanzhuang Road, Beijing 100037, China

Printed by Beijing Foreign Languages Printing House

Distributed by China International

Book Trading Corporation

35 Chegongzhuang Xilu, P.O.Box 399

Beijing 100044, China

目 录

编 写 说 明

一、 本书是供具有一定汉语水平的学习者使用的阅读课本，旨在训练、提高并测试使用者的阅读能力，特别是快速阅读能力。本书可作为自学、自测的阅读材料，也可作为阅读课的教材使用。本书以汉语二级水平应达到的标准为设计起点。

二、 本书的成绩评定标准以汉语水平等级及HSK分数等级的评定标准为基本依据。采用百分制评定成绩，各个分数段基本可与 HSK 的相应分数等级对应。所以本书也可作为 HSK 考前训练课本和参考书，它有助于使用者顺利通过 HSK 的阅读部分。

三、 我们在大量参阅了多种书、报、杂志的基础上，精选出36篇文章，经过改写，作为本书的训练文与测试文。考虑到使用者多为成年人，而且速读的目的是更多更快地摄取知识信息，选文时，我们着重考虑阅读材料的知识性，适当兼顾趣味性。在语言上，以常用、规范为原则，适量收入一些专业术语与惯用语，以扩大使用者的词汇积累。

四、 全书共分十二个单元，每个单元内部的三篇文章在学科内容上基本一致。各单元的排列顺序基本依照由浅入深、由易及难的原则，同时还利用阅读速度上的不同要求来贯彻这一原则。

五、 每个单元分为训练文与测试文两部分，所以使用者不仅可以用此书进行阅读训练，同时也可以对自己的实际阅读水平做一般的评估。每篇课文后面附有中国学生与未经速读训练的外国留学生阅读情况的调查结果，使用者可将自己的阅读情况与之做比较，从而估计自己阅读水平的进步程度。

六、本书编者：班弨、陈延河、陈佩瑜、黄绮云、罗守坤、莫华、欧恒云、彭小川、钱泳平、张军。审改：班弨、钱泳平、张军。统稿及英文翻译：钱泳平。

七、在编写过程中，我们得到了系领导的全力支持。暨南大学附属中学与附属小学的部分师生，南京大学外国学者留学生研修部的部分教师与外国留学生以及我系的部分留学生协助完成了阅读调查。谭桂英与林波也为阅读调查做了不少工作。杨钟武先生审阅了全书的英文译稿，在我校工作的美籍教师 Katya. C. Walter 和 Stewart. I. Johnson 审读了部分英文译稿。在此，谨向他们表示衷心的感谢。

编者

1995 年 7 月于广州

Explanatory Notes

1. This book is designed as a drill book for students with a fairly good command of Chinese, with the aim of training, improving, and testing reading ability, especially speed reading ability. It may be used either as a self—taught and self—testing book or as a course text. The design of the book is mainly based on the criteria for level two of the Chinese Proficiency Level.

2. The criteria used to evaluate one's results in this book are based on the criteria for the Chinese Proficiency Level and the HSK (Chinese Proficiency Test). A hundred—point scoring system is adopted in this book and each graded segment has a corresponding scoring grade in the HSK, therefore this book can serve as a reference and drill book for taking the HSK, helping users pass the reading comprehension part of the HSK.

3. A great number of relevant books, newspapers, and periodicals were consulted, from which 36 articles were selected and adapted for training and testing in this book. Considering that most users are adults, and the purpose of speed reading is to take in more information more quickly, the articles selected needed to be both informative and interesting. The words and expressions in these articles are in standard and common use. Some technical terms and idioms are included so as to enlarge the users' vocabulary.

4. The book is made up of 12 units, each with three articles on the same subject matter. The articles are arranged logically from simple to profound, easy to difficult. This also takes into account the requirements of different reading speeds.

5. Each unit is divided into two parts, one for lessons and exercises, the other for testing, so with the book users can not only receive practice, but also find out how well they can read at a fast speed. Results of investigations of Chinese students and foreign students untrained in speed reading are attached to each lesson, and users can compare their own reading results with them to evaluate how well they have improved.

6. This book was compiled by Ban Chao, Chen Yanhe, Chen Peiyu, Huang Qiyun, Luo Shoukun, Mo Hua, Ou Hengyun, Peng Xiaochuan, Qian Yongping and Zhang Jun. Ban Chao, Qian Yongping, and Zhang Jun were in charge of proofreading the first draft. The final revision and the English translation were completed by Qian Yongping.

7. In compiling the book, we received full support from the leadership of our department. Some students and teachers from the Middle School and the Primary School affiliated with Jinan University, some teachers and foreign students of International Scholars' and Students' Department of Nanjing University, and some foreign students of our owndepartment helped to complete the reading reseacch. Tan Guiying and Lin Bo did much of the research work. Yang Zhongwu checked over the translation of the book. Dr. Katya C. Walter and Mr. Stewart I. Johnson from the U.S. who work in our university read over some parts of the English translation. We wish to express our sincere thanks to all of them.

Compilers

July, 1995

使用者必读（1）

什么是速读?

在日常生活中，人们为了不同的目的与需要，常常阅读很多内容不同的材料，但却很少有人会考虑阅读的方法问题。可你如果认真仔细地比较一下你自己的阅读活动，一定会发现，实际上的确存在着不同的阅读方式。假设你是一位经济学家，业余时间爱读一些小说作为消遣。如果你读一本侦探小说，或者读一篇观点新颖，很有独到见解的经济学学术论文，或者你在一本经济学论文集中查找一些你需要参考的学术观点，你的阅读方法会完全一样吗？显然在读小说时，你不会仔细推敲每个词语的确切含义，遇到不认识的字词，你十有八九不会查词典，而只是猜猜词义而已。你也许说不出书上原来是怎么写的，可是你却可以用自己的话说出故事的梗概。而当读那篇极有价值的最新学术论文时，你就不会这样了。你一定会逐字逐句地认真理解每句话的含义，试图准确无误地回复作者的原意，并对作者的观点、看法作出自己的评价，不理解的词语你绝对不会让它随随便便地从眼皮底下溜过去。你甚至可以一字不漏地背诵出其中十分重要的句子和段落。而如果你在查找一些学术观点，你可能在几分钟内翻阅二、三十页纸。用前面的两种方法，你是绝对做不到这一点的。可见阅读的确具有不同的方法。

学者们现在对阅读的理解与过去已经有了很大的不同。过去人们都相信，阅读是一个精确的过程。这个过程包括对字母、单词、拼法以及较大的语言单位作准确、详尽、连续的感知和辨认。而现在人们普遍接受了一种新的看法——阅读是一种选择的过程。这个过程包括部分使用所得到的最低数量的语言提示，这种语言提示选自以读者的预见为基础的视觉输入。在处理这种部分信息的过程中提出的初步推断随着阅读的进展而被证实、否定或改进。当然后一种看法不是对前一种的截然否定，而只是一种极有价值的、极有意义的补充。这两种阅读方法及过程在现实生活中都不难找到证明。前者是细读，或叫精读，或叫慢读，人们给它起了不少名字。后者叫速读。在前面假设的情况中，你读小说与查找论文时采用的是速读方法，你读充满全新观点的论文时采用的则是细读的方法。

我们编写的这本书是以训练使用者速读能力为基本目的的。所谓速读是在保证基本理解的条件下，以尽可能快的速度进行阅读的语言交际活动。速读还可粗分为通读、略读与查阅三类。如果要求你通读一篇文章，你就应该把文章从头到尾读一遍，理解文章说了些什么问题，并对这些问题说了些什么。你要是在做略读，你只要明了文章说了些什么。如果你在查阅某些信息，你只须在文章中找到你所需要的内容，至于其余的东西你可以全然不顾。就一般的情况而言，通读比略读丢失的信息要少，而查阅比略读丢失的信息要多些。所以通读的速度比略读慢，略读的速度又比查阅慢。但是通读、略读、查阅都有一个共同的特征，即不需要一个字一个字地阅读，而只是通过若干词汇的提示作用，迅速获取所需的信息，理解作者的原意，满足不同的阅读需要。本书主要侧重于通读与查阅的训练。

速读的重要性

你已经知道速读就是用最快的速度在尽可能短的时间内获取较多信息的一种阅读，现在再向你提一个简单的问题："你知道速读的意义和好处吗？"在你还没有做深入的思考和比较之前，"速读读得快呗"这句话最有可能成为你的回答。

给你算算一笔账，也许能帮助你理解速读的重要意义。现在假设你和你的两位朋友 A 与 B 每天可以抽出 1 小时阅读各种汉语材料。你在 1 分钟内可以读 600 个汉字，你的朋友 A 每分钟可以读 400 字，你的朋友 B 每分钟可以读 200 字。你们之间的差距仅仅是 200 个字，然而你能想象出一个星期以后，一个月以后，一年以后乃至十年以后你们三个人之间阅读量的差距吗？请你看看下面的表格：（万字）

	速度	一星期	一个月	一年	十年
B	200 字／分钟	8.4	36	438	4380
A	400 字／分钟	16.8	72	876	8760
你	600 字／分钟	25.2	108	1314	13140

假设你们阅读的书字数大约都在 15 万字左右，那么十年时间，你就能读 876 本书，你的朋友 A 能读 584 本书，你的朋友 B 只能读 292 本书。仅仅因为阅读速度存在 200——400 字／分钟的差距，你的朋友 A 比你少读了 292 本书，B 比你少读了 584 本书。292 本书、584 本书可不是小数目，它对你获取有用信息、扩大知识面、跟上社会发展的步伐所起的作用是无法估量的。缺乏速读能力给人带来的损失真使人感到惋惜。你们付出了基本相等的劳动量，却换来了不等量的收获。

另一方面，速读还可以改变你在阅读中的主观感受。阅读时，逐字的推敲，特别是不停地翻阅词典大大降低了阅读原本可以给人的种种乐趣，而使人感到乏味、枯燥。速读并不给你增加任何额外的负担，却可以减少那种乏味、枯燥的感觉，使你始终保持着阅读给你带来的乐趣。当你掌握了阅读技巧后，你一定对此会有深刻的感受。

速读与理解

阅读的根本目的是理解作者的原意，无论是细读还是速读都无法改变这一点。读完后一无所知的速读难道能有什么意义吗？不顾理解的速读与不阅读又有什么区别呢？理解是任何阅读活动中的第一要素。速读的特点是快速，因而理解与速度之间就会形成矛盾。速度太快势必影响理解，理解太细致势必要影响速度。放弃速度，便无所谓速读；放弃理解，又与不阅读无异。看来只能在两者间折衷了。你还记得给速读下的定义吗："速读是在保证基本理解的条件下，以尽可能快的速度进行的阅读活动。"请你特别注意"基本"二字，这就是说速读并不要求百分之百地精确理解，换句话表达就是速读允许部分信息的丢失。你不必为这些信息的丢失感到惋惜，事实上任何科技文章都有多达 75% 的多余信息，别的文章差不多也是这样。这就意味着你只要读四分之一的篇幅就能知道文章的主要内容了。

速读以丢失部分信息为代价换取了阅读速度，这一定又会引起你的另一个疑问："速读时，允许丢失什么信息？允许丢失多少信息？"你在用母语进行的阅读活动中一定已经积累了不少经验，现在你不妨回忆一下你的阅读活动。在大部分情况下，你开始阅读时都有一个比较明确的目的，或者找找有什么值得一读的东西，或者看看这些文章说些什么，或者弄明白对某个问题这篇文章是怎样说明的。无论你用多快的速度阅读，丢失多少信息，只要你的阅读活动结束时，你的这些阅读目的达到了，你需要的信息都获得了，你的阅读就是成功的。假如你能把这一做法用在汉语的速读活动中，允许丢失什么信息以及允许丢失多少信息的问题事实上就已经得到了解决。任何人都无法给你规定具体的信息丢失量和可丢失的信息内容，因为它取决于文章的内容，文章的有效信息，你的知识结构，你的阅读目的以及你对汉语文字符号的反应速度、敏锐程度和生词量的多少，而这些东西都是不确定的，并因人而异。

可能你还会问："假如我的确是毫无目的，对文章所述内容一无所知，那么我应该如何控制信息的丢失量呢？"这个问题并不难回答，你不知道允许丢失什么，可你却可以知道不允许丢失什么。如果你在读一篇记叙文，何人、何地、何时、何事、何故、何如这"六何"你不可丢失。你要是在读一篇论说文，它的论点、论据和论证方式你也应该大体明了。其他信息则要视你的理解力、兴趣等因素而定。一般地讲，速读中你能理解文章的80%就相当不错了。

速读与辨认汉字的方式

阅读速度一般取决于两个方面，第一是辨识汉字符号的速度；第二是理解的速度。辨识汉字是理解的基础，因而辨识汉字的速度就显得更为重要。

有人曾对辨识汉字的方式做过研究，发现辨识的方法有两种。一种是感知文字形式后，通过语音为中介，由语音形式从大脑的记忆库中提取意义。另一种则直接由文字形式表达意义，不需要语音的中介作用。语音的中介作用主要通过声读、唇读和形音默读的形式表现出来。声读是全部发音器官都动作的有声朗读；唇读是除声带外其他发音器官都动作的无声阅读；形音默读是发音器官不动作仅再现其心理活动过程的无声阅读。这三种阅读总要占用时间，所以以语音为中介毫无疑问要影响阅读速度。最佳的辨识汉字的方式是形体默读，即发音器官不动作，也不再现发音心理过程的由字形直接到意义的无声阅读。它的特点是省去了语音中介作用。不知你阅读时用的是哪种辨识汉字的方式，两者间的优劣并不难判断。你如果习惯于利用语音作中介，就应该注意逐渐摆脱这个习惯，努力锻炼自己通过文字形式直接获得意义，这对你提高速读能力有重要作用。

需要指出一个例外情况，当文章中使用了语音双关等修辞手段时，你必须借助于语音来理解，不能过分拘泥于形体默读的方式。

速读与知识结构

如前所述，理解的速度直接影响阅读速度，而理解又必然与个人的知识水平有关。个人的知识结构对理解速度有十分明显的影响，因而对阅读速度也会产生重要的影响。当你读一篇与你所熟悉的专业有关的文章时，你一定不会有什么理解上的困难，阅读速度也一定很快。但是你要是读一篇内容十分生疏的文章，你会觉得难，而且速度也慢。这种现象并不奇怪，它普遍存在着。速读时理解并不完全依赖于被感知的文字符号，有许多信息是由阅读者自己补充的。当你阅读内容熟悉的文字材料时，你只要借助几个词的提示，就可利用已有的知识，将这些提示词联系起来，回复作者原意，而且你还能预测后面的内容。你的有关专业知识越丰富，对下文内容的预测能力也就越强。这些都可以大大提高你的理解速度与理解准确率，从而使你的阅读速度也大大加快。就这一意义而言，一定的知识积累是速读的必要基础。

阅读技巧

学过外语的人都有这样的经验，阅读外文材料时，那些不认识的字、词，或者太长的句子常会使你中断阅读，老是中断阅读又会使你产生厌烦情绪而失去阅读兴趣。毫无疑问你在进行汉语阅读训练时肯定也会遇到这种情况。你碰到这种情况该怎么办呢？显然，停下来查字典或者停下来仔细分析词语间的语法关系在速读中是不允许的，因为这会大大影响你的阅读速度。在这种情况下，要想保持适当的阅读速度，又能保证基本的理解，你就必须运用某些技巧来清除这些障碍，解决这些难题。人们常使用的主要有四种方法，即猜测、替换、对比和压缩。在一般情况下，它们是有效的。如果你能掌握这些技巧，你的速读水平一定能有很大的提高。这里给你简单介绍一下这四种技巧，供你在阅读中练习、使用。

猜测：

（1）汉语的字多数由偏旁组合而成，偏旁中的意符可以指示字的意义范围或类别，这些意符便是你猜测的线索。

例："每条龙的嘴里都含着一颗小铜球，每个龙头下面都蹲着一个铜[蛤蟆]，对准龙嘴张着嘴。"

"蛤蟆"二字都有"虫"旁，由此可知，"蛤蟆"一定与小动物有关。

（2）汉语的合成词很多，合成词的各个部分（语素）与这个合成词的词义有一定的联系，你可以利用语素的意义来推测合成词的意义。

例："在英国，教英语赚来了一定数量的外汇和〔亲善〕关系。"

"亲"就是"亲近","善"就是"友善",所以"亲善"大致与"友好"一词同义。

（3）语句中词语间的语义搭配关系和语境也可为你猜测词义提供线索。

例："在华佗的弟子中，最有名的要算吴普和樊阿二人。华佗
也把两人当成〔高足〕，特别加以培养。"

根据句中"弟子、最有名、培养"的提示，你一定不难确定"高足"就是"好学生"的意思。

替换：

猜测词义在某些情况下的确是有效的，但有时也十分困难，甚至可能是徒劳的。猜测不能奏效时，你可以试试运用替换的方法。其实替换也是一种特殊的猜测。猜测的目标是获得较确切的含义，而替换则是选用一个与不认识的词具有某些相同语义特征的同类词来代替这个不认识的词，它对两个词之间意义接近程度的要求放得更宽。

例："传说在很久以前，西洞庭山上住着一个美丽、〔勤劳、
善良〕的姑娘，名叫碧螺。"

整个文章是赞美这个姑娘的，句中还用"美丽"一词来形容她，所以"勤劳、善良"不大可能是贬义，这两个生词你就可以用"好"来替换。这样你不仅回避了不认识的词，同时还保留了原词的关键意义。

替换也需要意义线索，猜测时所用的一切方法都适用于替换，但替换只需要这些线索提供意义范围，并且主要从语境获得根据。

对比：

人们在同一个句子中常会使用两个意义相反或意义相同的词语，相互比照。根据这种对比关系，你知道其中一个词的意思，就可以很容易地获得另一个词语的意义。

例：（1）"有的民族敬蛇如"神"，有的民族却视蛇如"[恶魔]"。

　　　（2）"既然科学带领我们进入了一个困境，也只好期望科学带领我们冲出这个〔绝域〕。"

　　（1）句中，从"敬"到"视"的变换，及副词"却"的使用，可以断定这是两种对立的观点，那么"恶魔"与"神"的意思应当相反。

　　（2）句中，"进入、冲出、这个"可以使我们知道，这是针对同一事物，发生两种相反的行为，"困境"应当与"绝域"同义。

压缩：

　　在一个很长的句子中，不可能每个词语都负载关键信息，此时你可以去掉那些传达次要信息的词，只保留传达主要信息的词，使长句子变成一个短句子。应当保留的信息主要有两点：1. 句子要说明的是什么事物；2. 这些事物怎么了。凡是传达这两类信息的词语都应当保留在压缩的句子中。这种压缩的方法是与利用提示词回复原意的做法相一致的。

例："鹰在两三千米的高空俯视地面，能够从许许多多的景物中发现田鼠、黄鼠那样小的动物，甚至水里的鱼，然后俯冲下来，并能不断调节视距和焦点，变远视为近视，准确无误地掠过地面，把猎物抓住。"

　　经压缩，句子可简化为："鹰在高空能发现小动物，然后俯冲下来，准确无误地把猎物抓住。"甚至这个句子也还可以再压缩。这种压缩不仅可以回避某些生词，而且还可以帮助读者抓住主要信息、理清文章脉络，加快理解速度。

应当指出，上述四种阅读技巧并非阅读每个语句都必须运用的手段，它实际上只是一种排除阅读障碍的补救办法，是必要时才运用的手段。由于阅读中不可能不遇到障碍，因此它们就成为你必须掌握的内容。掌握这些阅读技巧对你提高阅读速度大有好处，但在开始时，这些方法运用起来比较困难，当积累了一定经验以后，你就能运用自如了。

速读训练

速读训练主要包括三个方面的内容：第一，汉字辨识速度训练；第二，理解速度的训练；第三，阅读技巧的训练。这三个方面都没有技术性很强的专门的训练手段，因为从本质上讲速读并不是以技巧为基础，而是以熟练为基础的语言活动。你不要幻想记住几条规则，理解几种做法，你的阅读速度就可以达到 600 字／分钟。只有经过长期不懈的练习，你才能看到速读的效果。这就如打字员学习打字一样，记住键盘位置和指法并不等于就学会了打字，要经过长期反复不断的练习，才能达到盲打的水平，才能打得又快又准。所以你在进行速读训练时，必须做到多读，勤练，持之以恒。

当然你一定希望能有一种有效的训练手段，使你迅速提高汉语速读水平，在不太长的时间内把阅读速度提高到 200 字／分钟、300 字／分钟，甚至更快。这种愿望完全可以理解，而且你的这种愿望也正是我们追求的目标。根据一般的经验，突出重点的训练方式可以在短时间内收到较为明显的训练效果，可以使受训者迅速提高能力。你在使用本书做速读训练时，可以把全部十二个单元分作若干训练段，每个训练段侧重于一个方面的训练，重点明确，各个击破，力争理想的训练效果。我们也为你设想了一套训练步骤，供你安排阅读时参考，你可以根据自己的时间、水平、兴趣等实际情况灵活掌握。

（一） 第一单元 ——第三单元：

阅读这一部分时，你可以侧重于汉字辨识速度的训练。汉字辨识速度是速读最基本的要素，自然应是首先着重训练的项目。它主要包含两个训练内容：

1. 逐步缩短在每个汉字上的停留时间，加快对汉字的反应速度；

2. 努力克服利用语音中介辨识汉字的习惯，避免声读、唇读与形音默读。

缩短对汉字的反应时间取决于多次反复的视觉信号刺激，本书要求你把训练文阅读两遍的目的之一就是增加汉字视觉刺激的次数。你做第二次阅读时，你的阅读速度要比第一次快，否则就失去意义。

克服声读与唇读并不是一件难事。声读与唇读发生时，唇、牙等要参与动作，你可以设法使你的唇、牙担负起另一职责，如咬住某个物品等，让唇、牙无法动作。只要稍加训练，声读与唇读的习惯就可以克服。形音默读到形体默读的改变需要一段过程，它与你对汉字的反应时间有密切联系，当你对汉字的反应时间少于重现发音心理过程的时间时，形音默读才算完全克服。你应当将克服形音默读的习惯同缩短汉字反应时间的训练结合起来。

（二） 第四单元 ——第六单元：

阅读这一部分时，请注意进行理解速度训练。它主要包含下

列三个训练内容:

1. 改变汉字辨识训练时字字认读的作法,将一次认读的范围扩大到词;
2. 在认读词的基础上再扩大一次认读的范围,逐步达到词组的认读;
3. 逐步过渡到利用句中部分提示词,借助自己原有知识的补充,回复作者原意,并培养预测能力。

进行阅读时,人的眼球并不是连续不断地向后移动的,而是时动时停,眼停的时候感知文字。一次眼停的时间大约是 1 / 3 秒,每次眼停辨识的字数最少不到一个,最多可达 6——7 个。显然一次眼停辨识的汉字越多,阅读速度就越快。经过一段时间的锻炼以后,你应逐步利用词或词组的外部形体轮廓辨别汉语词和词组,达到整体感知,而不必从字的个别辨认再组合成词或词组。做到这一点完全有可能,英语词的辨识就是个例子。熟悉英语的人根本不需要通过词的字母拼法来辨识英语词,从字母排列的长度和个别带有特征的字母就能知道这是什么词。从某种程度上讲,汉语词与词组的形体特征比英语词更容易寻找,所以汉语阅读中达到整体辨识不会是太难的事。

各人的知识结构差异很大,所以选择提示词没有固定的模式和规则,需要你在训练中慢慢摸索。你学过"熟能生巧"这个成语吧?"熟"是你达到这一目标的唯一途径。不过我们也可以给你提供一般性的训练指导原则。你选择的提示词应该足以向你说明:1.句子说些什么事物;2.这些事物怎么了,——这两个关键信息。

(三) 第七单元——第九单元:

阅读这一部分时,你应该把注意力集中在阅读技巧的训练上。这三个单元的课文难度比前面的课文要大些，生词量也略多一些。使用本书不允许使用词典的要求使你不得不运用猜测、替换、对比与压缩的方法来防止阅读的中断。

做猜测、替换、对比的阅读技巧训练时，要在理解句义的基础上进行，要通过句义的线索来获得并证实词义，而不能依赖于这些有待获得的词义再去求得句义。另一方面，这些技巧应在回想该句时运用，而不该在阅读该句时运用。这是理解句义在前，技巧运用在后带来的必然结果。

压缩的训练应与理解速度训练中利用提示词回复原意的做法联系起来考虑。它们在许多方面的特征都是一致的，只不过压缩是丢弃不必要的信息，使意义关系明晰，利用提示词回复原意是由你自己来补充那些必要的信息。压缩后所保留的词语与选择的提示词有着相同的要求。

（四）　第十单元——第十二单元：

在阅读这一部分时，请你把前三个训练段所掌握的所有方法、手段和技巧做一个综合性的检验。前面三个训练项目原本是不可分割的，它们彼此联系，相互兼容，现在应该还其本来面目。你在做综合训练时，要把侧重点放在前面三个训练项目的灵活运用与相互协调上。

全书的使用时间大约为一学期。你大致可以在一周内完成一个单元，十二周的时间内读完全书。其间你还可以安排一些时间对进行过的训练做个回顾和评价，以便更好地完成以后的训练。

最后和你谈谈训练中速度控制的问题。

你在做阅读训练时一定会出现阅读速度提高而理解率下降的现象，这是速读中很常见的。此时你绝对不要放慢阅读速度，放慢阅读速度理解率当然会有所上升，可是这种做法背离了速读的原则，等于自动放弃了速读训练，因而毫不可取。正确的做法应该是保持这一速度，等待理解率的回升。当理解率又回升到80%以后，你再提高阅读速度。本书每三个单元设定一个相同的阅读速度，这一做法的目的正是为了解决速度与理解率之间的矛盾。每当你采用新的速度要求进行阅读时，你的理解率可能会下降，你不必担心，要继续保持这一速度，经过一段时间后你的理解率一定会提高。假如速度要求相同的课文已经读完，但你的理解率仍未恢复到80%，你可以将这一单元，按要求再重读一遍。理解率的衡量你可以参考练习题（一）、（二）的正确率。

设计思路

本书由 36 课构成，分作 12 个单元。这 12 个单元又分作 4 段，每段中各篇课文的阅读速度要求相同，不同段的课文阅读速度要求不同。每一单元包括三课，前两课用于训练，后一课用于测试，这三课涉及的学科内容基本一致。每一课都由中心词、计时、课文、练习、答案、评分和阅读调查结果七个部分组成。为了帮助你更有效地使用本书，这里给你简单介绍一下各部分设置的原因与目的。

（一）本书未设生词而设了中心词一项，从形式看，两者并无重大区别，但从作用上看它们就不同了。生词仅仅是你不认识的词，而中心词则是语句、段落中的关键词语，往往是语段谈论的中心或理解上的难点，对各段的文意有提示作用，有助于你理解后面的文章。它可能是你认识的词，也可能是你不认识的词。你在熟悉中心词的时候，不光要了解它们的意义，还应当利用联想，预测课文可能谈及的内容。

（二）全书有四种不同的阅读速度要求，即：

第一单元 —— 第三单元	90 字／分钟
第四单元 —— 第六单元	110 字／分钟
第七单元 —— 第九单元	130 字／分钟
第十单 —— 第十二单元	150 字／分钟

设置 4 种阅读速度的目的是想以此降低或增加阅读难度，贯彻由易及难的原则。虽然各档间只有 20 字／每分钟的差别，可是文章难度也同时增加，所以实际难度的上升幅度还是比较大的。这些速度规定的根据有两个，一个是 HSK 阅读部分的速度要求，另一个是我们对外国留学生阅读情况的调查结果。这些速度规定不仅适用于课文，也适用于练习。

（三） 规定总时长由课文阅读时长与完成练习题（测试题）时长两部分构成，它们分别写在规定总时长后面的括号里。阅读时长根据规定的阅读速度与课文字数来确定。完成练习题（测试题）时长包括阅题时间与答题时间两部分，阅题时间根据规定阅读速度和练习题（测试题）字数确定，答题时间一律只给五分钟（每一小题 10 秒钟）。阅读时长是评定你阅读成绩的根据，你如果在规定的阅读时长内完成阅读，你的阅读成绩就不会低于 30 分。练习（测试）时长不评定成绩，但它是计算超出总时长的根据。HSK 考试的阅读部分是限时完成的，所以你在训练时应熟悉这种做法。有了规定总时长，你做练习（测试）就不能随意延长时间。为强化这种意识，我们还采用了超时扣分的处罚办法。

（四） 本书的训练文都要求你阅读两次，这样安排的目的是为了让你接受通读与寻读两方面的训练。你做第一次阅读时，注意力显然都集中在了解文章的大意上，所以你是在做通读训练。练习中，有些题你可能不会做，或对有些题的选择没有把握。这时你带着这些疑问再阅读那篇文章，就会自然地集中注意力给这些问题寻找答案，运用另一种阅读方法——寻读。除此目的外，二次阅读使你增加了重复接触这些汉字的机会，提高你辨识汉字的速度。你做第二次练习时，不要参考第一次的答案，应完全运用你从阅读中获得的信息来完成练习，以加强训练效果。

（五）每课后面的练习题与测试题都由选择题、判断题和近义词选择题三部分组成，前两题主要考查你对文章内容的理解，后一题则是考查你掌握与运用阅读技巧的情况。你做选择题与判断题时要注意，不要完全根据常识或你的逻辑推理来答题，应当按照文章所给的内容来答题。有时从常识判断某个答案 A 是正确的，可是与文章内容相一致的可能是 B，这时你要选择 B，而不应选择 A。你在做近义词选择题时也要注意，词语的搭配关系与句法功能也是应当考虑的因素。答题词与句中加括号的词应当是可以互换的，将答题词带入句中，句子应仍然通顺，否则便不能看作是正确答案。

（六）你的成绩要从三个方面来计算，即时长评分、练习（测试）评分和超时扣分。

每课的最高成绩为 100 分，其中阅读时长分占 40%，练习（测试）题分占 60%。我们将阅读时长得分分成九档，每隔 5 分一档，每一档对应于一种阅读时长，阅读时长之间的差距一般在 15 字／分钟。由此我们给每课制定出阅读时长评分标准。例：某课的规定阅读速度为 150 字／分钟，课文字数为 1960。可求得规定时长为 13 分钟，置于 30 分处。然后根据分数每增加 5 分，每分钟阅读速度便增加 15 个字；分数每减少 5 分，每分钟阅读速度便减少 15 个字的比例，依次求得各分数档对应的阅读时长，秒数四舍五入后，填入适当位置，便得到这一课的阅读时长评分标准：（时长单位：分钟）

阅 读 时 间	11 ｜ 11	12 ｜ 12	13 ｜ 13	15 ｜ 15	16 ｜ 16	19 ｜ 19	22 ｜ 22	26 ｜ 26	26
时 间 评 分	40	35	30	25	20	15	10	5	0

根据这张表格你可以确定自己阅读时长的得分。如果你在十二分半钟读完全文，你的时长分数就是 30 分；如果你用了 27 分钟，你就得零分；如果你只用了 10 分钟，你就得 40 分，依此类推。如分钟数处于两档交界处，则得分取高分档。如你用了 15 分钟，则得 25 分而不是 20 分。

练习（测试）评分比较简单，每一小题 2 分，共 30 小题，全部练习（测试）的总分为 60 分。仅按这两项进行评分存在一个缺陷。阅读速度与理解率之间有一定的联系，阅读仔细，速度慢，可以提高正确率。如果你完全放弃速度，保证练习题（测试题）百分之百的正确，你也可以得 60 分。这样做就完全失去了使用本书的意义。为防止这种情况的发生，我们给练习（测试）也规定了时间，并设置了超出总时长扣分的处罚，以保证使用者时时都按速读的要求进行。

超总时长扣分标准分两档，超出总时长 1 分钟，就分别从总得分中扣除 1 分或者 2 分。扣分标准主要根据外国学生阅读情况调查的结果制定，同时也参考中国学生阅读情况调查的结果。答题的平均正确率可以反映文章和习题的难度，正确率高的说明文章与习题难度不大，正确率低的便说明文章与习题的难度较大。难度值大的，完成时间普遍延长，所以扣分应当少些；难度值小的，延长时间的理由不充分，所以扣分应当多些。这样做还可以适当调整文章的难度分布。具体的做法是外国学生阅读调查结果中平均正确率低于 60%，每超出规定总时长 1 分钟就扣 1 分；在 60% 以上的扣 2 分。

（七）HSK 分数等级分作八级，每一级都有具体要求与标准，每一级与一个分数段对应。我们根据 HSK 的阅读部分对不同分数等级的不同评定要求，将本书各课的总得分数分作五段，每个分数段设定一个评定等级，然后这个评定等级再与 HSK 分数等级对应。这样你在使用本书时，可以通过各课的得分，不断评估自己通过 HSK 阅读考试的实力，并了解这种实力的提高。本书的总得分数和评定等级与 HSK 分数等级的具体对应关系如下表：

总 得 分 数	90	90 | 70	70 | 60	60 | 40	40
评 定 等 级	A		C	D	F
HSK 分数等级	6 级	5 级	4 级	3 级	2 级

（八）初稿完成后，我们用这些材料对大约 200 名中国学生及部分外国留学生做了一次阅读情况调查。调查结果都附在每课的后面。被调查的中国学生有 4 个水平档次：初中二年级（甲）、初中一年级（乙）、小学六年级（丙）和小学五年级（丁）。外国留学生按照学习汉语的时间分作 800 小时以下与 800 小时以上两档，他们都从未接受过速读训练。

进行阅读情况调查的目的主要有如下几点：

1. 了解中国学生和外国留学生速读的一般情况，以及他们在速读中存在的差别和差别程度；
2. 为本书确定阅读时长、练习时长和超时扣分标准寻找根据；
3. 为评定本书难度、做最后删改、定稿寻找根据；
4. 为外国学生评估自己的阅读水平提供参照物；
5. 让外国学生了解他们的阅读水平可能提高的幅度；
6. 为外国学生评估自己阅读水平提高的程度提供根据。

需要特别说明一下的是，调查所用的阅读材料与定稿后略有不同，定稿时我们又对初稿作了个别的改动，而调查结果基本保留原来的。所以调查结果中个别项目有可能与实际情况略有偏离，但整个调查结果不失为一份极有价值的参考资料。

HINTS FOR READERS

PART 1

What is speed reading?

In daily life, people often read a lot of material about different subjects or topics for different purposes and needs, but possibly few people have considered the methods of reading. You will certainly find that different methods of reading do exist in reality, if you compare carefully and earnestly your own reading activities. Supposing you are an economist, and you read novels in your spare time. Could you use completely the same reading technique when you are reading a detective story as when you read an academic thesis concerning economics which is full of new opinions and original views or when you are trying to find some points of view for your reference from a collection of academic theses? Obviously it is impossible for you to think carefully about the exact connotation of each word when reading novels. Coming across a new word, you will just guess the meaning, quite possibly without consulting a dictionary. Maybe you are able to retell the gist of the story in your own words, though you can't repeat its original description. You will certainly not read in the same way when you are reading a newly published and prestigious academic thesis. It is sure that you will try your best to catch the meaning of every word and restore the author's thoughts accurately and at the same time make your own evaluation about the author's opinions and views. You can't pass over the words that you don't fully understand. You can even recite some important sentences or paragraphs from your memory without missing a word. But if you are trying to find some viewpoints of the author, you may glance over twenty or thirty pages in a few minutes, which can't be done in the above—mentioned reading methods. Therefore people read in many really different ways.

A scholar's understanding of reading now is quite different from that in the past. People believed reading was an accurate process, which included precise, thorough, and continuous perception and recognition of the letters, the words, the spelling and major language units. But now people have commonly accepted a new opinion——reading is a selective process, which includes making use of the minimum language hints that can be obtained. The language hints come from the visual sense influx based on the readers' expectation. The preliminary inferences drawn from the partial information processing will be verified, negated or improved as the reading continues. Of course, the latter is not the complete negation of the former but a supplement of great value and significance. It is not so difficult to find manifestations of the two methods of reading and their processes in actual life. The former is called intensive reading or slow reading and the latter is called speed reading. Under the circumstances supposed before, the method of speed reading was adopted when you read novels and scanned a collection of theses and the method of intensive reading was used when you read carefully a thesis full of new opinions.

The book is compiled basically for the purposes of providing the users with speed reading training. Speed reading is a kind of language communicative activity in which reading should be done at as fast a speed as you can on condition that the essential understanding is guaranteed. Speed reading can be divided roughly into skimming, sketchy reading and scanning. If you are required to skim over an article, you should go over it from the beginning to the end, establish what is talked about in the article, and what is said about these subjects or topics. If you are asked to do sketchy reading, it is enough for you to know what the article is about. If you are scanning to find some particular message, you may only get what you need and leave the rest alone. Generally speaking, more information will be lost in sketchy reading than in skimming and less information will be lost in sketchy reading than in scanning. Therefore the speed of skimming is lower than that of sketchy reading and the speed of sketchy reading is still lower than that of scanning. Skimming, sketchy reading, and scanning all have the same characteristic, namely, it is unnecessary to read word by word, but through the hints of several critical words, get the needed message quickly, understand the author's thoughts, and meet different reading purposes. This book places particular emphasis on skimming and scanning training in Chinese.

The importance of speed reading

Speed reading is a kind of reading that helps to obtain more messages at the fastest speed in the shortest possible time. Now we put up a simple question to you, " Do you know the significance and advantage of speed reading? " Before you make a deep consideration and comparison of it, " speed reading can be done quickly " will quite possibly be your answer. Here are some calculations which may help you understand the important significance of speed reading. Suppose you and two friends of yours A and B can spare one hour in reading Chinese materials of various kinds every day, and you can identify 600 characters a minute, your friend A can perceive 400 characters a minute and your friend B can read at a rate of 200 characters a minute. If a difference of 200 characters per minute exists between you and your friends, then can you imagine the difference in the amount of knowledge gleaned from speed reading over one week or a month or a year or even ten years?

Please consider the following: (unit: ten thousand characters)

Speed	Over a week	Over a month	Over a year	Over ten years
B: 200 characters a minute	8.4	36	438	4380
A: 400 characters a minute	16.8	72	876	8760
You: 600 characters a minute	25.2	108	1314	13140

Supposing the books you read are of an average length of 150,000 characters, over ten years you will read 876 books, your friend A can read 584 books, and your friend B can only read 292 books. Because of the difference of 200—400 characters a minute in reading speed, your friend A reads 292 books less and your friend B reads 584 books less than you. 292 books and 584 books are no mean figure. The role played by them to help you obtain useful information, enlarge your knowledge accumulation and keep up with the development of the society is incalculable. The loss brought by the lack of speed reading skill is quite regrettable. You expend almost the same amount of work, but get different amount of gains.

Moreover, speed reading can bring you a new impression of reading. Reading with careful pondering over every word and in particular repeated consultation of the dictionary decreases one's pleasure and becomes tedious. Speed reading brings no more work but dispenses with tedium. We are sure you will be deeply impressed by the satisfaction that will always be yours to enjoy when you have mastered the skill of speed reading.

Speed reading and comprehension

The fundamental purpose of reading is to understand the author's thoughts, and this applies to both intensive reading and speed reading. To read and assimilate nothing is the same as not reading at all. Comprehension is of the first importance in reading activity of any kind. Speed reading will influence comprehension and accurate comprehension will affect speed. Speed is essential to speed reading by definition, but paying no attention to comprehension is almost equal to reading nothing. There seems to be only one solution, that is compromise. To return to the definition of speed reading: " Speed reading is a kind of reading activity in which reading should be done as fast as possible on condition that the essential understanding is guaranteed." Special attention must be paid to the word " essential", which implies that speed reading doesn't require one hundred percent accurate understanding. In other words, parts of the message are permitted to be lost in speed reading. You needn't feel sorry for the bits missed, as in fact there is as much as 75 percent redundancy in articles on science and technology, and it is almost the same in articles on other subjects. That means you can gather the main ideas of an article by reading one quarter of it. Reading speed is kept high at the cost of losing partial messages, which probably raises another question, " Which messages and how many messages can be lost in speed reading? " You will have accumulated a lot of experiences in reading in your native language, which we would like you to recall now. Under most circumstances you al-

ways had a distinct aim when you began your reading, either try-
ing to find something worth reading or seeing what the article
talked about or establishing how the article illustrated a certain
problem. No matter how fast you read, or how many messages
were lost, your reading was a success if its aims were achieved and
you obtained what you needed when you finished your reading. If
you can do Chinese speed reading in the same way, in fact the
above—mentioned two problems have already been solved. No
one can tell you exactly and in detail how many messages and
which messages can be lost because that depends on the content
of the article, the useful messages in it, your knowledge, your
reading purpose, your reaction speed and sensitivity to the
Chinese characters and your Chinese vocabulary, but none of
these are precise and all vary from person to person.

Perhaps you may raise one more question, "If I really don't
have a clear purpose in reading and know nothing about what the
article refers to, then how should I control the amount of mes-
sages to be lost?" It is not a hard question. You do not know
what is allowed to be lost, but you can know what is not allowed
to be lost. When you are reading a narrative, "who, where, when,
what, why and what result" these six elements are not allowed
to be lost. If you are reading an argumentation, its arguments,
grounds of arguments and its demonstration should be clear to
you. As for other messages, it depends on your faculty of under-
standing, your interests and some other factors. Generally speak-
ing, it is pretty good if you can understand 80 percent of the arti-
cle.

Speed reading and character recognition patterns

Reading speed is generally determined by two elements, one is the speed at which you recognize the characters and the other is the speed of understanding. Recognition of the characters is the basis of understanding. So recognition of characters seems more important.

Patterns of character recognition have been studied and two patterns have been discovered. The first one is to understand the meaning by the intermediary of the sound after perceiving the visual forms of the characters. The second one is to reach the meaning directly through the visual forms of the characters without the functioning of the sound intermediary.

The sound intermediary function is mainly reflected in reading out loud, lip reading, and silent reading with sound intermediary. Reading out loud is produced by the movements of all speech organs. Lip reading is produced by the movements of all the other speech organs except the vocal cord. And the silent reading with sound intermediary is produced by repetition of the psychological procedure without the participation of the speech organs. These three types of readings with sound intermediary take some time so they certainly influence reading speed. The best way of recognizing characters is silent reading without sound intermediary, namely, reading without making sound, without the repetition of the psychological procedure and without the movement of the speech organs, which is characterized by the deletion of the sound intermediary.

We don't know which way you recognize characters, but if you use sounds as intermediary, you should try to do away with this habit gradually and force yourself to obtain meaning directly from the visual form of the characters. This will play an important role in improving your reading skills. It is necessary to point out one exception. If a pun is used in the article, you should understand it with the help of the sound and shouldn't rigidly adhere to silent reading without sound intermediary.

Speed reading and personal knowledge

As mentioned above, comprehension speed imposes obvious influence on reading speed and comprehension is unavoidably related to the amount of your knowledge. The personal knowledge constitution obviously influences the comprehension speed, which is therefore a great influence on the reading speed. When you are reading an article about a subject you are quite familiar with, you will have no problem in comprehension and can read it very quickly. But if you are reading an article about a subject of which you are ignorant, you will find it rather difficult and will read it at a low speed. It is not rare but very common. In speed reading, comprehension is not completely determined by the perceived written symbols, and an understanding of the lost messages is supplemented by the reader himself. When you are reading material about a familiar subject, you can restore the author's thoughts by connecting key words and make use of previous knowledge to anticipate what will be said in the article. The more knowledge you have about the subject, the more correct your calculation of the contents. All these may greatly enhance your comprehension speed and comprehension rate, and so greatly quicken your reading. Because of this, certain accumulation of knowledge is an essential basis for speed reading.

Reading skills

In reading materials in foreign languages, unknown words or over—long sentences often interfere with your reading. Frequent discontinuation is sure to make you feel bored and lose interest in reading. Anyone who has learned a foreign language will have undergone such an experience. No doubt you will meet with this problem in training to read Chinese. What will you do in this situation? Clearly you are not allowed to stop to consult dictionaries or analyze carefully the grammatical relations between words in speed reading, for this will slow down your reading so greatly as to be out of conformity with the principle of speed reading. Under such circumstances, you have to make use of some skills to remove these obstacles and solve the problems, if you want to maintain proper reading speed and guarantee essential comprehension. Four skills are often used, namely, guessing, substitution, contrast and downcutting. They are effective in most cases. Once you have mastered these skills, you will make considerable progress in speed reading. Now we will give you a brief introduction to these four skills for your practice and use.

Guessing

1. Most characters are made up of components, of which semantic indicators may show you the semantic space or semantic classes of the characters. The semantic indicators are the clues for your guessing.

Example:

每条龙的嘴里都含着一颗小铜球，每个龙头下面都蹲着一个铜[蛤蟆]，对准龙张着嘴。

The characters for toad (蛤蟆) both have the semantic indicator "insect" (虫) from which you can know that 蛤蟆 must be a kind of little creature.

2. There are many compound words in Chinese, of which each part (morpheme) must have something to do with the meaning of the whole word. You may guess the meaning of a

compound word with the help of the morphemic meaning.

Example:

在英国，教英语赚来了一定数量的外汇和[亲善]关系。

The first character (亲) means ″intimate ″, and the second one (善) means ″kind″, so this word is the synonym of ″frie-ndly″ (友好).

3. The collocation in meaning between words in a sentence and the context can also serve as clues for your guessing of meaning.

Example:

在华佗的弟子中，最有名的要算吴普和樊阿二人。华佗也把两人当成（高足），特别加以培养。

By the hints of the words ″student (弟子), most well known(最有名), train (培养)″ in the sentence, it is not so hard for you to decide 高足 means ″excellent student (好学生) ″.

Substitution

In some cases, meaning-guessing is really effective, but some-times it is very difficult, and even fruitless. When guessing doesn't work, substitution might. Substitution is a special kind of gues-sing. The aim of guessing is to obtain a comparatively exact meaning of the word, whereas substitution is to use another word to replace the unknown word which has some identical semantic feature to the replaced word. Substitution doesn't require the meaning of the substituting and the substituted words to be as close as guessing requires.

Example:

传说在很久以前，西洞庭山上住着一个美丽、（勤劳、善良）的姑娘，名叫碧螺。

The whole story is aimed to eulogize the girl, and the word

"beautiful" is used to describe her, so 勤劳，善良 can't be derogatory terms, and you can use "good" (好) to replace them. In this way, you cannot only avoid the unknown word, but also preserve the key meaning of the words. Substitution also needs some clues to the meaning, and all the ways used in guessing are available in substitution. However, substitution only needs the clues to the semantic space and obtains the grounds mainly from the context.

Contrast

People often use two words in one sentence which are either synonymous or antonymous. If you know one word of the two, on the basis of the contrastive relation you will easily get the meaning of the other word.

Example

1. 有的民族敬蛇如"神"，有的民族却视蛇如"[恶魔]"。
2. 既然科学带领我们进入了一个困境，也好期望科学带领我们冲出这个（绝域）。

In sentence 1, the change from "worship (敬)" to "regard (视)" and the use of "but" show that the opposite opinions are being discussed, so 恶魔 and 神 should mean opposite things. In sentence 2, the words 进入，冲出，这个 indicate that two opposite activities directed against the same thing are taking place, therefore 困境 should be equivalent to "predicament" 绝域.

Down—cutting

In a long sentence, as key messages cannot be carried by all the words, the words which carry secondary messages may be ignored in order to shorten the long sentence. What should be preserved includes two points: the first, what is the subject matter of the sentence; the second, what is being said about it. All the words that convey the messages should be kept in the shortened sentence. Down-cutting is consistent with the way of restoring the author's thoughts by the hints of several words.

Example:

鹰在两三千米的高空俯视地面，能够从许许多多的景物中发现田鼠、黄鼠那样小的动物，甚至水里的鱼，然后俯冲下来，并能不断调节视距和焦点，变远视为近视，准确无误地掠过地面，把猎物住。

After being cut down, the sentence becomes: 鹰在高空能发现小动物，然后俯冲下来，准确无误地把猎物抓住。

Even this sentence can be further shortened.

Down-cutting can not only help you avoid some new words but also help you seize principle messages, arrange the sequence of the ideas and quicken your comprehension speed

It should be pointed out that the above-mentioned reading skills are not always necessary to be used in understanding every sentence. Actually they are only the remedial measures used to remove obstacles in reading when necessary. Because obstacles in reading are inevitable, these skills become what you must learn. Reading skills help you a lot in enhancing reading speed, but at first they are rather difficult to use. After some practice you will have a perfect command of them.

Training in speed reading

Training in speed reading consists of three steps: the first, training in fast character recognition; the second, training in fast comprehension; the third, training in reading skills. All these steps in fact lack technical and specialized training means, for speed reading is not a communicative activity based on skills, but depends on practice. Don't cherish illusions that you could reach the reading rate of 600 characters a minute by keeping in mind several rules and understanding some techniques. Only by long—term and unremitting practice can you master speed reading. It is like learning to type. Memorizing the fingerboard and fingering is not equal to having learned to type. You can only be capable of typing blindly, fast and accurately after you have gone through long—term, repeated practice. Therefore, training in speed reading is just a case of long—term perseverance requiring as much practice as possible.

If understandably you are hoping for an effective training method which can help you rapidly improve your Chinese speed reading up to the reading rate of 200 characters a minute, 300 characters a minute or even higher in not too long a time, that is just what we are pursuing. Common experience tells us that a training method which gives prominence to certain points can have obvious training effects in a short time and help the trainee make rapid progress. The twelve units in this book may be divided into several groups. Each group lays special emphasis on one aspect of training. For best results you should work on each of the key aspects in isolation and solve the problems one by one. We have also designed a set of training steps for your reference which you may adopt according to your personal interests, ability, time, etc.

(1) From the first unit to the third unit:

In this part you should lay special emphasis on character recognition, which is the elementary factor in speed reading and naturally the first important item in training. It mainly consists of two training points.

    1. Gradually shorten the time you spend on each character, and quicken your reaction to the characters;

2. Overcome the habit of recognizing characters by theintermediary of sounds and dispense with reading out oud, lip reading and silent reading with sound intermediary.

Whether the reaction time to the characters can be shortened depends on the repeated stimulation of visual signals. You are asked to read each passage twice for the purpose of increasing the visual stimulation of Chinese characters. When you read the passage for the second time, you should read faster than the first time in order to be effective.

It is not difficult to dispense with reading out loud and lip reading. Both reading out loud and lip reading are produced by moving lips, teeth and other organs, so if necessary you can prevent them from moving by biting something. After some training, reading out loud and lip reading are sure to be abandoned. It will take some time to change from silent reading with sound intermediary to purely silent reading without sound intermediary, which has much to do with your reaction time to characters. When your reaction time to characters is shorter than the psychological procedure of pronouncing the characters, silent reading with sound intermediary can really be discarded completely. Discarding the silent reading with sound intermediary should becombined with shortening the reaction time to characters in training.

(2) From the fourth unit to the sixth unit:

In this part, you should pay special attention to comprehension speed. This mainly consists of the following three points:

1. Stop recognizing characters one by one and take in words, not characters, at one glance;

2. Try to take in phrases at one glance after some training in recognizing words at one glance;

3. Try to utilize the key words in the sentence to restore the author's thoughts with the help of the knowledge you already have, and foster your expectation ability.

In reading, eyeballs don't move towards the right continuously without stop, but now move, now stop, perceiving the characters when they stop. The stop of the eyeballs lasts about one third of a second and during this short period less than one character or as many as six or seven characters can be recognized. Obviously the more characters you can perceive at a stop, the faster you can read. With practice, characters can be taken in as a whole by the outer rough external shape of words or phrases, and without recognizing characters individually and regrouping them into words or phrases. It is quite possible. We can take for example the recognition of English words. People familiar with English identify English words not letter by letter but by the length of the word and certain spelling characteristics. To a certain extent, the characteristics of the outer shape of a Chinese word or phrase are easier to identify than that of an English word, therefore it is not too difficult to perceive Chinese words or phrases as a whole in Chinese reading, which is called integral recognition.

Knowledge constitution varies from person to person and there is no regular pattern and rule for choosing hints in the sentence, so you need training to learn how to do it. Practice makes perfect. The general guiding principle for reading is as follows: the critical words should carry enough messages to show you two important points: 1) what the sentence focuses on, 2) what it says about these things.

(3) From the seventh unit to the ninth unit:

In this part, you must concentrate your attention on reading skills. The passages in these three units are more difficult and have more new words than those in previous units. The requirement that you can't use a dictionary in reading this book forces you to use guessing, substitution, contrast, and down—cutting to prevent you from interruption of reading.

The first three reading skills should be based on the understanding of the sentence meaning. You should obtain and confirm the word meaning in the context of the sentence meaning but not the opposite way round. These skills have to be used when the sentence is recalled, not when the sentence is read. That is the natural result of understanding the meanings of the sentence before using reading skills.

Down—cutting has much in common with restoring the author's thoughts with the help of key words. The only difference is that down—cutting is produced by giving up unnecessary messages to make clear the meaning and restoring the author's thoughts with the help of key words depends on your own supplement of some necessary messages. The perceived words after down—cutting and the key words should meet almost the same requirements.

(4) From the tenth unit to the twelfth unit:

In this part, you should comprehensively check all the ways,means and skills that you have mastered in the previous training steps. These training steps are not isolated from, but connected with one another, and sometimes overlap. Now it is time to put them to their real purpose. When doing synthetical training, emphasis should be placed on the nimble utilization and mutual coordination of the skills practised so far.

The whole book can be finished within about half a year. You probably may go through one unit in a week's time and finish the book in twelve weeks' time, during which you may spend some time in review and evaluation of the training course you have just. undergone in order to do the coming training course better.

Finally, a word about speed control in reading training. A decrease in your comprehension rate is inevitable at first as you increase your reading speed, but at this stage you should do anything but slow down your reading speed. Slowing down reading speed will help you increase your comprehension rate, but it deviates from the principle of speed reading and is equivalent to abandoning speed reading training. So it is by no means desirable. The correct way should be to keep this speed and wait for your comprehension rate to rise to 80 percent before the reading speed is further increased. Each section of 3 units in this book has a uniform reading speed, which aims at redressing the balance between speed and comprehension.

Whenever you begin to read at a higher speed, your comprehension will decrease. Don't worry about it, keep on reading at the same speed until your comprehension returns to a normal level. If your comprehension isn't brought back up to 80% when you have finished the passages at the required speed, you may do it once again according to requirements. Your comprehension rate can be measured by the percentage of questions answeredcorrectly in Exercises 1 and 2.

Notes on method

The book consists of 36 lessons, which are divided into 12 units, which are also grouped into 4 sections. Passages in the same section will require reading at the same speed, but passages in different sections require reading at different speed. Each unit contains three lessons, the first two are for training, and the last one is for testing. These three lessons cover almost the same subject. Each lesson is made up of seven parts: key words, timing, text, exercises, answers, the evaluation of scores and reading investigation results. In order to help you use the book more effectively, here are a few brief notes on the reasoning behind the format of this book.

First, we offer key words but not new words in each lesson. The difference is not in form, but in function. New words are only the words that are new to you, but the key words are the critical words in a sentence or a paragraph and often the ones which present difficulties in understanding. In short, they are essential to your understanding of the passage. They may be either learned words or unlearned. When you are familiarizing yourself with the key words, you are not only learning the meanings but also using your association of ideas to calculate what the passage will be about.

Second, four different reading speeds are set up as follows:

from 1st unit to 3rd unit——90 characters a minute;

from 4th unit to 6th unit——110 characters a minute;

from 7th unit to 9th unit——130 characters a minute;

from 10th unit to 12th unit——150 characters a minute.

We set up these four reading rates in order to make the front passages easier and the later passages more difficult. Although there is only a difference of 20 characters a minute between the adjacent sections, the difficulty of the passages goes up at the same time. Therefore actual difficulty goes up from passage to passage by a wide margin. These reading speeds are set up according to both the required speed for reading comprehension in HSK (Chinese Proficiency Test) and to the results of the reading investigation we carried out with foreign students. These required speeds are applicable to both the text and the exercises.

Third, the formulated total time consists of the time for reading the text and the time for doing exercises or tests, as shown in the brackets after the formulated total time. The time for reading the text is determined by the formulated reading speed and the number of the characters in the text, and the time for working out the questions is determined by the formulated reading speed and the number of the characters in all the questions. Five minutes are offered to finish all the questions in each lesson (ten seconds for each question). Reading time is used to evaluate your reading score. If you can finish your reading within the formulated time, your reading score will be no less than 30. Time for the questions is not used to evaluate your score, but to count the time exceeding the total time. The reading comprehension part in HSK should be done within a specific time, so you should get used to this in training. Because the total time is fixed, you cannot prolong time at will in working out the questions. In order to impress this upon you, there will be a penalty for exceeding the total time.

Fourth, you are required to read the training text twice in order to train you both in skimming and scanning. When you read for the first time, obviously you concentrate your attention on the main ideas, which requires skimming. Then you do the questions, and you will find that you can't solve some of them or that you are not sure of your answers. When you read the passage once again with these problems in mind, you will naturally pay special attention to finding the correct answers from the passage, which requires scanning. Reading twice offers you more chances to be stimulated by the characters and increases the speed with which you recognize the characters. When you do the questions for the second time, don't refer to the answers you chose last time and do the exercises depending on the understanding from your second reading in order to get a more effective training result.

Fifth, the exercises and the tests behind the text are made up of multiple choice, true / false determination and multiple choice about synonyms. The first two parts are used to check your comprehension of the text and the last part to check your learning and use of the reading skills. When you do the multiple choice and true / false determination you should not make your judgments all by common sense and logic inference, but by what you have learned from the text. For example, sometimes answer A is correct common sense, but answer B is nearer in meaning to what is said in the text. In this case, B is right, not A. When you do multiple choice about synonyms, the grammatical function and collocation of the words and expressions should be taken into consideration. The answer and the word in the bracket should be exchangeable, so putting the answer in the sentence, the sentence must be smooth. If not, the answer is wrong.

Sixth, your total score is evaluated according to the time for reading and answering questions, and score deduction for exceeding total time. The full score for each lesson is 100 points, of which reading time score makes up 40% and question score makes up 60%. Reading time is graded in 9 intervals, and the score for each differs from the next by 5 points, ranging 0—40. The difference in reading speed between the adjacent intervals is 15 characters a minute. Reading scores are based on the formulated reading speed of the lesson which corresponds to the base score of 30. For example, if the formulated reading speed of a lesson is 150 characters a minute, and the number of the characters is 1960, the formulated reading time is 13 minutes, which is written in the check above 30 points. Score intervals are similarly worked out to reflect a difference of 15 characters per minute for

Times are rounded up to the nearest minute. With a difference of 5 points for every interval, the scores for the reading time of this particular passage are as follows:

Reading time (in mins)	11	12	13	15	16	19	22	26	
	11	12	13	15	16	19	22	16
Reading score	40	35	30	25	20	15	10	5	0

You can determine your own reading score by this graph. If you finish the text within 12 minutes and 30 seconds, your reading score will be 30 points. If you take 27 minutes, your score comes to zero. If you take only 10 minutes, your score is 40 points. If your reading time stands between two adjacent intervals, you score the higher mark, not the lower one. For example, if you take 15 minutes, you score 25 not 20 points.

The evaluation of the questions is very simple. Each question is worth 2 points. There are 30 questions all together in one lesson, so the total score for this part is 60 points. There is a problem in basing the whole evaluation on the above two parts. Careful and slow reading without attention to reading speed may bring up your percentage of correct answer. If you get your answers one hundred percent correct, you may also score the pass mark 60, with a reading time score of zero. Reading in this way is not the point of this book and will not help your speed reading. Time for working out the questions is specified and the penalties for exceeding the total time set up to prevent this from happening and guarantee that the users always read as speed reading requires.

Penalties are either one or two points off your total score forevery minute in excess of formulated total time. The score deduction criteria were worked out by referring to the results we get from the reading investigation of foreign students as well as of some Chinese students. The average percentage of correct answers reflects the difficulty degree of the text and the questions. A high average percentage of correct answers shows the text and the questions are not so difficult and a low percentage shows that the text and questions are more difficult. A high degree of difficulty will cause excess time to be prolonged, so less points should be deducted. A low degree of difficulty gives fewer reasons to prolong the time, so more points should be deducted. The distribution of difficult and easy texts can also be adjusted by this means. The details of the score deduction criteria are as follows:

1. If the percentage of correct answers in the reading investigation of the foreign students is less than 60%, one point will be deducted for every minute in excess of formulated total time.

2. If the percentage of correct answers is more than 60%, two points will be deducted for every minute in excess of formulated total time.

Seventh, the HSK score grade is divided into eight levels andeach level goes together with some specific requirements and criteria as well as a score segment. We divide the total score into five segments in each lesson of this book according to the different evaluation requirements for different score grades in the reading comprehension part of HSK. Each score segment matches an evaluation grade which also matches the HSK score grade. By using this book you can assess your ability to pass the HSK reading comprehension and know how well your ability has improved through your score in each lesson. The corresponding relations between the total score in this book, the evaluation grade of this book and the HSK score grade are as follows:

Total score	90	90 70	70 60	60 40	40
Evaluation grade	A	B	C	D	F
HSK score grade	Grade 6	Grade 5	Grade 4	Grade 3	Grade 2

Eighth, after the first draft was finished, it was used for a reading investigation of about 200 Chinese students and some foreign students. The results are added to the end of each lesson. The Chinese students we investigated are of four grades: Grades 1 and 2 of a junior high school; Grades 6 and 5 of a primary school. The foreign students are divided into two groups. The students who had learned Chinese for less than 800 hours in class form the first group and the students who had learned for more than 800 hours form the second group. None of the people investigated had received any training in speed reading before.
The purposes of the reading investigation were as follows:
1. To know how well the Chinese students and foreign students could do Chinese speed reading and what differences existed in their speed reading, as well as how these differences varied among them;
2. To find some basis for determining the length of reading time, exercise time and score deduction criteria for exceeding

the total time;

3. To find a basis for assessing the degree of difficulty of this book, and making some revisions and finalizing the draft;
4. To offer the results for users' reference so that they may assess their reading ability themselves;
5. To show foreign students how well they can improve their reading ability;
6. To provide a basis for foreign students to assess how well they have improved their reading ability.

It should be noted that there is a slight difference between the first draft with which we made the investigation and the final version. Therefore several items of the results deviate a little from the actual situation, but the results of the investigation as a whole are still of great value.

使用者必读（2）

熟悉中心词：

> 开始阅读前，请你熟悉一下中心词。这是阅读前的准备，你不必计算熟悉中心词所花费的时间，但你一定要做到，在阅读文章中遇到这些词时能立刻回忆起它们的意思。

确定阅读速度：

> 请你看清楚阅读速度要求、规定总时长、课文阅读时长及练习（测试）时长。你可以尽可能快的速度阅读，争取达到或超过规定的阅读速度，但要保证占有足够的主要信息，理解率要达到80%左右。

记录阅读时间：

> 每次阅读都要记录开始时间与结束时间并计算实际阅读时长。测试文要求阅读一次，训练文要求阅读两次，两次都要记录时间。要求记录的内容名称后的"（一）、（二）"分别标示第一次与第二次阅读，请按要求在正确的位置填写。开始时间与结束时间记录到"秒"，实际阅读时长记录到"分"，后面的秒数可按四舍五入原则省略。

进行阅读：

> 注明开始时间后，立即开始阅读。注意阅读中要努力克服逐字细读的习惯，尽量利用你所认识、所熟悉的

词语，借助于你原有的知识，以及你能发现的一切意义提示，回复作者原意。要把注意力集中在句义、段义的理解上。阅读中，看完一句话，弄不懂句义时，请你不要回头再看，而应继续往下读。

准备做练习（测试）题：

做练习（测试）题时，遇到不会做的题目请不要回头翻阅原文，凭你的理解与记忆完成练习（测试）题。请注意你的做题速度，不要忘记完成习题的时长规定。做题花费时间过多将会影响你的总成绩，因为超过规定总时长，你要受到扣分的处罚。你还要注意做题的技巧，一般讲，你首先应把会做的、有把握的题目完成，然后再去思考那些没有把握的题目。这样就不至于浪费太多的时间。

记录练习（测试）时间：

做练习（测试）题也要记录开始时间、结束时间，计算练习（测试）时长。测试题只需做一遍，练习题要求做两遍。第一遍练习在你完成第一遍阅读后进行；第二遍练习在第二遍阅读后进行。请在正确位置填写需要填写的内容，填写方法与记录阅读时间的方法同。

做练习（测试）题一：

你可以看到每题都包含一句话，其中有一个部分没写出来，用"＿＿＿＿"表示，后面给了a、b、c、d四个词语。这四个词语都可以放在句中的空白处，但其中只有一个词语放在空白处后，句子的意思与文章中表达的意思相一致。请你选择这样的词语作为你的答案。当你选择好答案后，请将答案前的拉丁字母（a、b、c、d）写在括号中。如你是第一次做训练文的练习，就请把答案前的拉丁字母写在两个括号中的前一个括号里，如你是第二次做训练文的练习，就写在后一个括号里。

做练习（测试）题二：

你可以看到10句话，这10句话中有些话表达的意思与文章中的意思一样，有些不一样。属于前一种情况，请你用√表示；属于后一种情况，就用×表示。请你不要根据你自己的常识来进行这种判断，而要根据阅读材料的原意判断句子的正误。如你是第一次做训练文的练习，就请你把√或者×写在前一个括号里；如是第二次做训练文的练习，就写在后一个括号里。

做练习（测试）题三：

你可以看到，本题由10个小题组成，每个小题里都有一句从文章中摘出的句子，每个句子中都有一个词语放在〔 〕中，后面给了a、b、c、d4个词语。这4个词语里只有一个词语与括号中的词语具有相同意义；而且用它代替括号中的词，句子依然通顺而且意思保持不变。这就是你应当选择的答案。请你按"练习（测试）题一"的做法，将答案前的拉丁字母写在适当位置。

核对答案：

在每课的后面附有该课练习（测试）题的正确答案。请你自己根据所给答案判定你选择的对错。你不必对错误的选择做改动，请保留原结果。完成测试题后，你便立即核对答案如你做的是训练文，你必须等两次阅读与两次练习完成后再核对答案。

成绩评定：

首先请你填好表二"成绩统计及评定"中"完成情况"与"阅读时长、练习（测试）时长、练习（测试）题正确数、超时"相交叉的四项。如是训练文，请把两次情况都填在表中。然后根据阅读时长评分标准、超总时长扣分标准（均附于每课练习之后）以及练习（测试）题评分标准求出你的得分。最后再根据总得分数、评定等级和 HSK 分数等级的对应关系表，在适当位置填上你的评定等级和 HSK 分数等级。关于总得分数、评定等级和 HSK 分数等级的对应关系请查阅前面"设计思路"一节中的第七部分。

成绩评定举例：

假如你阅读一篇课文，阅读速度为150 字／分钟，课文字数 1960，你第一次阅读用了 15 分钟，第二次用了 12 分钟；你第一次做练习用了 20 分钟，第二次用了 16 分钟；第一次答对题数为 15 个，第二次为 21 个；规定总时长为 30 分钟；阅读时长评分标准与超总时长扣分标准如下表：

（时长单位：分钟）

阅读时长	11	12 | 11	13 | 12	15 | 13	16 | 15	19 | 16	22 | 19	26 | 22	26
时长评分	40	35	30	25	20	15	10	5	0
超总时长扣分标准					每超过1分钟扣1分				

这样，你的成绩统计及评定表的填写便如下表：

（时长单位：分钟）

	项目	阅读时长	练习时长	练习题正确数	超时		总计分	评定等级	HSK分数等级
第一次	完成情况	15	20	15	5		50	D	3级
	得分	25	/	30	扣分	5			
第二次	完成情况	12	16	21	/		77	B	5级
	得分	35	/	42	扣分	/			

HINTS FOR READERS

PART 2

Familiarize yourself with the key words:

Before you begin to read the text, prepare for reading by familiarizing yourself with the key words. It is unnecessary to time yourself while learning the key words but you should be sure of them enough to recall them as soon as you come across them while reading the text.

Set the reading speed:

Be sure to know the reading speed, the formulated total time, the reading time and the time for working out the questions. Read as quickly as possible to keep up with or surpass the formulated reading rate, but take in sufficient important messages for your comprehension score to be at about 80 percent.

Time the reading:

Write down your starting and finishing times to calculate the time taken to do the reading. The passage for testing should be read only once, but the passage for training, twice, and both readings should be timed. The labels (1) and (2) where times should be recorded stand for the first reading and second reading respectively. Please write the times in the proper places. The starting and finishing times should be recorded to the nearest second and the total time can be rounded off to the nearest minute.

Do the reading:

As soon as you take down the starting time, start to read. Try your best to kick the habit of recognizing the characters one by one, and make every effort to restore the author's thoughts with the help of the words and expressions you know well, the relevant knowledge you already have and each hint you can find as to meaning. Concentrate on understanding whole sentences and whole paragraphs. Don't look back at the previous sentences. Even if you haven't understood, just go on with your reading.

Get ready to do the exercises (tests):

While doing the exercises (tests), don't look back at the article when you have problems that you can't solve. Finish them depending on your own comprehension and memory. Pay attention to your speed and don't ignore the fixed time for doing exercises or tests. If you exceed the formulated time, several points will be penalized from your final score. There are certain skills you can learn in doing the exercises (tests). Generally speaking, what is easy to do and you are sure enough of should be done first. After that, you can concentrate on what you are not so sure of. This way less time will be wasted.

Time your exercises (tests):

It is obligatory to record the beginning time and the finishing time and count the time length in completing exercises (tests). The test is to be done only once, but the exercises should be done twice. Do the exercises for the first time ofter doing the reading for the first time and do the exercises for the second time after doing the reading twice. Write the times in the proper places just as you do in timing your reading.

Do part 1 of the exercises (tests):

Each item is made up of a sentence in which one segment is missing and the blank is underlined. Four expressions preceded by "a. b. c. d." follow. The sentence preserves the original meaning in the article only by filling in the blank with one of the four answers. When you've made your choice, write the appropriate letter in the bracket. If you are doing the training passage for the first time, write the letter in the first bracket of the two. If you are doing the passage for the second time, write the letter in the second bracket of the two.

Do part 2 of the exercises (test):

There are ten sentences here, some of which express almost the same meaning as is expressed in the article and some of which do not. If you think the sentence seems like the previous one, you can put down a tick ✓ meaning "True". If you think the sentence seems like the latter, you can write a cross × meaning "False". Don't make your judgement according to common sense, but judge whether the sentence is true or false only by your understanding of the article. Put the tick ✓ or the cross × in the first bracket if you are doing the training passage for the first time, otherwise put ✓ or × in the second bracket.

Do part 3 of the exercises (tests):

This section is made up of ten items, and each contains a sentence cited from the article. In each sentence there is a word or expression put in a square bracket, and the sentence is followed by four words marked "a. b. c. d." Only one of the four words has the same meaning as the word in the square bracket, and if used to replace it preserves the original meaning and smoothness of the sentence. That is the word you should choose. Put the appropriate letter in the proper place in the same way as you do in part 1 of the exercises (tests).

Check your answers:

The key follows the exercises (tests) in each lesson. Check whether your choice is right or wrong for yourself according to the key, but keep your answers as they were and don't alter your mistakes. You may check your answers once you finish the test, but only after you finish reading and exercises twice as required.

Evaluate your score:

First fill in Table 2. Fill in the four blanks at the cross of "results" and "reading time length, question time length, number of correct answers and time exceeded". If it is a training passage, fill in all relevant blanks for both times. After that, count your score according to the evaluating criteria for reading time, score deduction for exceeding the total time (which is attached at the end of each lesson), and exercises (test). Then put your evaluation grade and HSK score grade in their proper places according to the correspondent relations between the final total score, evaluation grade and HSK score grade, as shown in the seventh part of "Notes on Method".

An example for score evaluation:

Suppose you are reading a passage of about 1960 characters at the formulated rate of 150 characters a minute. You spend 15 minutes in reading it the first time, 12 minutes the second time. You spend 20 minutes doing the exercises the first time and 16 minutes the second time. You get 15 items of the exercises right the first time and get 21 items right the second time. The formulated total time is 30 minutes. The evaluation criteria for reading time and score deduction for exceeding the total time are as follows:

Reading time (in mins)	11	12	13	15	16	19	22	16	
		11	12	13	15	16	19	22	26
Reading score	40	35	30	25	20	15	10	5	0
Criteria for score deduction for exceeding the total time				Deduct 1 point for each minute in excess.					

Thus your score and results should be filled in as follows (time unit: minute):

Programme		Reading time	Question time	Number of correct answers	Time exceeded		Total score	Evaluation grade	HSK score grade
First time	Results	15	20	15	5		50	D	Grade 3
	Score	25	/	30	Score deduction	5			
Second time	Results	12	16	21	/		77	B	Grade 5
	Score	35	/	42	Score deduction				

第 一 单 元

训 练 文 一

中心词:

1. 华佗　　Hua Tuo, a celebrated surgeon in ancient China
2. 求学　　pursue one's studies; seek knowledge
3. 经书　　Confucian classics
4. 药方　　prescription
5. 针灸　　acupuncture and moxibustion
6. 麻醉药　narcotic; anaesthetic
7. 药膏　　ointment; salve
8. 煎服　　decoct and drink
9. 门枢　　door pin; door pivot
10. 根除　　thoroughly do away with; root out; eradicate
11. 疑难杂症　undiagnosiable diseases

规定总时长: 34 分钟 （阅读: 17 分; 练习: 17 分)

开始时间 （一）: _____　开始时间 （二）: _____

医学教育家华佗

东汉末年，中国出了一位著名医学教育家华佗。华佗年轻时到徐州求学，通晓多种经书。有人推荐他去做官，他推辞不干，专心研究医术。经过长期学习和实践，他既精于药方，又擅长针灸，病人经他治疗无不药到病除，妙手回春，起死回生。他还发明了一种麻醉药"麻沸散"，饮用后便暂时失去知觉，以便开刀动外科手术，是世界上使用麻醉药的创举。他不辞劳苦，四处奔走，为人们治好了各种疑难杂症，受到了人们的尊敬和爱戴。由于他医术高明，远近青年纷纷拜他为师。他一边行医，一边当医学教师，成了一位医学教育家。

华佗的弟子既是他的学生，也是行医的助手。一次，他带着弟子下乡，碰到一个病人来求医。这病人头痛得抬不起来，眼睛也看不见东西了，好多年都没有人能医治。华佗一看，让弟子把这个病人的衣服脱下来，用绳子捆住两脚，倒挂起来，用湿布擦遍全身，血脉成了紫色；又叫弟子割开血管，让紫血流出，待血变红时，再把病人解下来，用药膏擦抹，盖上被子使病人出了一身大汗，然后用草药煎服。病人服药后，立刻好了。弟子们一边做帮手，一边学到了治病的技巧和方法。

在华佗的弟子中，最有名的要算吴普和樊阿二人。华佗也把两人当成高足，特别加以培养。华佗对吴普说："人的身体必须经常活动，但不可太过分。活动能帮助食物消化，血脉流通，这样就可以不生病，好象经常转动的门枢一样，不会生虫腐烂。"接着，华佗教吴普"五禽戏"，模仿虎、鹿、熊、猿、鸟的动作，进行运动。吴普按照华佗教的方法去做，坚持不懈，活到九十多岁仍耳聪目明，牙齿完好，身体健康。

对另一位高足樊阿，华佗专门传授给他针灸技术。樊阿运用老师教的方法为病人针灸，治愈率很高。华佗还特别教他使用一种中药，长期服用这种中药能"去三虫，利五脏，轻体，使人头发不白"。樊阿照老师说的去做，活到了一百多岁。

当时，曹操患了头风病，心烦意乱，两眼昏眩，请华佗为他针灸后，立即好了。但过了些时候，病又发了，又请华佗来治。华佗说："你的病不能根除，必须不断治疗，生命才能延长。"曹操为了自己看病方便，就把华佗留在身边。时间长了，华佗很想家，也很想念他的学生们。曹操同意他回家看望。华佗回家后，不想回到曹操身边去，假说妻子生了病需要照顾，不能回去。曹操多次写信催促，并叫人设法抓华佗回来，华佗一直不肯回去。曹操非常生气，派人去调查，说："如果华佗妻子真的有病，就赐给他小豆，并延长他的假期；若是他妻子没病，借故不来，就把他抓来问罪。"差人了解到华佗的妻子没有病，便根据曹操的命令，把华佗抓了回去。华佗被判了死刑，关在监狱里。

这一天，华佗要被拉出去杀头了。他从怀里拿出珍藏的医书《青囊经》三卷，这是他一生的心血和诊病实践的经验总结。他抱住这部书，想到了他的学生们。他想，如果早一点把这部书的内容全部教给弟子，自己的经验不就流传下去了吗？他又想到无数的老百姓，患了各种疑难杂症，多么需要按这部书的方法去为他们治疗！但如今，死期已到，这书怎样传下去呢？想到这里，他的两行热泪泉水般地涌出来，落在书卷上。……

忽然，监狱的门打开了，一个看监的老头子走进来送饭给他吃。华佗拉着看监老人，恳求道："这书是我一生的心血，它可以救人活命。我死了之后，你就把它藏起来，回头交给我的弟子们，好让他们更好地为人们治病吧！"看监的老头吓得倒退了两步，连忙摇头说："这可使不得！这样做，我会被杀头的呀！"华佗完全绝望了。他知道勉强叫看监人收藏这部医书是不可能了，就狠了狠心，向看监人要了把火把医书烧掉了！

曹操杀了华佗之后，他的儿子得了不治之症。曹操十分后悔地说："我不该杀了华佗！现在我的儿子无人能救治，只有等死了！"

（原载《中国古代教育家的故事》，作者陈飘，中国和平出版社，1988 年 9 月）

结束时间（一）：_____　结束时间（二）：_____

阅读时长（一）：_____　阅读时长（二）：_____

练　习

开始时间（一）：_____　开始时间（二）：_____

一、选择题

1. 有人曾推荐华佗去做官，可是他拒绝了，他要_____。

（　）（　）a. 到徐州求学　　　　b. 通晓经书

　　　　　　c. 当个老师　　　　　d. 专心研究医学

2. "麻沸散"_____后便暂时失去知觉，以便开刀动手术。

（　）（　）a. 喝下去　　　　　b. 擦抹在全身

c. 注射进体内　　　　　　　　d. 洒在身上

3. 华佗的高足樊阿，_____，治愈率相当高。

（　）（　）a. 教病人"五禽戏"

b. 教他的病人如何针灸

c. 把病人倒挂起来治病

d. 给他的病人针灸

4. "五禽戏"实际上是_____的运动。

（　）（　）a. 模仿一种不会腐烂的虫

b. 象门枢转动

c. 模仿五种动物动作

d. 使食物消化、血脉流通

5. _____，活到一百多岁。

（　）（　）a. 樊阿长期服用一种中药

b. 吴普长期服用一种中药

c. 樊阿坚持做"五禽戏"

d. 吴普坚持做"五禽戏"

6. 曹操把华佗留在身边是为了让华佗_____。

（　）（　）a. 经常给他医治头风病

b. 给他根除头风病

c. 给他的儿子治病

d. 给他的妻子治病

7. 华佗因为_____而回家。

（　）（　）a. 妻子生病　　　　　　　b. 想家，想念学生

c. 不愿在曹操身边工作　　d. 要写医书

8. 华佗因_____而被判了死刑。

（　）（　）a. 对曹操说了谎话　　　　b. 没治好曹操的病

c. 留下来照顾妻子　　　　　d. 回去晚了

9. 医书《青囊经》三卷，是_____。

（　）（　）a. 学生送给华佗的　　　　b. 华佗学习的课本

　　　　　　c. 医学参考书　　　　　　d. 华佗自己写的

10. 看监的老头因为_____，不敢收藏《青囊经》。

（　）（　）a. 看不懂　　　　　　　　b. 害怕华佗

　　　　　　c. 不想当医生　　　　　　d. 怕被杀头

二、判断题

（　）（　）1. 华佗一直坐在家里为病人看病。

（　）（　）2. 世界上华佗第一个使用麻醉药。

（　）（　）3. 华佗只有两个弟子。

（　）（　）4. 华佗给病人治病时，从不让弟子看。

（　）（　）5. 华佗不愿意继续在曹操身边工作。

（　）（　）6. 如果华佗的妻子真的有病，华佗就不会死了。

（　）（　）7. 华佗被拉出去杀头以后，人们发现了《青囊经》。

（　）（　）8. 华佗非常希望这部医书能流传下去。

（　）（　）9. 看监人把这部医书烧了。

（　）（　）10. 后来曹操后悔杀了华佗。

三、近义词选择题

1. 华佗年轻时到徐州拜师求学，〔通晓〕多种经书。

（　）（　）a. 精通　　　　　　　　　b. 通读

　　　　　　c. 知道　　　　　　　　　d. 晓得

2. 有人〔推荐〕他去做官，他推辞不干，专心研究医术。

（　）（　）a. 推选　　　　　　　b. 选举

　　　　　　c. 介绍　　　　　　　d. 委派

3. 他〔不辞劳苦〕，四处奔走，为人们治好了各种疑难杂症，受到人们的尊敬和爱戴。

（　）（　）a. 不怕劳动　　　　　b. 不想劳动

　　　　　　c. 不愿辛苦　　　　　d. 不怕辛苦

4. 由于他医术〔高明〕，远近青年都纷纷拜他为师。

（　）（　）a. 高级　　　　　　　b. 著名

　　　　　　c. 很高　　　　　　　d. 明白

5. 华佗的〔弟子〕既是他的学生，也是他行医的助手。

（　）（　）a. 学生　　　　　　　b. 弟弟

　　　　　　c. 儿子　　　　　　　d. 助手

6. 弟子们一边做〔帮手〕，一边学到了治病的技巧和方法。

（　）（　）a. 协助　　　　　　　b. 帮助

　　　　　　c. 助手　　　　　　　d. 动手

7. 吴普、樊阿是华佗的〔高足〕，华佗对他们特别加以培养。

（　）（　）a. 高级的鞋　　　　　b. 优秀学生

　　　　　　c. 高明　　　　　　　d. 大脚

8. 吴普按照华佗教的办法去做，坚持不懈，活到九十岁仍〔耳聪目明〕。

（　）（　）a. 非常聪明　　　　　b. 耳朵聪明眼睛明白

　　　　　　c. 非常明亮　　　　　d. 耳朵与眼睛都很好

9. 当时，曹操患了头风病，心烦意乱，两眼〔昏眩〕，请华佗为他针灸后，立即好了。

（　）（　）a. 发花　　　　　　　　b. 昏迷

　　　　　c. 昏倒　　　　　　　　　d. 头昏

10. 曹操杀了华佗之后，他的儿子得了〔不治之症〕。

（　）（　）a. 无法医治的病　　　　b. 无人愿治的病

　　　　　c. 不知名的病　　　　　d. 不愿医治的病

结束时间（一）：＿＿＿＿＿　结束时间（二）：＿＿＿＿＿

练习时长（一）：＿＿＿＿＿　练习时长（二）：＿＿＿＿＿

表一. 时长评分标准：（时长单位：分钟）

阅　读时　长	13|13	14|14	17|17	20|20	25|25	34|34	50|50	100|100	|100
得分数	40	35	30	25	20	15	10	5	0
超总时长扣分标准				每超过　1　分钟扣　2　分					

表二. 练习成绩统计及评定：（时长单位：分钟）

	项目	阅读时长	练习时长	练习题正确数	超时	总计分	评定等级	HSK分数等级
第一次	完成情况							
	得分				扣分			
第二次	完成情况							
	得分				扣分			

表三. 部分外国留学生速读情况调查结果:
  （时长单位：分钟；　速度单位：字／分钟）

调查对象情况		阅　读		练　习				
学习时间	国别与人数	平均时长	平均速度	平均时长	平均正确题数			平均正确率
					一	二	三	
800小时以上	泰国　　3 菲律宾　1 日本　　1	10	151	12	6	8	5	63%
800小时以下	日本　　2 波兰　　1 奥地利　1 印尼　　1	16	95	21	7	8	4	63%

表四. 部分中国学生速读情况调查结果:
  （时长单位：分钟；速度单位：字／分钟）

调查对象		阅　读		练　习				
水平档次	人数	平均时长	平均速度	平均时长	平均正确题数			平均正确率
					一	二	三	
甲	51	5	303	5	9	8	10	90%
乙	49	6	252	6	8	8	10	90%
丙	42	6	252	8	8	8	9	87%
丁	51	9	168	10	8	8	8	80%

练 习 答 案

一、	1. d	2. a	3. d	4. c	5. a
	6. a	7. b	8. a	9. d	10. d
二、	1. ×	2. √	3. ×	4. ×	5. √
	6. √	7. ×	8. √	9. ×	10. √
三、	1. a	2. c	3. d	4. c	5. a
	6. c	7. b	8. d	9. a	10. a

训 练 文 二

中心词:

1. 郑和   Zheng He, a navigator in ancient China
2. 皇位   emperorship
3. 谣言   rumour
4. 航海   navigation
5. 做生意   do business
6. 信奉伊斯兰教   believe in Islam
7. 太监   (court) eunuch
8. 欧洲大陆   the European Continent
9. 金银财物   jewels and other belongings; treasures; wealth
10. 出使   serve as an envoy abroad; be sent on a diplomatic mission
11. 海盗   pirate; sea rover
12. 停泊   anchor; berth
13. 印度洋   the Indian Ocean
14. 继承   inherit; take over; rise to (the thrown)

规定总时长: 39 分钟 (阅读: 17 分; 练习: 22 分)

开始时间 (一): _____ 开始时间 (二): _____

郑和下西洋

　　明成祖用武力从他侄儿建文帝手里夺得了皇位，有一件事总使他心里不大踏实，就是建文帝到底是不是真死了。京城里谣言纷纷，有的说建文帝没有自杀，趁着皇宫里起火混乱的时候，带着几个人从地道里逃出城外去了。别的地方传来的消息更离奇，说建文帝到了什么什么地方，后来还做了和尚。说得有鼻子有眼，使明成祖不得不怀疑起来。如果建文帝真的没死，万一他在别的地方重新召集人马，来讨伐叛乱，那不是很可怕吗？为了把这件事查个水落石出，他派人到各地秘密查问建文帝的下落，但是又不好公开宣布，就借口说是求神仙。这一找就找了二三十年。

　　明成祖又想，建文帝会不会跑到海外去呢？那时候中国的航海事业已经开始发展起来，明成祖心想，派人到海外去跟外国人做点生意，采购一些珠宝，顺便打听一下建文帝的下落，那不是一举两得吗？

　　于是，他决定派一支队伍出使国外。让谁来带这支队伍呢？当然一定要是自己信任的人才行。他想到了跟随他多年的郑和，他倒挺合适。

　　郑和原来姓马，小名叫三保，云南人。他的祖父、父亲都信奉伊斯兰教，还到过麦加（伊斯兰教圣地，在今沙特阿拉伯）。郑和小时候就从父亲那儿听说过外国的一些事情。后来他进了皇宫做了太监。因为他聪明能干，得到了明成祖的信任。郑和这个名字还是明成祖给他起的。但是老百姓叫惯了他的小名，所以一直把他叫做"三保太监"，有的书上也写成"三宝太监"。

公元 1405 年 6 月，明成祖正式派郑和为使者，带一支船队出使"西洋"。那时候，人们说的"西洋"并不是指欧洲大陆，而是指我国南海以西的海和沿海各地。郑和带的船队一共有二万七千多人，除了兵士和水手外，还有技术人员、翻译、医生等。他们乘坐的船共有六十二艘，其中最大的船，长四十四丈（约 145 米），宽十八丈（约 60 米），这在当时是少见的大船。

　　郑和第一次出海，先到了占城（在今越南南方），接着又到了爪哇、旧港（在今印度尼西亚）等很多地方。他带着大批金银财物，每到一个国家，先把明成祖的信送给国王，并且把带去的礼物送给他们，希望同他们友好交往。许多国家见郑和带了那么大的船队，并不是来威胁他们，态度很好，都热情地接待他。

　　郑和这一次出使，一直到第三年九月才回国。西洋各国国王见中国派使者来，趁郑和回国，也都派了使者带着礼物跟着他一起回访。在出使的路上，虽然遇到了几次风浪，但是船上的水手经验都很丰富，船队从没出过事，只是在船队回国经过旧港的时候，却遇到一件麻烦事。

　　旧港这个地方有个强盗头目，他占据了一个海岛，领着一群海盗专门抢劫过往客商的财物。这回他听说郑和船队带着大批宝物经过，就打算动手抢劫。可是有人偷偷把这个消息告诉了郑和。郑和命令船上的士兵做好准备。当这群海盗乘着几十艘小船来偷袭抢劫时，郑和的士兵把他们打得大败，强盗头目自己也做了俘虏。

　　他们回到京城以后，各国的使者会见了明成祖，送上大批珍贵的礼物，郑和也献上了俘虏。明成祖见郑和把出使的任务完成得很出色，十分高兴。

　　后来，明成祖相信建文帝确实死了，没有必要再去寻找。但是出使海外的事，既能提高国家的声誉，又能促进跟西洋各国的贸易往来，好处很多。所以从那以后，一次又一次派郑和带领船队下西洋。从公元 1405 年到 1433 年的将近三十年里，郑和前前后后出海七次，一共到过印度洋沿岸三十多个国家。最远一次到达非洲的索马里。

在郑和第六次出使回国的时候，明成祖得病死了。他的儿子继承皇位，可不到一年也死了。继承皇位的明宣宗还是八、九岁的孩子，由他的祖母徐太后和几个老臣掌权。郑和第七次出使后，老臣们认为，出使多次，国家花费太大，所以到国外航行的事业就停了下来。

郑和的七次航行，表现了中国古代人民英勇顽强的精神，也说明当时中国航海技术已经有了很高的水平。通过郑和出使，促进了中国和亚洲许多国家的经济文化交流和友好往来。

（原载《上下五千年》，林汉达、曹余章编著，少年儿童出版社，1980 年）

结束时间（一）：_____ 结束时间（二）：_____
阅读时长（一）：_____ 阅读时长（二）：_____

练 习

开始时间（一）：_____ 开始时间（二）：_____

一、选择题

1. 明成祖派郑和下西洋最初是为了_____。

（　）（　）a. 发展中国的航海事业

　　　　　　b. 杀死逃往国外的建文帝

　　　　　　c. 证明地球是圆的

　　　　　　d. 打听建文帝的下落同时也跟外国人做点生意

2.　因为_____，所以明成祖叫郑和率领一支船队出使
　　国外。

（　）（　）a. 郑和的祖父、父亲都信奉伊斯兰教，还到过
　　　　　　麦加

　　　　　　b. 郑和聪明能干，得到明成祖的信任，而且了
　　　　　　解国外情况

　　　　　　c. 郑和是个皇宫的太监

　　　　　　d. 郑和具有丰富的航海经验

3.　郑和的船队_____。

（　）（　）a. 很大，有两万七千多人，其中有士兵、水
　　　　　　手、翻译、医生和技术人员

　　　　　　b. 不太大，有两千七百多人，其中有士兵、水
　　　　　　手、翻译和医生

　　　　　　c. 比较小，有两百七十多人，其中有士兵、水
　　　　　　手和翻译

　　　　　　d. 很小，只有二十七个士兵和水手

4.　郑和船队有一艘船，长四十四丈（约145米），宽十八丈
　　（约60米），这在当时_____。

（　）（　）a. 是最大的船　　　　　b. 是最小的船

　　　　　　c. 是很普通的船　　　　d. 是很少见的船

5.　郑和所去的国家_____，都热情地接待他。

（　）（　）a. 见到明成祖的信

b. 见到郑和送给他们的礼物

c. 见到郑和他们态度友好，不是来威吓他们

d. 见到这么大的一支船队

6. 西洋各国见中国使者来，_____。

( ) ( ) a. 趁郑和返回时，也派使者跟着他一起回访

b. 趁郑和返回时，都送些礼物让郑和带给明成祖

c. 也派船队到中国回访

d. 也派使者率船队带着礼物跟随郑和到中国

7. 郑和第一次下西洋一共用了_____时间。

( ) ( ) a. 九年多　　　　b. 十年多

c. 两年多　　　　d. 七年多

8. 从公元1405年到1433年的将近三十年里，郑和出海七次，最远的一次到达____。

( ) ( ) a. 印度　　　　b. 锡兰

c. 非洲的索马里　　d. 美洲

9. _____，因此到国外航行的事业就停了下来。

( ) ( ) a. 明成祖相信建文帝确实死了

b. 郑和病死了

c. 明成祖死后，继承皇位的明宣宗是个七、八岁不懂事的小孩子

d. 掌权的老臣们认为，船队出海国家花费太大

10. 这篇文章主要告诉我们_____。

( ) ( ) a. 中国人1405年就开始了航海探险活动的故事

b. 郑和下西洋寻找非洲的故事

      c. 明成祖寻找建文帝的故事

      d. 郑和出海捉海盗的故事

二、判断题

( )( ) 1. 明成祖公开告诉人们他派郑和下西洋寻找建文帝。

( )( ) 2. 郑和原来姓马，不姓郑。

( )( ) 3. "郑和下西洋"中的"西洋"一词与现代汉语中"西洋"的词义完全一样。

( )( ) 4. 郑和第一次出海未遇到风浪，没有出过事。

( )( ) 5. 郑和率领的船队遭到海盗的抢劫。

( )( ) 6. 郑和的士兵把海盗的头目抓了起来。

( )( ) 7. 明成祖认为派郑和下西洋的好处很多。

( )( ) 8. 郑和完成七次下西洋的任务后，明成祖得病死了。

( )( ) 9. 郑和出海七次，一共到过印度洋沿岸三十多个国家。

( )( )10. 郑和下西洋的意义在于表现了中国古代人民勇敢顽强的精神，同时也促进了中国和许多国家的经济文化交流和友好往来。

三、近义词选择题

1. 公元1405年6月明成祖正式派郑和为〔使者〕，带一支船队出使"西洋"。

( )( ) a. 大使   b. 大使馆的人员

           c. 出使国外办事的人   d. 使女

2. 郑和把带去的礼物送给他们，希望同他们友好〔交往〕。

（　）（　）a. 往来　　　　　　　　b. 交换

　　　　　　c. 交谈　　　　　　　　d. 往复

3. 这群海盗乘着几十艘小船来〔偷袭〕，想抢劫郑和带的大批金银财物。

（　）（　）a. 偷窃　　　　　　　　b. 偷盗

　　　　　　c. 突然袭击　　　　　　d. 偷偷靠近

4. 出使〔海外〕的事，既能提高国家的声誉，又能促进跟西洋各国的贸易往来。

（　）（　）a. 大海　　　　　　　　b. 国外

　　　　　　c. 外国的海　　　　　　d. 大海的外边

5. 郑和带着那么大的船队，并不〔威吓〕沿海国家，对他们态度十分友好。

（　）（　）a. 示威　　　　　　　　b. 吓唬

　　　　　　c. 威力　　　　　　　　d. 吓一跳

6. 他心里不踏实，他不知道建文帝〔到底〕死了没有。

（　）（　）a. 毕竟　　　　　　　　b. 究竟

　　　　　　c. 终于　　　　　　　　d. 结果

7. 明成祖害怕建文帝重新召集〔人马〕来讨伐他。

（　）（　）a. 人和马　　　　　　　b. 士兵和军马

　　　　　　c. 军队　　　　　　　　d. 象人一样的马

8. 去海外跟外国人做生意，采购一些珠宝，顺便打听一下建文帝的下落，那不是〔一举两得〕吗？

（　）（　）a. 做一件事，得到两种收获

　　　　　　b. 举一次手，两手都拿到东西

　　　　　　c. 很快得了两分

d. 两件事同时做

9. 他派人到各地去秘密查问建文帝的〔下落〕。

( )( ) a. 住处   b. 降落的地方

c. 去向   d. 村落

10. 明成祖要把建文帝是否死了这件事查个〔水落石出〕。

( )( ) a. 跳到水里摸石头   b. 清楚明白

c. 抽干水搬石头   d. 出色

结束时间（一）：_____ 结束时间（二）_____

练习时长（一）：_____ 练习时长（二）_____

表一. 时长评分标准:（时长单位：分钟）

阅 读 时 长	13 | 13	15 | 15	17 | 17	21 | 21	26 | 26	35 | 35	52 | 52	105 | 105
得分数	40	35	30	25	20	15	10	5	0
超 总 时 长 扣 分 标 准				每 超 过 1 分 钟 扣 2 分					

表二. 练习成绩统计及评定:（时长单位：分钟）

	项 目	阅 读 时 长	练 习 时 长	练习题 正确数	超 时	总计分	评 定 等 级	HSK 分 数 等 级
第 一 次	完成情况							
	得 分				扣分			
第 二 次	完成情况							
	得 分				扣分			

表三. 部分外国留学生速读情况调查结果:
　　　（时长单位: 分钟;　速度单位: 字/分钟）

调查对象情况		阅　　读		练　　　　习				
学习时间	国别与人数	平均时长	平均速度	平均时长	平均正确题数			平均正确率
					一	二	三	
800小时以上	泰国　　3 日本　　1 菲律宾　1	8	196	11	7	7	4	60%
800小时以下	波兰　　1 奥地利　1 日本　　2 印尼　　1	13	121	14	6	6	3	50%

表四. 部分中国学生速读情况调查结果:
　　　（时长单位: 分钟; 速度单位: 字/分钟）

调查对象		阅　　读		练　　　　习				
水平档次	人数	平均时长	平均速度	平均时长	平均正确题数			平均正确率
					一	二	三	
甲	49	4	392	5	8	9	9	83%
乙	51	5	314	7	7	8	8	77%
丙	41	6	261	7	6	7	8	70%
丁	51	8	196	9	6	7	7	67%

练 习 答 案

一、 1. d   2. b   3. a   4. d   5. c

    6. a   7. c   8. c   9. d   10. a

二、 1. ×   2. √   3. ×   4. ×   5. ×

    6. √   7. √   8. ×   9. √   10. √

三、 1. c   2. a   3. c   4. b   5. b

    6. b   7. c   8. a   9. c   10. b

测 试 文

中心词:

1.	东汉	Eastern Han Dynasty
2.	张衡	Zhang Heng, a famous scientist in ancient China
3.	骄奢淫逸	luxury—loving, loose—living and idle; wallowing in luxury and pleasure; extravagant and dissipated
4.	天文	astronomy
5.	反射	reflect; reflection
6.	浑天仪	armillary sphere
7.	地震	earthquake
8.	征兆	omen; portent
9.	地动仪	seismograph as invented by Zhang Heng
10.	酒坛	wine jug
11.	龙	dragon
12.	铜球	bronze ball
13.	蛤蟆	toad

规定总时长: 32 分钟（ 阅读: 14 分; 测试: 18 分）

开始时间: _____

张　衡

中国古代东汉时期，出了一些有名的文学家和科学家，其中最著名的要数张衡。

张衡本来是南阳人。十七岁那年，他离开家乡先后到长安和洛阳读书。当时长安和洛阳都是很繁华的城市，城里的王公贵族过的是骄奢淫逸的生活。张衡对这些都看不惯。他特地写了两篇文学作品《西京赋》和《东京赋》（西京就是长安，东京就是洛阳），讽刺这种现象。

据说他为了写这两篇作品，反复推敲，反复修改，前后一共花了十年工夫，可见他研究学问的态度是很认真严肃的。

张衡的特长并不是文学，他特别爱好数学和天文研究。汉安帝知道张衡是个很有学问的人，派人叫他到京城里做官，先是做别的工作，后来负责观察天文。这个工作正好符合他的研究兴趣。

经过他的观察研究，他断定地球是圆的，月亮是由于太阳的照射才反射出光来。他还认为天好比鸡蛋壳，包在地的外面；地好比鸡蛋黄，在天的里面。这种学说虽然不完全准确，但在一千八百年以前，能说出这种科学的见解来，不能不使后来的天文学家钦佩。

不光是这样，张衡还用铜制造了一种测量天文的仪器，叫做"浑天仪"。从这个仪器上可以看到日月星辰等天文现象。他设法利用水力来转动这种仪器。据说什么星从东方升起来，什么星向西方落下去，都能在浑天仪上看得清清楚楚。

在那个时期，经常发生地震。有时候一年一次，也有一年两次的。发生一次大地震，很多地方就要受到影响，造成很大的破坏和人畜伤亡。

当时的人们不知道地震发生的原因，一般人都把地震看作是不吉利的征兆。

但是张衡却不相信这些，他对记录下来的地震现象经过细心考察和试验，终于发明了一个测报地震的仪器，叫做"地动仪"。地动仪是用青铜制造的，样子有点象一个酒坛，四周有八条龙，龙头伸向八个方向。每条龙的嘴里都含着一颗小铜球，每个龙头下面都蹲着一个铜蛤蟆，对准龙嘴张着嘴。要是哪个方向发生地震，就会引起地动仪发生变化，朝着那个方向的龙嘴就会张开，把铜球吐出来。铜球正好掉在蛤蟆嘴里，"铛"的一声，发出响亮的声音。这就告诉人们某个方向发生了地震。

公元 138 年 2 月的一天，地动仪正对着西方的那个龙嘴突然张开，吐出了铜球。按照张衡的设计，这就是报告西部发生了地震。

可是，那一天洛阳一点也没有发现地震的迹象，也没有听说附近哪儿发生了地震。因此，大家议论纷纷，都说张衡的地动仪是骗人的玩意儿，甚至有人说他有意造谣生事。

过了几天，有人骑着快马来报告，离洛阳一千多里的金城、陇西一带发生了大地震，连山都崩下来了。大家这才相信地动仪可以报地震。

可是那个时候，在朝廷里掌权的全是宦官或是外戚，像张衡这样有才能的人不但不被重用，反而受到打击排挤。张衡在皇帝身边做官的时候，因为与皇帝接近，宦官怕张衡在皇帝面前说他们的短处，就在皇帝面前讲张衡很多坏话，皇帝听信了他们的话，就把他调出京城，派到别的地方去做官了。

张衡在他六十一岁那年病死了。他的科学成就在中国历史上留下了光辉的一页。

(原载《上下五千年》，林汉达、曹余章编著，少年儿童出版社，1980年)

结束时间：_____　阅读时长：_____

测　试　题

开始时间_____

一、选择题

1. 中国古代东汉时期的张衡是_____。

（　　） a. 数学家　　　　　　b. 文学家

　　　　 c. 天文学家　　　　 d. 文学家和科学家

2. 张衡为了_____而写了《西京赋》与《东京赋》这两篇文学作品。

（　　） a. 描绘洛阳与长安这两座繁华的城市

　　　　 b. 记录他在洛阳与长安的学习生活

　　　　 c. 讽刺王公贵族的骄奢淫逸的生活

　　　　 d. 表达他的理想与追求

3. 在一千八百多年以前，张衡就_____。

（　　） a. 断定月亮不会发光

　　　　 b. 断定月亮是圆的

　　　　 c. 认为天包在月亮外面

d. 认为月亮把光反射到太阳上去

4. _____就叫做浑天仪。

（　　）　　a. 太阳、月亮等的模型

　　　　　b. 用水推动的太阳、月亮等的模型

　　　　　c. 反映天体运行情况的仪器

d. 反映白天与黑夜变化的仪器

5. 张衡发明的地动仪是_____。

（　　）　　a. 可以预报地震的仪器

　　　　　b. 可以预报地震大小的仪器

　　　　　c. 可以测报地震是否发生的仪器

　　　　　d. 可以测报地震损失大小的仪器

6. 地动仪四周的八条龙，龙头指向八个方向，这八个方向
应该是_____。

（　　）　　a. 东、东南、南、西南、西、西北、北、东北

　　　　　b. 东、南、西、北、上、下、里、外

　　　　　c. 左、右、前、后、上、下、里、外

　　　　　d. 左、右、前、后、东、南、西、北

7. 地动仪的_____个蛤蟆上面都有_____条龙。

（　　）　　a. 八／八　　　　　　　b. 每／八

　　　　　c. 每／一　　　　　　　d. 一／一

8. _____，这一点有事实可以证明。

（　　）　　a. 张衡的地动仪是骗人的东西

　　　　　b. 张衡造谣生事

　　　　　c. 地动仪偶然报错了

　　　　　d. 地动仪可以报地震

9. 那时候，宦官外戚当权，张衡_____。

（　　）　　a. 不被重用，反而受到打击排挤

　　　　　　b. 受到他们的信任

　　　　　　c. 可以充分发挥自已的才能

　　　　　　d. 在皇帝面前说宦官的短处

10. 这篇文章主要告诉我们＿＿＿＿＿＿＿＿＿＿＿。

（　　）　　a. 张衡与宦官斗争的事

　　　　　　b. 关于中国古代著名文学家与科学家张衡的一些事

　　　　　　c. 地动仪的一些情况

　　　　　　d. 浑天仪与地动仪的一些情况

二、判断题

（　　）　　1. 张衡是洛阳人。

（　　）　　2. 张衡写《东京赋》与《西京赋》花了十年时间，
　　　　　　这说明他写文章很慢。

（　　）　　3. 张衡对观察天文很有兴趣。

（　　）　　4. 古代也经常发生地震。

（　　）　　5. 把地震看作不吉利的征兆是有道理的。

（　　）　　6. 张衡不相信自己能发明地动仪。

（　　）　　7. 哪个方向的龙嘴吐出铜球，这就表明哪个方向发
　　　　　　生了地震。

（　　）　　8. 公元138 年2 月的一天，洛阳发生地震。

（　　）　　9. 张衡因为做错事而被派到别的地方做官去了。

（　　）　　10. 张衡活到六十一岁。

三、近义词选择题

1. 在东汉时期的文学家与科学家中最著名的〔要数〕张

衡。

（　）a. 要算上　　　　　　b. 包括

　　　c. 属于　　　　　　　d. 应该算

2. 他写这两篇文章〔前后〕一共花了十年工夫。

（　）a. 以前和以后　　　　b. 从开始到完成

　　　c. 前边与后面　　　　d. 先进与落后

3. 经过观察与研究，他〔断定〕地球是圆的。

（　）a. 认识　　　　　　　b. 决定

　　　c. 果断地决定　　　　d. 得出结论

4. 在那个时候能说出这种科学的〔见解〕来，的确很不简
单。

（　）a. 分解　　　　　　　b. 认识

　　　c. 见闻　　　　　　　d. 说明

5. 张衡终于发明一个〔测报〕地震的仪器"地动仪"。

（　）a. 测验报告　　　　　b. 测验汇报

　　　c. 测量报告　　　　　d. 测量汇报

6. 他写文章非常认真严肃，总是反复〔推敲〕，反复修改。

（　）a. 推动敲击　　　　　b. 研究

　　　c. 想　　　　　　　　d. 考虑字句

7. 张衡的〔特长〕并不是文学，他特别爱好数学和天文研
究。

（　）a. 长处　　　　　　　b. 技能

　　　c. 才能　　　　　　　d. 爱好

8. 古时候人们不知道地震发生的原因，都把它看作是不吉
利的〔征兆〕。

（　）a. 表现　　　　　　　b. 现象

c. 预兆　　　　　　　　d. 暗示

9. 张衡的地动仪可不是骗人的〔玩意儿〕，它的确可以报地
　　震。
（　）a. 东西　　　　　　　　b. 玩具
　　　c. 玩偶　　　　　　　　d. 玩物

10. 宦官怕张衡在皇帝面前说他们的〔短处〕。
（　）a. 短的地方　　　　　　b. 短浅的见解
　　　c. 缺乏　　　　　　　　d. 缺点

　　结束时间_____　测试时长_____

表一. 时长评分标准：（时长单位：分钟）

阅读时长	11 | 11	12 | 12	14 | 14	17 | 17	21 | 21	29 | 29	43 | 43	85 | 85	| 85
得分数	40	35	30	25	20	15	10	5	0
超总时长扣分标准				每超过　1　分钟扣　2　分					

表二. 练习成绩统计及评定：（时长单位：分钟）

项　目	阅读时长	练习时长	练习题正确数	超　时	总计分	评定等级	HSK分数等级
完成情况							
得　分				扣分			

表三. 部分外国留学生速读情况调查结果：
（时长单位：分钟；　速度单位：字／分钟）

调查对象情况		阅　读		练　　习				
学习时间	国别与人数	平均时长	平均速度	平均时长	平均正确题数			平均正确率
					一	二	三	
800小时以上	泰国　3 菲律宾　1 日本　1	8	161	12	5	8	4	57%
800小时以下	波兰　1 奥地利　1 日本　2 印尼　1	15	85	21	6	8	5	63%

表四. 部分中国学生速读情况调查结果：
（时长单位：分钟；速度单位：字／分钟）

调查对象		阅　读		练　　习				
水平档次	人数	平均时长	平均速度	平均时长	平均正确题数			平均正确率
					一	二	三	
甲	47	4	322	6	8	7	9	80%
乙	49	5	258	8	7	6	9	73%
丙	41	7	184	8	7	6	8	70%
丁	51	10	128	10	7	6	7	67%

练 习 答 案

一、 1. d　　2. c　　3. a　　4. c　　5. c
　　 6. a　　7. c　　8. d　　9. a　　10. b

二、 1. ×　　2. ×　　3. ✓　　4. ✓　　5. ×
　　 6. ×　　7. ✓　　8. ×　　9. ×　　10. ✓

三、 1. d　　2. b　　3. d　　4. b　　5. c
　　 6. d　　7. a　　8. c　　9. a　　10. d

第 二 单 元

训 练 文 一

中心词:

1. 巧合   coincidence
2. 偶然   fortuity; chance; contingency; coincidence
3. 必然   necessity; inevitability; certainty
4. 统计概率   statistical probability
5. 变幻莫测   changeable; unpredictable
6. 先驱   pioneer; forerunner; harbinger
7. 新思索   a new approach of thinking
8. 粒子   particle
9. 光年   light—year
10. 规律性   law; regularity

规定总时长: 41 分钟 (阅读: 18 分; 练习: 23 分)

开始时间 (一): _____ 开始时间 (二): _____

巧 合

　　美国康涅狄格州的商人乔奇·D·伯力森在南方旅行,经过肯塔基州路易斯维尔城时,他改变原定计划,中途下车参观这个以前从未来过的陌生的城市。他在布隆饭店307房间住下不久，店员送来一封信，信封上写着："307房间，乔奇·D·伯力森先生收"。这当然不是寄给这位商人的。原来在这前，这个房间住着一个来自加拿大蒙特利尔的同姓同名的乔奇·D·伯力森。

人们往往对这些巧遇惊叹不已，而又不知其所以然。哲学家告诉我们：偶然中蕴藏着必然，事件中有着必然的规律在支配。对于数学家来说，巧合并不神秘，有些事情是可以用统计概率的方法来进行预测的。

数学家认为，在地球上50亿居民中每天发生着无可计量的交往、联系、影响与作用，即使根本没有巧合存在，惊人的事也会发生。比如，你与22个陌生人一起参加宴会，其中可能有一人与你生日一样。因为在一个随意挑选的23人组成的小组中，至少有2人同一天生日的可能性超过50%。

有一个杂志曾报道过这样一件事：有15人预定1950年3月1日7点15分去某教堂进行唱诗班排练。结果，每个人都由于种种原因而迟到：车子脱班，因为听无线电节目而不忍离开，衣服来不及烫好，正好有客人来访，等等。所以没有一个人在预定时间到达。然而，教堂却在7点25分因意外事故而炸毁。这些唱诗班的人都为之庆幸，心想这也许是神的安排吧！有人根据概率参数推测，这种巧合发生的可能性是1%。

这些巧合是那样的变幻莫测，令人难以捉摸。例如：林肯总统与肯尼迪总统遭暗杀时的相同情况能用概率方法推测吗？这两位总统在许多方面十分相似：两人当选总统的时间在同一周，只不过相差了100年；两人都深深卷入了黑人公民权的纷争之中；两人都是在夫人陪同下又均是在星期五遭暗杀；在任职居住白宫期间，两人都在白宫死去了一个儿子；林肯在福特剧院遭枪杀，肯尼迪在福特汽车公司制造的林肯牌总统专用敞蓬车上遭枪杀；两人死后都由各自的副总统接任他们的总统职务，而这两位副总统的名字又都叫约翰逊；他们的年龄又正好相差 100 岁，恰好又与两位总统当选时日的差数相同。

有些科学家不相信概率理论能解释一切巧合，而这类由许多特异变量决定的巧合给他们提供了推出新理论的根据。这个领域的先驱是瑞士的精神病学家克尔·琼，他收集了他一生中遇到过的许多稀罕的巧合事件。他在 1952 年的一篇论文中宣称：实际生活中的巧合事件，频繁而广泛地发生着，他们在范围和数量上都比概率理论能预测的更大。因此，这儿似乎存在着一种还不为人知的力量在起着作用。

丢失或被盗走的东西有时通过某种途径又回到失主的手中，琼对这类现象进行了研究。他曾引证过这么一个例子：1914年，德国一位母亲为她的小儿子照了一张像，送法国斯特拉斯堡市一家照相店洗印。不久第一次世界大战爆发，她流落外地。两年后，她在距斯特拉斯堡 100 英里的德国法兰克福市买了一张底片为她刚生下的女婴拍照，当这张底片洗印时出现了两个影像，一个是她的女儿，而另一个是她的儿子。她两年前照的那张底片由于没有做上"已拍"的标记，结果又作为未拍过的底片卖到了她的手中。

人们仍在给巧合现象寻求新的解释，物理学家们提供了胜过概率理论的新思索。早在 1935 年就已证明，两只逊原子（粒子）只要相互作用一次，就可以使这每一个粒子随后运动数十年，并分离数光年之遥，对这些奇怪的现象，爱因斯坦和他的合作者把它称为 EPR。

在对上述这个现象研究了数十年之后，物理学家大维·鲍姆认为：人也许象粒子一样的相互作用着，他们的头脑在同一时间不谋而合地有可能产生同样的想法、见解、感受。

当然，从理论探索到证明巧合事件不是偶然发生的，这里有一段很长的路要走。就如纵横填字字谜、魔方、魔棍等使人能知其然而难以知其所以然一样，关于巧合规律性的争论在科学家中还要进行下去，而事实上，巧合的事件不管你怎么解释，还在继续不断地发生着。

（载《大千世界》，鲁君、苏玉编，黑龙江科学技术出版社，1990 年）

结束时间（一）：_____ 结束时间（二）：_____

阅读时长（一）：_____ 阅读时长（二）：_____

练　习

开始时间（一）：_____ 开始时间（二）：_____

一、选择题

1. 乔奇·D·伯力森在南方旅行经过路易斯维尔城时，他中途下车，_____。

（　）（　）a. 去这个陌生的城市买东西

b. 在路边休息一下

c. 去参观一下这个陌生的城市

d. 去看望一个朋友

2. 伯力森在布隆饭店307号房住下之后，店员送来了一封

"307 房伯力森先生收"的信，原因是 _____。

( ) ( ) a. 他曾经在这里住过

b. 有人知道他要到这里来住

c. 写信的人把收信人姓名写错了

d. 前不久在这里住过一个与他同名同姓的人

3. 对于数学家来说，巧合是 _____。

( ) ( ) a. 不可理解的   b. 非常神秘的

c. 不可能发生的   d. 不神秘的

4. 数学家认为，如果你与22个陌生人一起参加宴会，_____。

( ) ( ) a. 可能有一个人生日与你相同

b. 一定有一个人生日与你相同

c. 不可能有人生日与你相同

d. 一定有两个人生日与你相同

5. 1950年的一天有十五个人预定在7点15分去一个教堂进行唱诗班排练，但每个人都迟到了，因此，_____。

( ) ( ) a. 他们都受到惩罚

b. 他们都避免了被炸死的灾难

c. 他们都被炸死了

d. 他们中有些人被炸死了

6. 林肯和肯尼迪死后都由各自的副总统接任他们的总统职务，而且，_____。

( ) ( ) a. 两位副总统的年龄相差一百岁

b. 两位副总统都是一百岁

c. 两位副总统中有一个是一百岁

　　　　　 d.　两位副总统中都活到一百岁

7.　瑞士精神病学家克尔·琼在1952年的一篇论文中宣称:
　　实际生活中的巧合事件,_____。

（　）（　）a.　没有概率理论所预测的那么多

　　　　　　 b.　和概率理论所预测的一样多

　　　　　　 c.　比概率理论所预测的要少得多

　　　　　　 d.　比概率理论所预测的还要多

8.　从 理 论 探 索 到 证 明 巧 合 事 件 不 是 偶 然 发 生,
　　_____。

（　）（　）a.　很不容易

　　　　　　 b.　非常容易

　　　　　　 c.　只是多走一些路的问题

　　　　　　 d.　是根本不可能的

9.　1914的德国有位母亲为自己的小儿子拍了一张像,然后
　　由于战争她流落外地,但是两年后_____。

（　）（　）a.　那张底片冲洗好之后寄到了她手中

　　　　　　 b.　那张底片被当作未拍过的底片卖到了她手
　　　　　　　　 中

　　　　　　 c.　她自己找回了那张底片

　　　　　　 d.　有人把那张底片送给了她

10.　本文讲的主要内容是_____。

（　）（　）a.　巧合十分平常,没有什么好奇怪的

　　　　　　 b.　世上不存在巧合,一切都是必然的

　　　　　　 c.　巧合常有发生,人们正在寻找对巧合的解
　　　　　　　　 释

　　　　　　 d.　巧合令人惊叹,可无法找到解释

二．判断题

( ) ( ) 1. 布隆饭店307 号房先后住进了两位乔奇·D·伯力森先生。

( ) ( ) 2. 数学家认为，巧合是不能用统计概率来说明的。

( ) ( ) 3. 数学家认为，在23个人中至少有2人同一天生日的可能性超过 1 %。

( ) ( ) 4. 发生在1950年3 月1 日的事件中，唱诗班的那 15 个人都是因为同一个原因而迟到了。

( ) ( ) 5. 所有的巧合实际上都是神的安排。

( ) ( ) 6. 林肯总统和肯尼迪总统两人都深深地卷入了黑人公民权的纷争中。

( ) ( ) 7. 林肯和肯尼迪都不是在白宫被暗杀的。

( ) ( ) 8. 没有人就巧合的问题写过任何文章。

( ) ( ) 9. 克尔·琼研究小偷是如何偷走屋里的东西的。

( ) ( )10. 大维·鲍姆认为，人的头脑有可能不谋而合地产生同样的想法。

三、近义词选择题

1. 美国康涅狄格州的商人乔奇·D·伯力森在南方〔旅行〕，经过肯塔基州路易斯维尔城时，……。

( ) ( ) a. 游行   b. 旅游

          c. 行走   d. 视察

2. 人们往往对这些〔巧遇〕惊叹不已，而又不知其所以然。

（　）（　）a. 巧妙　　　　　　　　b. 遇到

　　　　　　c. 遭遇　　　　　　　　d. 奇遇

3. 数学家认为，在地球上50亿居民中每天发生着〔无可计
量〕的交往、联系、影响与作用。

（　）（　）a. 无人能计算　　　　　b. 无法测量

　　　　　　c. 多得无法数　　　　　d. 根本没有

4. 在一个〔随意〕挑选的23人组成的小组中，其中有两个
人的生日可能相同。

（　）（　）a. 不加选择地　　　　　b. 按自己的想法

　　　　　　c. 按被选人的意愿　　　d. 根据要求

5. 这些巧合是那样的〔变幻莫测〕，令人难以捉摸。

（　）（　）a. 变化多，无法预测　　b. 神秘，不可理解

　　　　　　c. 不可改变　　　　　　d. 没有人能推测

6. 两人死后由各自的副总统〔接任〕他们的总统职务。

（　）（　）a. 任务　　　　　　　　b. 接替

　　　　　　c. 担任　　　　　　　　d. 迎接

7. 他收集了他一生中遇到过的许多〔稀罕〕的巧合事件。

（　）（　）a. 少见　　　　　　　　b. 稀少

　　　　　　c. 微小　　　　　　　　d. 极少

8. 他在1952年的一篇论文中〔宣称〕：实际生活中的巧合
事件……。

（　）（　）a. 宣传　　　　　　　　b. 名称

　　　　　　c. 声称　　　　　　　　d. 称呼

9. 纵横填字字谜、魔方、魔棍等使人能知其然而难以知其
〔所以然〕。

（　）（　）　a. 为什么这样　　　　b. 就是这样

　　　　　　　c. 为什么不这样　　　d. 就不是这样

10. 人们仍在给巧合现象寻求新的解释，物理学家们提供了

　　　胜过概率理论的新〔思索〕。

（　）（　）　a. 思想　　　　　　b. 思念

　　　　　　　c. 考虑　　　　　　d. 思虑

结束时间（一）：＿＿＿＿　结束时间（二）：＿＿＿＿

练习时长（一）：＿＿＿＿　练习时长（二）：＿＿＿＿

表一. 时长评分标准：（时长单位：分钟）

阅　读 时　长	14 | 14	15 | 15	18 | 18	22 | 22	27 | 27	36 | 27	54 | 36	108 | 54	| 108
得分数	40	35	30	25	20	15	10	5	0
超总时长扣分标准			每超过 1 分钟扣 2 分						

表二. 练习成绩统计及评定：（时长单位：分钟）

	项　目	阅读 时长	练习 时长	练习题 正确数	超　时	总计分	评定 等级	HSK 分数 等级
第一次	完成情况							
	得　分				扣分			
第二次	完成情况							
	得　分				扣分			

表三. 部分外国留学生速读情况调查结果:
（时长单位：分钟；　速度单位：字/分钟）

调查对象情况		阅　　读		练　　　习				
学习时间	国别与人数	平均时长	平均速度	平均时长	平均正确题数			平均正确率
					一	二	三	
800小时以上	泰国　3 日本　1 菲律宾　1	12	135	14	6	7	6	63%
800小时以下	澳大利亚　1 丹麦　1 苏联　1 日本　2 加拿大　1	19	85	21	7	6	6	63%

表四. 部分中国学生速读情况调查结果:
（时长单位：分钟；速度单位：字/分钟）

调查对象		阅　　读		练　　　习				
水平档次	人数	平均时长	平均速度	平均时长	平均正确题数			平均正确率
					一	二	三	
甲	47	5	325	7	9	8	8	83%
乙	51	6	271	7	8	7	8	77%
丙	42	6	271	8	8	7	7	73%
丁	51	8	203	10	8	7	7	73%

练 习 答 案

一、 1. c   2. d   3. d   4. a   5. b

    6. a   7. d   8. a   9. b   10. c

二、 1. ✓   2. ×   3. ×   4. ×   5. ×

    6. ✓   7. ✓   8. ×   9. ×   10. ✓

三、 1. b   2. d   3. c   4. a   5. a

    6. b   7. a   8. c   9. a   10. a

训 练 文 二

中心词:

1. 飘流　　　　float; drift about; be driven by the current; drifting
2. 情报　　　　intelligence; information
3. 拯救　　　　save; rescue; deliver
4. 传教士　　　missionary
5. 宣传品　　　propaganda material; publicity material
6. 酗酒　　　　excessive drinking
7. 神父　　　　Catholic father; priest
8. 威士忌　　　whisky
9. 振作精神　　bestir oneself; brace up; cheer up
10. 炮艇　　　　gunboat
11. 叛乱　　　　rebel; armed rebellion
12. 亚马孙河　　the Amazon
13. 军法　　　　military criminal code; military law

规定总时长：28 分钟　（阅读：16 分；练习：22 分)
开始时间（一）：＿＿＿＿　开始时间（二）＿＿＿＿

飘 流 瓶

飘流瓶就是密封后抛入海里，在海上飘流的瓶子。它最初是被用来测量海流或者传送情报的。可是也有些人把它作为传教或者做其他宣传的工具。大千世界里无奇不有，就是这小小的飘流瓶，有时会给人带来预料不到的结果。下面两个故事里，一只飘流瓶拯救了一个人的灵魂，一只飘流瓶拯救了许多人的生命。

一

美国的华盛顿住着一位名叫白瑞德·乔治·菲利浦的传教士，从1949年起，他在餐厅垃圾箱里拾捡酒瓶和饮料瓶，此后20年里他总共将1.5万只瓶子抛入大海。抛入海中的飘流瓶里都放进了一张宣传品，要求看到它的人能戒绝酗酒的恶习。

过了20年，乔治声称，他收到了1400封信，大多来自太平洋沿岸和墨西哥的各个城镇，但也收到来自夏威夷和澳大利亚的信件。经统计，每10封信，有7封答应戒酒。其中有两封信说，他答应回到教堂去向神父忏悔。其余的告诉他，飘流瓶是在何时何地发现的。

最富有戏剧性的信件是芝加哥的一名商人写的。信中写道：威士忌已使他倾家荡产。店铺已属他人，妻子弃他而去。他无路可走，只得逃往墨西哥。一天，他在海滨捡到了白瑞德·乔治投放的飘流瓶。宣传品中所说的话使他大为震惊，他立即回信给白瑞德·乔治。他写道："我打算回芝加哥了！我要振作精神，重新开始生活。"两年后，白瑞德·乔治又收到此人的第二封信。他声称，他每周竭尽全力为偿清债务而工作，妻子已返回。他在信的末尾写道："我目前的一切都是大西洋的飘流瓶赐给的。"

（原载《海洋世界》1989 年第 9 期，罗伯特·克拉斯克原作，朱伯琏编译）

二

1982 年 5 月 4 日，巴西炮艇"阿拉克利亚号"的一名水兵，发现海里有个瓶子。他把瓶子捞起来交给了舰长。舰长打破瓶子，发现里边有一张圣经纸，上面用英文写着：

"快速船'海的英雄号'舰上发生叛乱，船长莱基斯被杀，一等驾驶员溺海，我是二等驾驶员，因要驾船，才免一死，他们要把船开向亚马孙河，现在位置是西径 28 度，南纬 22 度，请急来解救！"

两小时后，"阿拉克亚利号"发现了发生叛乱的"海的英雄号"，便发空炮迫其停驶，并派人登上该船，解除了叛乱船员的武装，救出了二等驾驶员和两个被囚船员。

"海的英雄号"上的二等驾驶员惊异地问："叛乱在今天早晨发生，你们怎么知道的呢？"炮艇上的副官说："我们是从海里捞到你们的情报。""情报？"二等驾驶员更惊异了："我们并没有发出任何情报啊？"副官拿出了信，二等驾驶员看了纸上写的字后说："写得很对，但这并非我们写的。"这真是怪事，所发生的叛乱和纸上写的一样，只是被杀的船长名叫伦史达夫，而不是莱基斯。

谁写了这求救的神秘的字条？

第二年，"海的英雄号"回到英国，叛乱的船员受到军法的审判，这才揭示了这个令人叫绝的奇迹。

原来这艘发生叛乱的船，是以 16 年前在伦敦出版的约翰·巴米顿所著"海的英雄"一书命名的。巴米顿在出版这本书以前，曾异想天开地想出一个奇妙的宣传方法，使这本书因此而出了名。他从书中摘出一些片断，分别写在纸上，放进 5000 个瓶子，扔进大海任其飘流，大多数被人从海中捞到，但有几百个不知去向。而其中一个，在 16 年后被"阿拉克利亚号"的水兵捞到，恰好在这个时候，"海的英雄号"上真有叛乱发生，并且正航行在纸上所标的海域附近，因而"海的英雄号"船员的叛乱奇迹般地被粉碎了。

（载《大千世界》，鲁君、苏玉编，黑龙江科学技术出版社，1990 年）

结束时间（一）：_____　结束时间（二）：_____
阅读时长（一）：_____　阅读时长（二）：_____

练　习

开始时间（一）：_____　开始时间（二）：_____

一、选择题

1. 传教士白瑞德·乔治·菲利浦将 1.5 万只瓶子扔进大海，里边放着一张宣传品，他是想用这种方法_____。

　（　）（　）a. 跟别人认识　　b. 劝人不要酗酒

          c. 叫人去教堂　　　　d. 叫人去向神父忏悔

2. ＿＿＿＿＿＿答应戒酒。

（　）（　）a. 所有的信都　　　　　b. 只有两封信

          c. 10封信中有7封　　d. 只有10封信

3. 芝加哥的一位商人因＿＿＿＿＿＿而倾家荡产。

（　）（　）a. 逃往墨西哥　　　　　b. 爱看戏

          c. 妻子离开他　　　　　d. 酗酒

4. 这位商人在给白瑞德的信中表示，他＿＿＿＿＿＿。

（　）（　）a. 将回芝加哥去

          b. 已经回芝加哥了

          c. 两年后再回芝加哥去

          d. 回芝加哥已经两年了

5. 这位商人在第二封信中谈到，为了＿＿＿＿＿＿他正在竭
尽全力地工作。

（　）（　）a. 让妻子再回来

          b. 偿清债务

          c. 振作精神

          d. 得到飘流瓶赐给他的东西

6. 巴西炮艇"阿拉克利亚号"的水兵从海里捞起来一个瓶
子，瓶子里面的字条的内容是＿＿＿＿＿＿。

（　）（　）a. 向他们表示问候　　b. 请他们前来捕鱼

          c. 请他们前来参加战斗　d. 请他们前来救援

7. 瓶子里的字条还提到，叛乱分子杀死了一些人，而"我"
没有被杀，因为＿＿＿＿＿＿。

（　）a. 叛乱分子不敢杀我　b. 我和叛乱分子关系很好

     c. 要留着我驾船　　　d. 叛乱分子没有抓到我

8. "阿拉克利亚号"发现"海的英雄号"之后，_____。

（　）（　）a. 便发射炮弹把它打沉了

　　　　　　b. 派人上那艘船并把叛乱分全部杀死了

　　　　　　c. 派人上那艘船解除了叛乱分子的武装

　　　　　　d. 向那艘船发射空炮迫其停驶，但船上的叛乱分子逃走了

9. "阿拉克利亚号"的水兵从海里捞到了"海的英雄号"的求救情报，_____。

（　）（　）a. 但是"海的英雄号"并没有发出任何情报

　　　　　　b. 因为"海的英雄号"刚刚准备发出情报

　　　　　　c. 可是"海的英雄号"发出的情报与收到的字条内容不同

　　　　　　d. 可是"海的英雄号"发出的情报与收到的字条内容相同

10. 作家巴米顿投到海里的5000个瓶子中，有一个在16年后被"阿拉克利亚号"的水兵捞到，因而_____。

（　）（　）a. 使他们上了当

　　　　　　b. 使他们迷失了方向

　　　　　　c. 使他们解救了"海的英雄号"

　　　　　　d. 使他们未能解救"海的英雄号"

二、判断题

（　）（　）1. 白瑞德·乔治·菲利浦花钱买了1.5万个酒瓶。

（　）（　）2. 20年以后，乔治收到了来自世界各地的信1400封。

（　）（　）　3. 这位商人不是在芝加哥捡到飘流瓶的。

（　）（　）　4. 两年后这位商人又成为一个很有钱的人了。

（　）（　）　5. 后来商人的妻子又回到了他的身边。

（　）（　）　6. 水兵们根本不相信字条上说的这些事。

（　）（　）　7. "阿拉克利亚号"的士兵和"海的英雄号"的叛乱分子展开了激烈的枪战。

（　）（　）　8. "阿拉克利亚号"的副官说："我们从无线电里收到了你们的求救信号。"

（　）（　）　9. 所发生的叛乱和瓶子中的字条写的完全一样，连被杀的船长的名字也一样。

（　）（　）10. 直到第二年，叛乱的船员回到英国受到军法审判，人们才知道瓶子里的字条是一位作家写的。

三、近义词选择题

1. 抛入海中的飘流瓶里都放进了一张宣传品，要求看到它的人能〔戒绝〕酗酒的恶习。

（　）（　）　a. 断绝　　　　　　　　b. 改掉

　　　　　　　　c. 警戒　　　　　　　　d. 改正

2. 他在餐厅垃圾箱里〔拾捡〕酒瓶和饮料瓶。

（　）（　）　a. 捡查　　　　　　　　b. 收拾

　　　　　　　　c. 挑选　　　　　　　　d. 拾取

3. 他无路可走，〔只得〕逃往墨西哥。

（　）（　）　a. 不得不　　　　　　　b. 只能

　　　　　　　　c. 只是　　　　　　　　d. 只顾

4. 他每周竭尽全力为〔偿清〕债务而工作。

（　）（　）a. 补偿　　　　　　　　b. 清除

　　　　　c. 归还　　　　　　　　d. 清理

5. 他在信的〔末尾〕写道:"我目前的一切都是大西洋的飘
　　流瓶赐给的。

（　）（　）a. 最后的部分　　　　　b. 尾巴

　　　　　c. 结束　　　　　　　　d. 底下

6. "现在位置是西经28度，南纬22度，请急来〔解救〕!"

（　）（　）a. 解放　　　　　　　　b. 救护

　　　　　c. 救援　　　　　　　　d. 挽救

7. "海的英雄号"上的二等驾驶员〔惊异〕地问:"叛乱在今
　　天早晨发生，你们怎么知道呢?"

（　）（　）a. 惊奇　　　　　　　　b. 惊慌

　　　　　c. 好奇　　　　　　　　d. 惊吓

8. 谁写了这〔求救〕的神秘的字条?

（　）（　）a. 救护　　　　　　　　b. 求助

　　　　　c. 求人　　　　　　　　d. 挽救

9. 第二年，"海的英雄号"回到英国，叛乱的船员受到军法
　　的审判，这才揭示了这个令人叫绝的〔奇迹〕。

（　）（　）a. 令人怀疑的痕迹　　　b. 使人惊奇的事迹

　　　　　c. 奇怪的印子　　　　　d. 想象不到的不平
　　　　　　　　　　　　　　　　　凡的事情

10. 原来这艘发生叛乱的船，是以16年前在伦敦出版的约
　　翰·巴米顿所〔著〕"海的英雄"一书命名的。

（　）（　）a. 有名　　　　　　　　b. 著名

　　　　　c. 写　　　　　　　　　d. 出版

结束时间（一）：_____　结束时间（二）_____

练习时长（一）：_____　　练习时长（二）_____

表一．时长评分标准：（时长单位：分钟）

阅　读 时　长	12 丨 12	13 丨 13	16 丨 16	19 丨 19	23 丨 23	31 丨 31	47 丨 47	93 丨 93	丨 93
得分数	40	35	30	25	20	15	10	5	0
超总时长扣分标准			每超过　1　分钟扣　2　分						

表二．练习成绩统计及评定：（时长单位：分钟）

项　目	阅　读 时　长	练　习 时　长	练习题 正确数	超　时	总计分	评　定 等　级	HSK 分　数 等　级
第一次　完成情况							
第一次　得　分				扣分			
第二次　完成情况							
第二次　得　分				扣分			

表三. 部分外国留学生速读情况调查结果:
　　　　（时长单位：分钟；　　速度单位：字／分钟）

调查对象情况		阅　读		练　　习				
学习时间	国别与人数	平均时长	平均速度	平均时长	平均正确题数			平均正确率
					一	二	三	
800小时以上	泰国　　3 日本　　1 菲律宾　1	11	127	12	7	7	6	67%
800小时以下	澳大利亚　1 丹麦　　　1 苏联　　　1 日本　　　2 加拿大　　1	19	85	21	7	6	6	63%

表四. 部分中国学生速读情况调查结果:
　　　　（时长单位：分钟；速度单位：字／分钟）

调查对象		阅　读		练　　习				
水平档次	人数	平均时长	平均速度	平均时长	平均正确题数			平均正确率
					一	二	三	
甲	49	4	350	5	9	7	9	83%
乙	47	5	280	6	8	6	9	80%
丙	41	6	233	8	8	6	9	77%
丁	51	9	156	9	7	6	8	70%

练 习 答 案

一、 1. b   2. c   3. d   4. a   5. b
    6. d   7. c   8. c   9. a   10. c

二、 1. ×   2. ×   3. ✓   4. ×   5. ✓
    6. ×   7. ×   8. ×   9. ×   10. ✓

三、 1. b   2. d   3. a   4. c   5. a
    6. c   7. a   8. b   9. d   10. c

测　试　文

中心词:

1.	警察	policeman; cob
2.	缴获	capture; seize
3.	保险柜	safe; strong box
4.	昏迷喷雾剂	paralyzing mist; coma-causing spray
5.	嫌疑犯	suspect; suspected person; marked man
6.	鼠	mouse; rat
7.	特警队	special service team; special force
8.	盘山公路	spiral road; zigzag road
9.	赌徒	gambler
10.	贩运武器	traffic in arms
11.	贩毒集团	gangs trafficking in narcotics; the illegal drug traffic
12.	小铺子	shop; store
13.	盈利	profit; gain
14.	警匪	police and bandits

规定总时长: 34 分钟（阅读: 15 分;　测试: 19 分)

开始时间＿＿＿＿＿

警 察 趣 闻

警察一般给人们的印象是威风凛凛, 智勇双全的, 但警察也是人，他们在日常工作和生活中也会遇上难以预料的事。下面这些有趣、古怪的事，就是发生在警察身上的真实故事。

美国芝加哥一所警察局成功地侦破了一宗盗窃案，缴获了30万美元赃款，全局上下都大为高兴。不料，正当他们在盘问被捕的嫌疑犯时，另有窃贼撬开警察局的后门，再撬开保险柜，把放在里面的30万美元赃款全部偷走，这些警察空欢喜一场。

在意大利罗马，一位警官买了一瓶用来对付歹徒的昏迷喷雾剂，准备送给女朋友作防身之用。当天晚上，他洗澡完毕，照例拿起一瓶香水喷在颈部，谁知一喷之后，便失去了知觉。家人发现后，连忙把他送到医院，这位警官醒来时，才知道自己把那瓶昏迷喷雾剂当成香水来用了。

在英国伯明翰，一位女警探在一个旅馆房间准备拘捕一个女嫌疑犯时，对方突然打开手提包，放出四只小白鼠，吓得女警探失声尖叫、奔走逃避，待她返回原处时，那女犯连同四只小白鼠已经无影无踪了。

在奥地利，一支特警队驾驶警车在山区追逐一辆匪徒的小轿车，两辆车在盘山公路上一前一后飞驰。特警队员由于不熟悉地形，警车在一道急转弯处驶出公路、冲下山坡，车上四位特警队员急忙跳出车外，警车则一直冲到下一级盘山公路，恰好与迎面而来的匪车撞个正着，匪车顿时"熄火"，车上的匪徒束手就擒。

在澳大利亚的布里斯班，一位警官被命令带队去搜捕在一幢公寓四楼里非法聚赌的赌徒。警官满心不快，觉得无需为这些赌徒费这么大事，无奈这是命令，只有执行。当他心不在焉地带着一队警探冲上公寓时，竟数错了层数，一直冲到五楼。他们也没看清门牌，就一脚把门踢开，房间里根本看不见赌钱的人，却有几个神色慌张的人。原来，这伙人是非法贩运武器的罪犯，正在房间里包装枪械。警官如获至宝，把武器贩子抓获归案。后来，据此线索还破获了一个武器走私集团，警官也借此立功升职。而当时在四楼的赌徒则全部闻风逃散了。

在美国加州，警方为了掌握一个贩毒集团的活动情况，在贩毒者经常活动的街区附近开设了七、八个出售水果、杂货、书报、零食之类的小铺子，伪装成店员的警探借小铺子作掩护，昼夜监视该街区的罪犯活动。过了半年，警方在掌握了足够的线索后，终于突然出击，把贩毒集团一网打尽。但不久以后，曾经装扮过店员的警探中，有近半数向上司交了辞职申请，因为那七、八个小铺子在半年间平均每月盈利 8000 多美元，这使近半数的警探决定辞职做生意去了。

西德一家电视台在拍摄一部以警匪交战为题的电视系列剧之前，特地向警方借来几位警察，请他们在剧中扮演警察。排演的时候，导演总觉得扮演警匪双方的演员的表演有点不尽人意，当时有人开玩笑地说了一句："干脆让他们互换角色吧！"导演灵机一动，决定试试看。一试之下，觉得很满意。于是正式拍摄时就让警察扮演匪徒，让原来准备扮演匪徒的演员出演警察。该系列剧播出以后，观众的评价非常好，收视率也很高，当地的一家娱乐杂志的文章说："我们调查发现，有些不知内情的观众认为这部系列剧之所以成功，可能是让当过囚犯的人扮演匪徒。"

在西班牙，有 21 名高级警官参加一次晋级考试，考试结果，21 人全部不及格，上司觉得奇怪，下令调查，原来是主考官发错了试卷，而这份试卷应是给当地一所学校的 10 岁小学生应试用的。

（原载《海外星云》1989 年第 13 期，谭凯名译）

测　试　文

开始时间_____

一、选择题

1. 美国芝加哥一所警察局的警察因为_____而空欢喜一场。

（　）a. 未缴获30万美元赃款

　　　b. 嫌疑犯从后门逃走

　　　c. 缴获的30万美元又被偷走了

　　　d. 保险柜被人偷走了

2. 一位警官买了一瓶昏迷喷雾剂想_____。

（　）a. 对付歹徒　　　　　　b. 送给女朋友

　　　c. 当香水用　　　　　　d. 喷颈部

3. 一位女警探在一个旅馆房间_____。

（　）a. 打开手提包，放出四只小白鼠

　　　b. 想吓吓那个女嫌疑犯

　　　c. 赶走女犯和小白鼠

　　　d. 准备拘捕一个女嫌疑犯

4. 特警队驾驶的警车_____匪徒的小轿车_____开。

（　）a. 从山下往山上开，／从山上往山下

　　　b. 从山上往山下开，／从山下往山上

　　　c. 和／都往山下

d. 和／都往山上

5. 警官_____，结果抓到了武器贩子。

（　） a. 带人去公寓，错跑到五楼

b. 在四楼没找到赌徒，又到五楼找

c. 追赶从四楼逃跑的赌徒到五楼

d. 故意不服从命令

6. _____，开设了七、八个出售水果、书报、零食之
类的小铺子。

（　） a. 贩毒集团为了偷偷贩毒

b. 警察为了赚钱

c. 警方为了掌握一个贩毒集团的活动情况

d. 辞职的警察为了生活得好一点儿

7. 后来_____都去做生意了。

（　） a. 警察局半数的人　　　　 b. 七、八个警察

c. 警察的上司　　　　　　 d. 有一半装扮店员的警察

8. 西德一家电视台拍一部电视剧，排演时_____。

（　） a. 警察演警察，演员演匪徒

b. 演员演警察，警察演匪徒

c. 警察与匪徒互换

d. 警察与演员互换

9. 不知内情的观众认为电视剧中的_____演得很象。

（　） a. 匪徒　　　　　　　　　 b. 警察

c. 演员　　　　　　　　　 d. 囚犯

10. 高级警官做 10 岁小学生用的考试卷，_____。

（　） a. 个个都能得一百分　　　 b. 这是很奇怪的

c. 那就太容易了　　　　　 d. 结果全部不及格

二、判断题

（　）　1. 所有警察都是很勇敢胆大的。

（　）　2. 小偷竟然敢从警察局里偷钱。

（　）　3. 意大利的那位警察不喜欢用香水。

（　）　4. 警车把匪徒的车撞得起火了。

（　）　5. 澳大利亚的那位警官如果工作仔细认真的话，就失
去了那次立功升职的机会了。

（　）　6. 美国加州警方开的小铺子半年间盈利8000多美元。

（　）　7. 导演开始时并不知道警察演匪徒能演得很好。

（　）　8. 上司早就知道这21名警官连小学生的水平都没达
到。

（　）　9. 在英国，妇女是不能当警察的。

（　）10. 警察失误有时会带来预想不到的好结果。

三、近义词选择题

1. 在意大利，一位警官买了一瓶用来对付歹徒的昏迷喷雾
剂，准备送给女朋友作〔防身〕之用。

（　）　a. 自卫　　　　　　b. 护肤

　　　　c. 防臭　　　　　　d. 健身

2. 当天晚上，他洗澡完毕，〔照例〕拿起一瓶香水喷在颈
部，谁知一喷之后，便失去了知觉。

（　）　a. 按照　　　　　　b. 举例

　　　　c. 照常　　　　　　d. 照顾

3. 在奥地利，一支特警队驾驶警车在山区追逐一辆匪徒的
小轿车，两辆车在盘山公路上〔一前一后〕飞驰。

( ) a. 一个在前，一个在后

b. 在不同的时间里

c. 一个向前一个向后

d. 一个快一个慢地

4. 在美国加州，警方为了〔掌握〕一个贩毒集团的活动情况，在贩毒者经常活动的街区附近开设了七、八个小铺子。

( ) a. 抓住　　　　　　　b. 了解

c. 握手　　　　　　　d. 鼓掌

5. 但不久之后，曾经装扮过店员的警探中〔有近半数〕向上司交了辞职申请。

( ) a. 有一半　　　　　　b. 有一大半

c. 大约有一半　　　　d. 大约有一大半

6. 西德一家电视台在拍摄一部以警匪交战为题的电视剧之前，〔特地〕向警方错来几位警察，请他们在剧中扮演警察。

( ) a. 特意　　　　　　　b. 特别

c. 特点　　　　　　　d. 特殊

7. 〔排演〕的时候，导演总是觉得扮演警匪双方的演员的表演有点不如人意。

( ) a. 晚上演戏　　　　　b. 拍摄前练习

c. 出发前排队　　　　d. 下课后练习

8. "……可能是让当过〔囚犯〕的人扮演匪徒。"

( ) a. 罪犯　　　　　　　b. 已抓获的罪犯

c. 逃跑的罪犯　　　　d. 狱中罪犯

9. 在西班牙，有21名高级警官参加一次〔晋级〕考试，考试结果，21人全部不及格。

（　）a. 升级　　　　　b. 降级

　　　c. 留级　　　　　d. 跳级

10. 在英国伯明翰，一位女警探在一个旅馆房间准备〔拘捕〕一个女嫌疑犯时，对方突然打开手提包，放出四只小白鼠。

（　）a. 捉拿　　　　　b. 追逐

　　　c. 拒捕　　　　　d. 捕获

结束时间：＿＿＿＿＿　测试时长：＿＿＿＿＿

表一．时长评分标准：（时长单位：分钟）

阅　读 时　长	11 ｜ 11	13 ｜ 13	15 ｜ 15	18 ｜ 18	22 ｜ 22	30 ｜ 30	45 ｜ 45	90 ｜ 90	｜ 90
得分数	40	35	30	25	20	15	10	5	0
超 总 时 长 扣 分 标 准			每 超 过　1　分 钟 扣　2　分						

表二．练习成绩统计及评定：（时长单位：分钟）

项　目	阅　读 时　长	练　习 时　长	练习题 正确数	超　时	总计分	评　定 等　级	HSK 分　数 等　级
完成情况							
得　分				扣分			

表三. 部分外国留学生速读情况调查结果:
　　　　（时长单位：分钟；　速度单位：字／分钟）

调查对象情况		阅　读		练　　　　习				
学习时间	国别与人数	平均时长	平均速度	平均时长	平均正确题数			平均正确率
					一	二	三	
800小时以上	泰国　3 日本　1 菲律宾　1	9	149	12	5	7	5	57%
800小时以下	澳大利亚　1 丹麦　1 苏联　1 日本　2 加拿大　1	17	75	17	7	7	4	60%

表四. 部分中国学生速读情况调查结果:
　　　　（时长单位：分钟；速度单位：字／分钟）

调查对象		阅　读		练　　　习				
水平档次	人数	平均时长	平均速度	平均时长	平均正确题数			平均正确率
					一	二	三	
甲	47	5	269	6	8	9	9	87%
乙	49	5	269	7	7	8	9	80%
丙	41	6	224	7	7	8	8	77%
丁	51	8	203	9	7	7	8	73%

练 习 答 案

一、 1. c 　 2. b 　 3. d 　 4. c 　 5. a
　　 6. c 　 7. d 　 8. a 　 9. a 　 10. d

二、 1. × 　 2. √ 　 3. × 　 4. × 　 5. √
　　 6. × 　 7. √ 　 8. × 　 9. × 　 10. √

三、 1. a 　 2. c 　 3. a 　 4. b 　 5. c
　　 6. a 　 7. b 　 8. d 　 9. a 　 10. a

第 三 单 元

训 练 文 一

中心词:

1.	眨眼	blink one's eyes
2.	持续时间	duration of the wink
3.	无意眨眼	unconscious wink
4.	有意眨眼	conscious wink
5.	自发性的	spontaneous
6.	反射作用	a reflex action
7.	心境	mood; mental state; frame of mind
8.	次数	frequency
9.	警觉	vigilance; alertness
10.	厌烦	boredom; weariness; to dislike; to vex
11.	焦虑	deep worry and anxiety
12.	惶恐	fear; apprehensiveness
13.	象征	symbolize; signify; symbol; token
14.	心算	mental arithmetic; doing sums in one's head

规定总时长: 33 分钟 (阅读: 13 分; 练习: 20 分)

开始时间 (一): ＿＿＿＿＿ 开始时间 (二) ＿＿＿＿＿

眨 眼 之 间

　　眼睛是最灵敏的感官，却脆弱得出人意料。它的大部分体积受到头颅保护，但是眼睛张开时，它的整个表面大约有十分之一的面积，与空气之间没有任何屏障。

　　人体以眨眼方式来保护这个重要部分。眼皮是人体最薄的皮肤之一，皮内衬有软骨似的坚韧纤维，在持续时间也许只有十分之一秒的眨眼中，眼皮先是闭合，然后缩回，这样便在眼球上抹上一层泪水，清除杂物和保持表面清洁、润滑。

　　眨眼可分几种。除了清洁眼球的那种眨眼之外，还有在遇到意料不到的情况时的无意眨眼，以及表示愤怒或怀疑时的有意眨眼。另外一种是自发性眨眼，即非有意眨眼，也非反射作用。

　　眨眼多是自发性的。如果只是为了清洗眼球，一分钟内眨眼一次就够了。可是，大多数人一分钟内眨眼却达 15 次之多。为什么眨得如此频繁？显然，眨眼与心境有直接关系。现在科学家使用摄影机、红外线和电极测度眼睛周围神经与肌肉所迸发的电流，已能够看出人在警觉，厌烦，忧虑或专心时，眨眼的次数和每次的持续时间都有区别。

　　研究结果首先显示，我们在最警觉的状态下眨眼较少。人们读小说时一分钟大约眨眼六次；谈话时眨眼次数多一倍以上。驾驶汽车的人经过热闹街市时，眨眼次数比在公路行驶时少。超车时，驾车者的目光要从路面移向速度计或后视镜，然后又回到路面，这时候，眨眼次数通常都会减少。

　　心情厌烦对眨眼的影响似乎更微妙。在一次实验当中，参加的人们要听 32 分钟的各种声调，他们眨眼时，闭目的持续时间增加了 30%，显然，头脑收受的信息无关紧要时，它便会自行休息，而每次眨眼持续的时间也因此延长了一些。

研究人员知道，眨眼次数和每次的持续时间，会因我们工作性质的不同而出现差异。运用目力从事工作的人眨眼较少。人在疲困时比在休息之后眨眼多一些。烦恼时也会多眨几下。

焦虑也会使眨眼次数增多。直升机驾驶学员眨眼比教官频密，而证人在接受对方律师盘问时眨眼的次数，也比面对己方律师时多。一个人回答问题时如果必须面对另一个人而不是对一个无生命的机器，那么，他的眨眼次数便会增多。而且，如果对方提出一些令人困窘的问题，并要求直接回答是或否时，眨眼次数更会大大增加。由于眨眼和惶恐有密切关系，所以电视新闻报告员都奉命眨眼要眨得适当，这样在摄影机前可显得镇定和从容。

阅读时，眼睛读到一行文字的结尾时，或是心里不明白一段文意而重读前面三四个字时，最有可能眨眼。脑子在遇到感觉上的重大事件时似乎要停顿一下，而眨眼便是这种停顿的象征。

如此说来，眨眼的作用倒像心理上的标点符号，我们一旦停止收受信息并开始思考已收到的信息，似乎便会眨眼。在市区内驾车的人那些短促而不大频密的眨眼就好像个逗号，把眼前飞逝的景象分为可以掌握的段落。进行记忆或作出决定时的持续时间较长而次数较多的眨眼，则更像句号，让头脑获得短暂时刻，记牢或推敲有关信息。数字难题使大多数人眨眼次数增加，但有些人的眨眼次数却反而减少。有些人凭心算寻求答案，在脑海里设想数字，他们因为想使形象固定不动，因此很少眨眼。另一些人在演算时，每完成一个段落，脑子便会示意眨眼，因此他们的眨眼次数增加。换句话说，一个人的思考方式，可能在他的眨眼方式上反映出来。

（原载《读者文摘》1989 年第 11 期，作者〔美〕约翰·斯登，译者张煜彪）

结束时间（一）：_____ 结束时间（二）：_____

阅读时长（一）：_____ 阅读时长（二）：_____

练　习

开始时间（一）：_____ 开始时间（二）：_____

一、选择题

1. 眼睛的整个表面大约有十分之一的面积_____。

（　）（　）a. 出人意料地脆弱

　　　　　　b. 受到头颅的保护

　　　　　　c. 最灵敏

　　　　　　d. 可以与空气直接接触

2. 根据眨眼的原因和作用，可以把眨眼分作清洁眼球的眨眼，有意眨眼，无意眨眼与自发性眨眼。所谓自发性眨眼就是_____。

（　）（　）a. 遇到意料不到的情况时的眨眼

　　　　　　b. 即非有意，也非反射作用的眨眼

　　　　　　c. 表示愤怒或怀疑时的眨眼

　　　　　　d. 眼皮先闭合，然后缩回，在眼球上抹泪水的眨眼

3. 根据本文，_____比_____眨眼要少些，这说明人在警觉时眨眼少。

（　）（　）a. 驾驶汽车的人经过热闹街市时／在公路行驶时

b. 人们在谈话时／读小说时

c. 驾驶汽车的人跟随别的车后驾驶时／在超车时

d. 驾驶汽车的人，目光从路面移向速度计时／从路面移向后视镜时

4. 心情厌烦对眨眼有很大影响，在一次实验中，参加的人_____，这是因为头脑接受的信息无关紧要时，它便会自行休息。

（　）（　）a. 眨眼的次数增加了32%

b. 眨眼的次数达到每分钟32次

c. 闭目的持续时间增加了30%

d. 闭目的持续时间持续了32秒钟

5. 眨眼的次数和每次的持续时间，会因我们工作性质的不同而出现差异，_____眨眼多一些。

（　）（　）a. 运用目力从事工作的人　　b. 人们在休息之后

c. 人们在没有烦恼时　　　　d. 人们在疲困时

6. 焦虑也会使眨眼次数增多，如_____眨眼要多些。

（　）（　）a. 教官比直升机驾驶学员

b. 证人接受己方律师提问时比接受对方律师提问时

c. 人们被要求直接回答令人困窘的问题时

d. 一个人面对无生命的机器人回答问题比面对另一个人回答时

7. 由于眨眼和_____有密切关系，所以电视新闻广播员都奉命眨眼要眨得适当。

（　）（　）a. 镇定　　　　　　　b. 从容

　　　　　　c. 惶恐　　　　　　　d. 摄影机

8. 脑子在遇到感觉上的重大事件时，似乎要停顿一下，而眨眼便是_____的象征。

（　）（　）a. 这种停顿　　　　　b. 一种思考

　　　　　　c. 这种感觉　　　　　d. 不明了

9. 人们一旦停止收受信息，并开始思考已收到的信息，似乎便会眨眼。眨眼的作用倒象心理上的_____。

（　）（　）a. 逗号　　　　　　　b. 标点符号

　　　　　　c. 句号　　　　　　　d. 问号

10. _____可能在他的眨眼上反映出来。

（　）（　）a. 是不是干同一种工作

　　　　　　b. 是不是在解数字难题

　　　　　　c. 是不是在演算

　　　　　　d. 一个人的思考方式

二、判断题

（　）（　）1. 人眨眼一次的持续时间大约只需1秒。

（　）（　）2. 人眨眼的次数与心境有关，可是每次眨眼的持续时间与心境无关。

（　）（　）3. 注意力集中时眨眼次数通常都会减少。

（　）（　）4. 人的心情厌烦时，每次眨眼持续的时间也缩短一些。

（　）（　）5. 工作性质的不同也会对眨眼次数和每次的持

续时间产生影响。

（　）（　）6. 人在焦虑时眨眼次数也会增多。

（　）（　）7. 阅读时，心里不明了一段文意而重读前面三四个字时不会眨眼。

（　）（　）8. 持续时间较长，次数较多的眨眼总是为了休息。

（　）（　）9. 不同的人在做同一件事时，眨眼的次数并不一样多。

（　）（　）10. 解数学难题时，大多数人眨眼次数减少，但有些人眨眼次数增加。

三、近义词选择题

1. 眼睛是最灵敏的〔感官〕，却脆弱得出人意料。

（　）（　）a. 感觉官能　　　　　b. 感觉器官

c. 感觉机器　　　　　d. 感觉能力

2. 眨眼分好几种，有一种是〔自发性〕眨眼，即非有意，也非反射的作用的眨眼。

（　）（　）a. 有不自觉的不受外力影响特性的

b. 有自动的不要人工操作特性的

c. 有自愿的不被别人强迫特性的

d. 有自然的非伪装特性的

3. 现在科学家使用摄影机、红外线和电极〔测度〕眼睛周围神经与肌肉所迸发的电流。

（　）（　）a. 测量　　　　　b. 推测

c. 预测　　　　　d. 测验

4. 心情厌烦对眨眼的影响似乎更〔微妙〕。

（　）（　）a. 细小巧妙，难以观测

　　　　　　b. 轻微奇妙，难以相信

　　　　　　c. 微弱奥妙，难以描述

　　　　　　d. 深奥玄妙，难以捉摸

5.　如果只是为了清洗眼球，一分钟内眨眼一次就够了。可是大多数人眨眼〔十分频繁〕，一分钟内眨眼达 15 次之多。

（　）（　）a. 反复不断　　　　b. 不停重复

　　　　　　c. 次数很多　　　　d. 屡次

6.　我们一旦停止〔收受〕信息并开始思考已收到的信息，似乎便会眨眼。

（　）（　）a. 接受　　　　　　b. 收获

　　　　　　c. 接纳　　　　　　d. 收回

7.　当头脑认为收受的信息无关紧要时，它便会〔自行〕休息。

（　）（　）a. 自觉地　　　　　b. 自动地

　　　　　　c. 自己移动位置　　d. 自己走开去

8.　人在〔疲困〕时比在休息之后眨眼多一些。

（　）（　）a. 疲劳，困倦　　　b. 劳累，困难

　　　　　　c. 贫困，厌烦　　　d. 困苦，伤心

9.　如果对方提出一些令人〔困窘〕的问题而要求直接回答是或否时，眨眼次数更会大大增加。

（　）（　）a. 感到没有信心　　b. 感到困难

　　　　　　c. 感到不好意思　　d. 感到为难

10.　心里不明白一段〔文意〕而重读前面三四个字时，最有可能眨眼。

（　）（　）a. 文章或句子的意图　　　b. 文章或句子的意愿

　　　　　　　c. 文章或句子的意思　　　d. 文章或句子的意识

结束时间（一）：＿＿＿＿　结束时间（二）＿＿＿＿

练习时长（一）：＿＿＿＿　练习时长（二）＿＿＿＿

表一. 时长评分标准：（时长单位：分钟）

阅读时长	10 ｜ 10	11 ｜ 11	13 ｜ 13	16 ｜ 16	20 ｜ 20	26 ｜ 26	39 ｜ 39	79 ｜ 79	｜ 79
得分数	40	35	30	25	20	15	10	5	0
超总时长扣分标准	每超过 1 分钟扣 2 分								

表二. 练习成绩统计及评定：（时长单位：分钟）

项目		阅读时长	练习时长	练习题正确数	超时	总计分	评定等级	HSK分数等级
第一次	完成情况							
	得分				扣分			
第二次	完成情况							
	得分				扣分			

表三. 部分外国留学生速读情况调查结果:
（时长单位：分钟； 速度单位：字/分钟）

调查对象情况		阅　读		练　　习				
学习时间	国别与人数	平均时长	平均速度	平均时长	平均正确题数			平　均正确率
					一	二	三	
800小时以上	泰国　3 日本　1 菲律宾　1	11	107	15	5	7	6	60%
800小时以下	德国　1 日本　2 印尼　1	13	91	20	4	7	4	50%

表四. 部分中国学生速读情况调查结果:
（时长单位：分钟；速度单位：字/分钟）

调查对象		阅　读		练　　习				
水平档次	人数	平均时长	平均速度	平均时长	平均正确题数			平　均正确率
					一	二	三	
甲	48	5	236	8	8	7	8	77%
乙	51	6	197	8	6	6	8	67%
丙	42	8	148	9	6	6	6	60%
丁	50	12	98	14	5	5	6	53%

练 习 答 案

一、	1. d	2. b	3. a	4. c	5. d
	6. c	7. c	8. a	9. b	10. d
二、	1. ×	2. ×	3. ✓	4. ×	5. ✓
	6. ✓	7. ×	8. ×	9. ✓	10. ✓
三、	1. b	2. a	3. a	4. d	5. c
	6. a	7. b	8. a	9. d	10. c

训 练 文 二

中心词:

1. 梦　　　　　dream
2. 虚幻荒诞　　unreal and fantastic; illusory and fantastic; absurd; incredible
3. 预兆　　　　presage; harbinger; omen
4. 牵强附会　　draw a forced analogy; make a farfetched comparison; give a strained interpretation
5. 迎合　　　　cater to; pander to
6. 生理科学　　physiology
7. 大脑皮层　　cerebral cortex
8. 抑制　　　　inhibition; inhibit
9. 刺激　　　　stimulate; stimulation; signal stimulus
10. 痕迹　　　　trace; mark

规定总时长: 28 分钟　（阅读: 14 分; 练习: 14 分）

开始时间（一）: _____　开始时间（二）_____

说　梦

　　每个人都做过梦, 但并不是每个人都知道为什么会做梦。梦境本是虚幻荒诞的, 没有什么现实意义。但从前由于受着宗教迷信的影响，常常有人把梦境看成是生活中的一种预兆，给它牵强附会的解释，就是所谓"圆梦"。旧社会里的一些统治者，都幻想有"好梦"，他们的奴仆们就来为他们"圆梦"。传说安禄山打进长安，做了一个梦，梦见袖子很长，找到一个人为他圆梦，这个人为了迎合安禄山想做皇帝的心理，就说这是象征着"穿着长袖衣治理国家"，获得了安禄山的奖赏。后来唐代统治者又打回了长安，抓住这个人要治叛逆罪，他又说："为安禄山圆梦是说的假话，其实梦见袖子太长，是说明'伸手却得不到'，他注定要失败的。"唐玄宗听了也很高兴。一个梦竟有这样两种绝然相反的解释，可见圆梦的说法多么愚蠢可笑。

对于"梦"的解释，中国很早就流行有"日有所思，夜有所梦"的说法。这说明了"梦"的产生是与日常生活有联系的，它与自己平时喜爱的、忧虑的某些思维活动有关，与入睡时的环境条件有关，这种说法是有科学根据的，当然还不够全面。

现代生理科学的发展，使人们对于梦有了更多的了解。梦是在睡眠时产生的，熟睡不会做梦，所以梦是睡眠还较浅时的产物。按照巴甫洛夫的理论，睡眠是大脑皮层甚至某些低位部分的一种全面性的抑制。这种抑制过程如果很深很透，人的思维活动就停止了，外部一般强度的声、色刺激也不能感知，这就是熟睡，这时不会做梦。如果睡眠还较浅，大脑里的抑制过程还不全面彻底，剩下了某些兴奋点继续活动，梦境就要产生了。引起这些兴奋活动的因素，大多与从前感知过的刺激的痕迹作用有关，因而梦境是与日常生活有关联的，不是神秘的。又由于大脑皮层大部分处于抑制状态，而这些孤立的兴奋点缺乏有逻辑性的联系，这就构成了梦境的荒诞性。巴甫洛夫说过："梦就是过去各种刺激的痕迹，它们以最料想不到的方式组合起来。"

日常生活中经历过的，听说过的，在书本上见到过的事，都可以片段地在梦里出现。如一个人只到过北京、武汉，没有到过上海，他做梦时也可能到了上海，因为他听说过上海是一个繁华的城市，但在他梦境里的上海绝不是真正上海市的面貌，而只是北京、武汉某些情景的模拟。入睡时身体内外环境的某些刺激，与梦境也常有联系，如口渴干燥，可能梦见吃灼热的东西，又如睡眠时半身露在被褥外面，受到寒冷的刺激，可能梦见跌在冷水池里。梦境也可能是一种真情流露，个人主义者梦见了自己的奢望实现，热爱工作的人梦见工作顺利的境况。这些都可以用刺激痕迹的错综组合来解释。

梦境与睡眠的深浅程度也有关，朦胧入睡时，大脑皮层里的抑制过程也比较浅，梦境就更加接近现实生活，正是"日有所思，夜有所梦"。日间深思一个数学题，梦里也可能在做数学，日间搞技术革新，梦里也可能搞同样的工作。甚至有时自己也觉察到在做梦，但不能主动地控制，只能听其自然发展。

睡眠稍深一些，梦境则有明显的虚幻性和荒诞性，一时在东，一时在西，或者与死去已久的朋友在一起，而自己毫无判断辨别的能力。这就是因为大脑里抑制过程更深更普遍的缘故。

睡眠是由浅入深的，做梦也是一种很普遍的现象，一般说来对于健康没有什么妨害，但如果通宵做梦，而且梦境多处在一种朦胧入睡的阶段，也可能影响休息，日间也会感到疲倦，这就要注意采取加深睡眠的措施。

（原载《知识小品》，北京出版社，1962 年，作者傅连嶂）

结束时间（一）：_____　结束时间（二）：_____

阅读时长（一）：_____　阅读时长（二）：_____

练　习

开始时间（一）：＿＿＿＿＿　开始时间（二）：＿＿＿＿＿

一、选择题

1. 常常有人把梦境看成是生活中的一种预兆，原因是＿＿＿＿＿。

（　）（　）a. 梦境与生活确实有这样的关系

　　　　　　b. 这些人受了宗教迷信的影响

　　　　　　c. 梦境与生活是一样的

　　　　　　d. 先有梦境然后才有生活

2. "圆梦"的意思是＿＿＿＿＿。

（　）（　）a. 把梦做完　　　　　　b. 做一个好梦

　　　　　　c. 一个完整的梦　　　　d. 对梦境作解释

3. "日有所思，夜有所梦"的意思是＿＿＿＿＿。

（　）（　）a. 白天想的事情，夜里就有可能出现在梦境中

　　　　　　b. 白天想做梦，晚上才会做梦

　　　　　　c. 天天想着的事情，晚上才会梦见

　　　　　　d. 每天都想问题，每天晚上都会做梦

4. 梦是在＿＿＿＿＿。

（　）（　）a. 熟睡时产生的　　　　b. 睡眠还较浅时产生的

　　　　　　c. 没有睡着时产生的　　d. 想睡觉时产生的

5. 睡眠是＿＿＿＿＿。

（　）（　）a. 躺在床上闭上眼睛　　b. 大脑皮层的全面抑制

　　　　　　c. 不思考任何问题　　　d. 人停止了各种活动

6. 梦境是_____。

（　）（　）a. 神秘的　　　　　　　　b. 天堂的情景

　　　　　　　c. 死以后的生活情景　　d. 与日常生活有关联的

7. 在梦里出现的片段_____。

（　）（　）a. 可以是经历过的、听说过的、书本上见过的

　　　　　　　　事

　　　　　　　b. 一定是生活中亲身经历过的

　　　　　　　c. 一定是生活中亲耳听说过的

　　　　　　　d. 与生活是完全没有关系的

8. 一个人只到过北京、武汉，没有到过上海，那么他做梦

　　时_____。

（　）（　）a. 不可能到了上海　　b. 也有可能到了上海

　　　　　　　c. 也只能到北京　　　d. 也只能到武汉

9. 白天你深思一个数学题，那么梦里你_____。

（　）（　）a. 一定能完成这个数学题

　　　　　　　b. 不可能完成这个数学题

　　　　　　　c. 不可能再做这个数学题

　　　　　　　d. 也可能在做这个数学题

10. 通宵做梦_____。

（　）（　）a. 对人的健康有害

　　　　　　　b. 对人的健康无害

　　　　　　　c. 对人的健康有益

　　　　　　　d. 说明人的健康受到了损害

二、判断题

（　）（　）1. 有些人不知道为什么会做梦。

（　）（　）2. 梦具有现实意义。

（　）（　）3. 有的人把梦境看成是生活中的一种预兆。

（　）（　）4. 旧社会里的统治者都做好梦。

（　）（　）5. 对于梦的了解应归功于现代生理科学的发展。

（　）（　）6. 梦的产生与日常生活没有联系。

（　）（　）7. 睡得很熟仍然会做梦。

（　）（　）8. 大脑皮层抑制得很深很透，思维活动就停止了。

（　）（　）9. 人在做梦时不可能觉察自己在做梦。

（　）（　）10. 梦境的虚幻性与荒诞性是现代科学还不能解释的。

三、近义词选择题

1. 常常有人把梦境看成是生活中的一种〔预兆〕。

（　）（　）a. 预言　　　　　　b. 先兆

　　　　　c. 预备　　　　　　d. 预先

2. 旧社会里的一些统治者，都〔幻想〕有"好梦"。

（　）（　）a. 梦想　　　　　　b. 思想

　　　　　c. 幻灭　　　　　　d. 幻觉

3. 这个人为了迎合安禄山想做皇帝的〔心理〕，就说这是象征"穿着长袖衣治理国家"，获得了安禄山的奖赏。

（　）（　）a. 心思　　　　　　b. 理论

　　　　　c. 道理　　　　　　d. 内心

4. 一个梦竟有这样两种〔绝然〕相反的解释，足见圆梦的说法多么愚蠢可笑。

（　）（　）a. 虽然　　　　　　b. 自然

　　　　　　c. 当然　　　　　　d. 完全

5. 对于梦的〔解释〕，我国很早就流行有"日有所思，夜有
所梦"的说法。

（　）（　）a. 解决　　　　　　b. 解放

　　　　　　c. 释放　　　　　　d. 说明

6. 这都说明"梦"的产生是与日常生活有联系的，它与自己
平时喜爱的、〔忧虑〕的某些思维活动有关……

（　）（　）a. 忧愁　　　　　　b. 考虑

　　　　　　c. 担心　　　　　　d. 思考

7. 按照巴甫洛夫的〔理论〕，睡眠是大皮层甚至某些低位部
分的一种全面性的抑制。

（　）（　）a. 学说　　　　　　b. 道理

　　　　　　c. 议论　　　　　　d. 理解

8. 梦境是与日常生活有〔关联〕的，不是神秘的。

（　）（　）a. 关心　　　　　　b. 联系

　　　　　　c. 联合　　　　　　d. 联络

9. 睡眠较浅时，由于大脑皮层大部分处于抑制状态，而这
些〔孤立〕的兴奋点缺乏有逻辑性的联系，这就构成了
梦境的荒诞性。

（　）（　）a. 独立　　　　　　b. 孤独

　　　　　　c. 站立　　　　　　d. 成立

10. 梦境可以用刺激痕迹的〔错综〕组合来解释。

（　）（　）a. 综合　　　　　　b. 错乱

　　　　　　c. 交叉　　　　　　d. 错觉

结束时间（一）：＿＿＿＿＿　结束时间（二）＿＿＿＿＿

练习时长（一）：＿＿＿＿＿　练习时长（二）＿＿＿＿＿

表一．时长评分标准：（时长单位：分钟）

阅　读 时　长	10 | 10	12 | 12	14 | 14	17 | 17	20 | 20	28 | 28	41 | 41	83 | 83	|
得分数	40	35	30	25	20	15	10	5	0
超 总 时 长 扣 分 标 准				每 超 过　1　分 钟 扣　2　分					

表二．练习成绩统计及评定：（时长单位：分钟）

	项 目	阅　读 时　长	练　习 时　长	练习题 正确数	超　时	总计分	评　定 等　级	HSK 分　数 等　级
第 一 次	完成情况							
	得　　分				扣分			
第 二 次	完成情况							
	得　　分				扣分			

表三. 部分外国留学生速读情况调查结果:

（时长单位: 分钟; 速度单位: 字/ 分钟）

调查对象情况		阅读		练习				
学习时间	国别与人数	平均时长	平均速度	平均时长	平均正确题数			平均正确率
					一	二	三	
800小时以上	泰国　　3 日本　　1 菲律宾　1	9	138	12	8	8	5	70%
800小时以下	德国　　2 日本　　2 印尼　　1	13	96	17	6	7	4	57%

表四. 部分中国学生速读情况调查结果:

（时长单位: 分钟; 速度单位: 字/ 分钟）

调查对象		阅读		练习				
水平档次	人数	平均时长	平均速度	平均时长	平均正确题数			平均正确率
					一	二	三	
甲	48	5	311	6	8	8	8	80%
乙	49	6	207	7	7	6	7	67%
丙	42	7	178	8	7	5	7	63%
丁	51	10	124	11	6	5	6	57%

练 习 答 案

一、 1. b 2. d 3. a 4. b 5. b

　　 6. d 7. a 8. b 9. d 10. a

二、 1. ✓ 2. ✗ 3. ✓ 4. ✗ 5. ✓

　　 6. ✗ 7. ✗ 8. ✓ 9. ✗ 10. ✗

三、 1. b 2. a 3. a 4. d 5. d

　　 6. c 7. a 8. b 9. a 10. c

测 试 文

中心词:

1.	神经反射	nerve reflex
2.	信号	signal
3.	肌肉	muscle
4.	骨骼	skeleton
5.	肺部	lungs
6.	腹	belly; abdomen; stomach
7.	辩证法	dialectics
8.	本质	essence; nature; intrinsic quality
9.	现象	phenomenon; appearance
10.	形式	form; shape
11.	孔子	Confucius
12.	滑稽	funny; amusing; comical

规定总时长：28 分钟（阅读：14 分；　测试：14 分）

开始时间＿＿＿＿＿

笑

随着现代医学的发展，我们对于笑的认识，更加深刻了。

笑，是心情愉快的表现，对于健康是有益的。笑，是一种复杂的神经反射作用，当外界的一种笑料变成信号，通过感官传入大脑皮层，大脑皮层接到信号，就会立刻指挥肌肉或一部分肌肉动作起来。

小则嫣然一笑，笑容可掬，这不过是一种轻微的肌肉动作，一般的微笑，就是这样。

大则是爽朗的笑，放声的笑，不仅脸部肌肉动作，就是发声器官也动作起来。捧腹大笑，手舞足蹈，甚至全身肌肉骨骼都动作起来了。

笑在胸腔，能扩大胸肌，肺部加强了运动，使人呼吸正常。

笑在肚里，腹肌收缩了而又张开，及时产生胃液，帮助消化，增进食欲，促进人体的新陈代谢。

笑在心脏，血管的肌肉加强了运动，使血液循环加强，淋巴循环加快，使人面色红润，神采奕奕。

笑在全身，全身肌肉都动作起来，兴奋之余，使人睡眠充足，精神饱满。

笑也是一种运动，不断地变化、发展，笑的声音有大有小；有远有近；有高有低；有快有慢；有粗有细；有真有假；有聪明的，有笨拙的；有柔和的，有粗暴的；有爽朗的，有娇嫩的；有现实的，有浪漫的；有冷笑，有热情的笑，如此等等，这是笑的辩证法。

笑有笑的哲学。

笑的本质，是精神愉快。

笑的现象，是让笑容、笑声伴随着你的生活。

笑的形式多种多样，千姿百态，无时不有，无处不有。

笑的内容丰富多采，包括人的一生。

笑话、笑料的题材，比比皆是，可以汇编成专集。

笑有笑的医学。笑能治病，神经衰弱的人要多笑。

笑可以消除肌肉过分紧张的状况，防止疼痛。

笑也有一个限度，适可而止。有高血压和心肌梗塞的病人，不宜大笑。

笑有笑的心理学。各行各业的人对于笑都有他们自己的看法，都有他们的心理特点。售货员对顾客一笑，这笑是有礼貌的笑，使顾客感到温暖。

笑有笑的教育学。孔子说："学而时习之，不亦说乎。"这是孔子勉励他的门生们要勤奋学习。读书是一件快乐的事，我们在学校里常常听到读书声夹着笑声。

笑有笑的艺术。演员的笑，笑得那样开心。所以，人们在看喜剧滑稽戏和马戏等表演的时候，剧场里总是笑声满座。

笑有笑的文学。相声就是笑的文学。

笑，你是嘴边的一朵花，在颈上花苑里开放。

你是脸上一朵云，在眉宇双目间飞翔。

你是美的姐妹，艺术家的娇儿。

你是爱的伴侣，生活有了爱情，你笑得更甜。笑，你是治病的良方，健康的朋友。

笑是一种个人的创造，也是一种集体生活感情融洽的表现。

让全人类都有笑意、笑容和笑声，把悲惨的世界变成欢乐的海洋。

（原载《光明日报》，1981 年 4 月 15 日，作者高士其）

结束时间：_____　阅读时长_____

测 试 题

开始时间_____

一、选择题

1. 笑是_____表现。

（　）a. 心情愉快的　　　　　b. 健康有益的

　　　　c. 认识深刻的　　　　　d. 一种复杂的神经反射作
用的

2. 捧腹大笑时_____动作。

（　）a. 只有轻微的肌肉　　　b. 只有脸部的肌肉

　　　　c. 全身的肌肉骨骼都　　d. 只有一部分肌肉

3. 从生理上讲，笑可以使_____。

（　）a. 血管的肌肉加强运动，扩大胸肌

　　　　b. 腹肌收缩了又张开，并及时产生胃液

　　　　c. 人变得浪漫、热情

　　　　d. a 与 b

4. 笑能治病，_____。

（　）a. 牙痛的人要多笑

　　　　b. 神经衰弱的人要多笑

　　　　c. 有肺病的人要多笑

　　　　d. 有胃病的人要多笑

5. 笑有笑的文学，_____就是笑的文学。

（　）a. 小说　　　　　　　　b. 马戏

　　　　c. 相声　　　　　　　　d. 电影

6. 笑的形式_____。

（　）a. 一般有冷笑和热情的笑两种

　　　b. 只有善意和恶意的两种

　　　c. 可分为真笑和假笑两种

　　　d. 多种多样，千姿百态

7. 患有高血压和心肌梗塞的病人不宜_____。

（　）a. 大笑　　　　　　　　b. 冷笑

　　　c. 笑　　　　　　　　　d. 微笑

8. 爽朗的笑是_____。

（　）a. 一般的微笑　　　　　b. 放声大笑

　　　c. 小声的笑　　　　　　d. 不好意思的笑

9. 孔子_____。

（　）a. 教他的学生教育学

　　　b. 教他的学生如何笑得更好

　　　c. 叫他的学生一边读书一边笑

　　　d. 叫他的学生要努力学习

10. _____是作者的愿望。

（　）a. 让世界充满欢乐的笑声

　　　b. 让全人类都笑起来

　　　c. 让悲惨的世界多些笑声

　　　d. 让在海上的人都笑起来

二、判断题

（　）1. 笑时生理动作很简单，就是肌肉动一动而已。

（　）2. 微笑时发声器官不动作。

（　）3. 不常笑的人一般呼吸都不正常。

（　）4. 人的新陈代谢与笑毫无关系。

（　）5. 冷笑与热情的笑表达的情感是不相同的。

（　）6. 笑可以消除肌肉过分紧张。

（　）7. 售货员的笑可以使顾客有礼貌。

（　）8. 笑对人只有好处而无坏处。

（　）9. 孔子认为读书就要经常笑。

（　）10. 生活中有了爱情，你会笑得更开心。

三、近义词选择题

1. 随着现代医学的发展，我们对于笑的认识更加〔深刻〕
了。

（　）a. 深沉　　　　　b. 深入

　　　c. 刻苦　　　　　d. 广泛

2. 笑是心情愉快的表现，对于健康是〔有益〕的。

（　）a. 有好处　　　　b. 有收获

　　　c. 有效益　　　　d. 有利益

3. 小则〔嫣然一笑〕，笑容可掬，这只不过是一种轻微的肌
肉动作。

（　）a. 哈哈大笑　　　b. 冷冷一笑

　　　c. 噗哧一笑　　　d. 微微一笑

4. 大则是爽朗的笑，〔放声〕的笑，不仅脸部肌肉动作，就
是发声器官也动作起来。

（　）a. 使劲儿　　　　b. 高音

　　　c. 大胆　　　　　d. 大声

5. 笑在全身，全身肌肉都动作起来，兴奋之余，使人睡眠
〔充足〕，精神饱满。

（　）a. 满足　　　　　　　b. 充分

　　　c. 充实　　　　　　　d. 十足

6. 笑也有一个限度，〔适可而止〕。有高血压和心肌梗塞毛病的人，不宜大笑。

（　）a. 不要过分　　　　　b. 恰好停止

　　　c. 可以做到　　　　　d. 可以停止

7. 笑的形式〔多种多样〕，千姿百态，无时不有，无处不在。

（　）a. 一模一样　　　　　b. 有模有样

　　　c. 各种各样　　　　　d. 表面不一样

8. 笑话、笑料的题材〔比比皆是〕，可以汇编成专集。

（　）a. 到处都是　　　　　b. 比比高低

　　　c. 个个都是　　　　　d. 都在比较

9. 笑可以消除肌肉过分紧张的〔状况〕，防止疼痛。

（　）a. 形状　　　　　　　b. 状态

　　　c. 情况　　　　　　　d. 现状

10. 孔子说："学而时习之，不亦说乎。"这是孔子〔勉励〕他的门生们要勤奋学习。

（　）a. 奖励　　　　　　　b. 鼓励

　　　c. 勉强　　　　　　　d. 避免

结束时间_____ 测试时长_____

表一. 时长评分标准: （时长单位: 分钟）

阅读时长	11 | 11	12 | 12	14 | 14	17 | 17	21 | 21	28 | 28	42 | 28	84 | 28	| 84
得分数	40	35	30	25	20	15	10	5	0
超总时长扣分标准	每超过 1 分钟扣 2 分								

表二. 练习成绩统计及评定: （时长单位: 分钟）

项目	阅读时长	练习时长	练习题正确数	超时	总计分	评定等级	HSK分数等级
完成情况							
得分				扣分			

表三. 部分外国留学生速读情况调查结果:
（时长单位: 分钟; 速度单位: 字/分钟）

调查对象情况		阅读		练习				
学习时间	国别与人数	平均时长	平均速度	平均时长	平均正确题数			平均正确率
					一	二	三	
800小时以上	泰国 3 日本 1 菲律宾 1	7	180	11	7	7	5	63%
800小时以下	德国 2 日本 2 印尼 1	10	126	15	7	8	5	67%

表四. 部分中国学生速读情况调查结果:
（时长单位：分钟；速度单位：字／分钟）

调查对象		阅　　读		练　　　习				
水平档次	人数	平均时长	平均速度	平均时长	平均正确题数			平均正确率
					一	二	三	
甲	48	4	315	6	8	8	8	80%
乙	47	6	210	8	7	8	7	73%
丙	41	7	180	8	7	7	7	70%
丁	51	9	140	12	6	7	7	67%

练　习　答　案

一、　1. a　　2. c　　3. d　　4. b　　5. c
　　　6. d　　7. a　　8. b　　9. d　　10. c
二、　1. ×　　2. √　　3. ×　　4. ×　　5. √
　　　6. √　　7. ×　　8. ×　　9. ×　　10. √
三、　1. b　　2. a　　3. d　　4. d　　5. b
　　　6. a　　7. c　　8. a　　9. c　　10. b

第 四 单 元

训 练 文 一

中心词:

1.	传说	popular legend; folklore
2.	碧绿	dark green
3.	螺旋	spiral; helix; helical line
4.	恶龙	fierce dragon; ferocious dragon
5.	安宁	peace; tranquility
6.	鱼叉	fishing spear; fishing harpoon
7.	茶树	tea tree
8.	芽苞	bud; sprout; shoot
9.	元气	vitality; vigour
10.	含	keep in the mouth
11.	憔悴	wan and sallow; thin and pallid
12.	凝聚	concentrate; congeal

规定总时长: 28 分钟 （阅读: 13 分; 练习: 15 分）

开始时间（一）: _____　开始时间（二）: _____

碧螺春的传说

碧螺春是一种驰名中外的绿茶，自古就是茶中珍品，唐朝时就被列为贡品。碧螺春以江苏省吴县太湖之滨的东、西洞庭山出产的为最佳。这里气候温和，冬暖夏凉，山坡土层肥沃，正是茶叶生长的优良环境。碧螺春泡在开水中，只见杯中犹如雪片飞舞，慢慢舒展成一芽一叶，汤色碧绿，味道清雅，经久不散。碧螺春因其碧绿澄清，形似螺旋，产生于春季而得名。太湖一带，流传着许多关于碧螺春的传说，其中以碧螺春由来的故事流传最广。

传说在很久以前，西洞庭山上住着一个美丽、勤劳、善良的姑娘，名叫碧螺。姑娘有一副清亮圆润的嗓子，十分喜爱唱歌。她的歌声给大家带来欢乐，大家都十分喜爱她。

与西洞庭山隔水相望的东洞庭山住着一个小伙子，名叫阿祥。小伙子以打鱼为生，水性好，武艺高强，办事公正，又乐于助人，因而深得人们的爱戴。阿祥在打鱼路过西洞庭湖时，常常听见碧螺姑娘那优美动人的歌声，也常常看见她在湖边结网的身影，心里深深地爱上了她。但是，还没等阿祥向碧螺表示自己的感情，一场灾难突然降到了太湖人民头上。太湖中出现了一条恶龙，它要太湖人民为它烧香摆供，每年送一对童男童女供它奴役，还要碧螺姑娘作它的妻子。如果不答应，它就要刮恶风下暴雨，掀巨浪，拔树摧房，打翻鱼船，让太湖人民不得安宁。这个消息传到阿祥耳里，他气得咬牙切齿，下决心杀死恶龙，保护人民的生命财产，保护他那心爱的姑娘。一天夜里，阿祥手拿鱼叉，潜到湖底，趁恶龙不备，用鱼叉猛刺恶龙。恶龙张开大口，直扑阿祥。这场恶战，从晚上杀到天明，又从天明杀到晚上，杀得天昏地暗，地动山摇。山上、湖里都留下了恶战的血迹。最后，阿祥杀死了恶龙，但勇敢的阿祥也因流血过多昏过去了。

乡亲们怀着无限感激和崇敬的心情，把为民除害的小伙子抬回家。碧螺姑娘更是因为小伙子杀死恶龙，免了她的灾难而十分感激。她把阿祥抬到自己的家中，由她亲自照料。姑娘给阿祥作上最好的饭菜，唱着最动听的歌，一心希望阿祥早日恢复健康。可是，由于伤势过重，阿祥的病情一天天恶化，尽管有心爱的姑娘在身边，但虚弱的身体却使他讲不出一句话来。

碧螺十分伤心。为了救活阿祥，她踏遍洞庭山，到处寻找草药。有一天，姑娘来到阿祥与恶龙博斗过的山顶，发现有一棵小茶树长得特别好。尽管还是早春，天气很冷，小树却长出了许多芽苞，茶树周围有许多暗红色的血迹。姑娘知道这是由于阿祥鲜血滋润的结果。她十分爱惜这棵小茶树，每天给小树浇水。早上怕茶树冻坏，便用自己的嘴把芽苞一个个含一遍。清明过后不几天，小树伸出了第一片嫩叶。这时阿祥已水米不进，危在旦夕。姑娘泪珠直流，她来到茶树旁边，看到嫩绿的茶叶，心里想：这些茶叶是用阿祥的鲜血滋润的，是我的口含着长大的，我采几片叶子给阿祥泡水喝，也表一表我的心意吧。于是姑娘采下几片嫩芽，泡在开水里送到阿祥嘴边。一股香气，一直沁入阿祥的心脾，本来水米不进的阿祥顿觉精神一振，一口气把茶喝光，紧接着就伸伸腿，伸伸手，恢复了元气。姑娘一见阿祥好了，高兴异常，她把小茶树上的叶子全采下来，用一张薄纸裹着放在自己的胸前，让体内的热气将嫩叶暖干。然后拿出来在手中轻轻搓揉，泡茶给阿祥喝。阿祥喝了这茶水后，居然完全恢复了健康。他激动地向姑娘诉说了自己对她的爱慕之情，姑娘也羞答答地接受了阿祥的真情。可是，正当两人陶醉在爱情的幸福之中时，碧螺姑娘却一天天憔悴下去了。原来，姑娘的元气凝聚在嫩叶上，嫩叶被阿祥泡茶喝后，姑娘的元气再也不能恢复了。姑娘带着甜蜜幸福的微笑，倒在阿祥怀里，再也没有睁开眼睛。阿祥悲痛欲绝，他把姑娘埋在洞庭山顶上。从此，这儿的茶树总是比别的地方的茶树长得好。为了纪念这位美丽善良的碧螺姑娘，乡亲们便把这种名贵的茶叶，取名为"碧螺春"。

（原载《吃的故事》，杜福祥、谢帼明主编，科学普及出版社，1983 年）

结束时间（一）：_____ 结束时间（二）：_____
阅读时间（一）：_____ 阅读时长（二）：_____

练　习

开始时间（一）：_____ 开始时间（二）：_____

一、选择题

1. 碧螺春是一种_____。

（　）（　）a. 很美丽的传说　　　　b. 很好的茶叶

　　　　　　c. 很不幸的灾难　　　　d. 很高的茶树

2. 这种茶叶为什么叫碧螺春有_____说法，这篇文章中就有_____。

（　）（　）a. 许多／一个　　　　b. 一个／一个

　　　　　　c. 很多／两个　　　　d. 两个／两个

3. 阿祥_____常听到碧螺姑娘的歌声。

（　）（　）a. 打鱼路过西洞庭湖时

　　　　　　b. 在湖边结网时

　　　　　　c. 去杀恶龙时

d. 向碧螺姑娘表达爱情时

4. 如果不答应恶龙的要求，恶龙就要_____

（　）（　）a. 让碧螺姑娘做他的妻子

b. 每年给他送一对童男童女

c. 杀死阿祥

d. 让太湖人民不得安宁

5. 阿祥在心里爱上了碧螺姑娘，是因为_____。

（　）（　）a. 大家都喜欢她

b. 她是一个美丽、勤劳、善良的姑娘

c. 他爱喝碧螺姑娘泡的茶

d. 碧螺姑娘会治病

6. 阿祥杀死了恶龙，他自己也因为_____而昏过去了。

（　）（　）a. 一天一夜没吃饭　　　b. 生气

c. 流血过多　　　　　　d. 游泳游得时间太长

7. 为了救活阿祥，碧螺姑娘踏遍洞庭山，到处寻找

_____。

（　）（　）a. 鱼叉　　　　　　b. 茶树

c. 食品　　　　　　d. 草药

8. 在_____，有一棵小茶树长得特别好。

（　）（　）a. 东洞庭山

b. 太湖湖边

c. 阿祥和恶龙博斗过的山顶

d. 碧螺姑娘的家附近

9. 阿祥喝了碧螺姑娘的茶以后_____。

（　）（　）a 病情一天天恶化

b. 居然恢复了健康

c. 爱上了碧螺姑娘

d. 就再也没有睁开眼睛

10. 乡亲们_____就把这种名贵的茶叶，取名为"碧螺春"。

（　）（　）a. 因为这种茶叶能治病

b. 因为这种茶叶驰名中外

c. 为了感谢阿祥为民除害杀死了恶龙

d. 为了纪念碧螺姑娘

二、判断题

（　）（　）1. 碧螺春茶需要用凉水泡才好喝。

（　）（　）2. 碧螺姑娘是阿祥的妻子。

（　）（　）3. 东西洞庭山是紧紧相连的两座山。

（　）（　）4. 太湖中有许多恶龙。

（　）（　）5. 阿祥杀死了恶龙，自己也负了伤。

（　）（　）6. 碧螺姑娘在找草药的时候，发现了一棵长得特别好的小茶树。

（　）（　）7. 碧螺姑娘不喜欢这棵小茶树，但是每天给小茶树浇水。

（　）（　）8. 碧螺姑娘救活了阿祥，自己却死了。

（　）（　）9. 碧螺姑娘去世后，阿祥也因想念她而去世了。

（　）（　）10. 乡亲们把埋碧螺姑娘的那个地方叫做碧螺春。

三、近义词选择题

1. 泡在开水中，只见杯中〔犹如〕雪片飞舞，慢慢舒展成一芽一叶。

( )( ) a. 比如　　　　　　　　b. 好象

　　　　 c. 比较　　　　　　　　d. 不如

2. 阿祥以打鱼为生,〔水性〕好。

( )( ) a. 性格　　　　　　　　b. 水平

　　　　 c. 游水的技能　　　　 d. 性质

3. 办事公正,武艺〔高强〕。

( )( ) a. 高大　　　　　　　　b. 强壮

　　　　 c. 高度和强度　　　　 d. 高超

4. 姑娘给阿祥作上最好的饭菜,唱着最〔动听〕的歌。

( )( ) a. 一边走一边听　　　 b. 好听

　　　　 c. 运动的时候听　　　 d. 听的时候很激动

5. 这场惊心动魄的〔恶战〕,从晚上杀到天明,又从天明杀
　 到晚上。

( )( ) a. 凶恶的战争　　　　 b. 凶残的敌人

　　　　 c. 激烈的战斗　　　　 d. 沉重的打击

6. 由于伤势过重,阿祥的病情一天天〔恶化〕。

( )( ) a. 变化很大　　　　　 b. 变坏

　　　　 c. 凶恶　　　　　　　 d. 虚弱

7. 阿祥喝了这茶水后,〔居然〕完全恢复了健康。

( )( ) a. 突然　　　　　　　　b. 竟然

　　　　 c. 偶然　　　　　　　　d. 必然

8. 她十分〔爱惜〕这棵小茶树,每天给小树浇水。

( )( ) a. 喜欢　　　　　　　　b. 爱护、珍惜

　　　　 c. 舍不得　　　　　　 d. 照顾

9. 姑娘〔采〕下几片嫩芽,泡在开水里送到阿祥嘴边。

（ ）（ ）a. 摘   b. 扯

       c. 抓   d. 拉

10. 她把茶叶用一张薄纸〔裹〕着放在自己的胸前暖干

（ ）（ ）a. 盖   b. 包

       c. 缠   d. 捆

结束时间（一）：＿＿＿＿ 结束时间（二）：＿＿＿＿

练习时长（一）：＿＿＿＿ 练习时长（二）：＿＿＿＿

表一. 时长评分标准:（时长单位: 分钟）

阅读 时长	11 | 11	12 | 12	13 | 13	16 | 16	19 | 19	23 | 23	30 | 23	42 | 30	| 42
得分数	40	35	30	25	20	15	10	5	0
超总时长扣分标准				每超过 1 分钟扣 2 分					

表二 练习成绩统计及评定:（时长单位: 分钟）

	项目	阅读 时长	练习 时长	练习题 正确数	超　时	总计分	评定 等级	HSK 分数 等级
第一次	完成情况							
	得分				扣分			
第二次	完成情况							
	得分				扣分			

表三. 部分外国留学生速读情况调查结果:

（时长单位: 分钟；速度单位: 字/分钟）

调查对象情况		阅读		练习				
学习时间	国别与人数	平均时长	平均速度	平均时长	平均正确题数			平均正确率
					一	二	三	
800小时以上	泰国　　3 菲律宾　1 日　本　1	12	124	13	8	8	5	70%
800小时以下	澳大利亚　1 丹　麦　　1 苏　联　　1 日　本　　1 加　拿大　1	21	71	21	7	6	5	60%

表四. 部分中国学生速读情况调查结果:

（时长单位: 分钟；速度单位: 字/分钟）

调查对象		阅读		练习				
水平档次	人数	平均时长	平均速度	平均时长	平均正确题数			平均正确率
					一	二	三	
甲	48	4	371	5	9	9	9	90%
乙	47	5	297	5	9	9	9	90%
丙	41	6	247	8	8	8	8	80%
丁	51	9	165	10	8	8	8	80%

练习答案

一、 1. b   2. a   3. a   4. d   5. b
   6. c   7. d   8. c   9. b   10. d

二、 1. ×   2. ×   3. ×   4. ×   5. ✓
   6. ✓   7. ×   8. ✓   9. ×   10. ×

三、 1. b   2. c   3. d   4. b   5. c
   6. b   7. b   8. b   9. a   10. b

训 练 文 二

中心词:

1. 名菜　　　a well-known dish
2. 太守　　　feudal provincial or prefectural governor
3. 有何见教　Is there something you want to see me
　　　　　　 about? Favour me with your advice.
4. 剖　　　　cut open; rip open
5. 清蒸　　　steam in clear soup (without soy sauce)
6. 磬　　　　chime stone (pronounced as *qìng*)
7. 乐观　　　optimistic
8. 对联　　　antithetical couplet (written on scrolls)
9. 上联　　　the first line of an antithetical couplet
10. 下联　　　the second line of an antithetical couplet
11. 开玩笑　　play jokes
12. 名堂　　　reason; what lies behind something

规定总时长：29 分钟（阅读：14 分；练习：15 分）

开始时间（一）：_____　开始时间（二）：_____

杭州东坡鱼

　　杭州有一道名菜，叫五柳鱼，也叫东坡鱼。说起东坡鱼，在杭州流传着这样一个故事。

苏东坡在杭州做太守的时候，有一个好朋友佛印。佛印是寺庙的和尚。他们两个人都喜欢吃鱼。

　　有一天，苏东坡在书房里吃饭，厨师送来一盘西湖鱼。他拿起筷子刚要吃，忽然看到佛印来了。苏东坡心想：嗨，好个赶饭的和尚，早不来，晚不来，我刚要吃鱼你却来了。你不是也爱吃鱼吗？今天我倒要给你开个玩笑，偏不让你吃。想着，就赶紧把这盘西湖鱼搁到书架上去了。

　　谁知佛印一进门就看见啦。心想：好啊！你想独个儿吃呀！你藏得再好，我也要叫你拿出来给我尝尝。他听苏东坡问他"到这儿来有何见教"，便一本正经地回答："小弟今天前来，特地向你打听一个字。"

　　苏东坡问："什么字啊？"

　　佛印说："你姓苏，这'苏'字不知怎么个写法？"

　　苏东坡知道佛印学问好，不会连个"苏"字也不会写，一定又在开什么玩笑了，就说：

　　"'苏'（繁体写作"蘇"）字么，上面一个'草'字头，下面左边一个'鱼'字，右边一个'禾'字。"

　　佛印装糊涂地问："噢，那要是把'鱼'搁到'草'字头上面呢？"

　　苏东坡笑笑说："嗳，那可不行啊！"

　　佛印哈哈大笑说："好啊，你说把鱼搁在上面不行，那就拿下来吧！"

　　苏东坡这才明白，说来说去，佛印是要吃他那盘西湖鱼。

　　过了几天，苏东坡回访佛印。佛印知道苏东坡要来，就将一条西湖鲜鱼洗净剖开，身上裂了五刀，清蒸好。佛印心想：上次你开我玩笑，今天我也要难难你。一看旁边有只磬（音 qìng），就把鱼藏在磬里。

一切刚收拾好，苏东坡踏进门来。坐下就叹了一声："唉！"

佛印知道苏东坡一向乐观，笑脸常开，今天怎么啦？忙问道："哎哟！你今天为何不高兴啊？"

苏东坡又叹了一声，回答说："嗨！你有所不知，早上我想写副对联，谁知写了上联，下联却一直对不出来，所以心烦啊！"

佛印想：你苏东坡对不出下联，这对联一定太深奥了，倒要问问。"不知上联是什么？能否说给我听听？"

苏东坡连连回答："可以，可以。这上联嘛，是'向阳门第春常在'。"

佛印一听，这对联家家都贴烂了，苏东坡怎么说下联对不出来？不知他今天葫芦里卖的什么药！佛印试探着说：

"我来给你对下联吧！"

"好啊，我是'向阳门第春常在'。"

"我给你对'积善人家庆有余'。"

"啊呀，高才高才！我是'向阳门第'。"

"我对的是'积善人家'。"

"我是'春常在'。"

"我是'庆有余'。"

苏东坡哈哈大笑说："噢！你磬里有鱼啊！拿出来吃吧！"

原来刚才佛印藏鱼之时，苏东坡已经进到院子里来了，看见他把鱼藏在什么地方，于是便开了这么个玩笑。

佛印笑着把鱼拿出来，对苏东坡说："吃鱼不难。不过，你要说出鱼的名堂来！

苏东坡低头一看：盘里一条清蒸的西湖鲜鱼剖开着，鱼身上有五条刀痕。苏东坡笑咪咪地说:"这不是'五柳鱼'吗!"

佛印朗声笑道:"这叫'东坡鱼'。你看,长长白白的鱼身,不是像你的长脸吗!那五条刀痕,是你的五绺长须!"

苏东坡听罢,举筷就尝:"苏东坡吃'东坡鱼',味道好鲜啊!"

从此,五柳鱼又名"东坡鱼"。这道西湖名菜一直流传到今天哩。

(原载《中国土特产传说》,有士太,郑伯侠编,上海文艺出版社,1982年)

结束时间(一):＿＿＿＿ 结束时间(二):＿＿＿＿
阅读时长(一):＿＿＿＿ 阅读时长(二):＿＿＿＿

练 习

开始时间(一):＿＿＿＿ 开始时间(二):＿＿＿＿

一、选择题

1. 佛印是苏东坡的朋友,他是寺庙的＿＿＿＿。

( )( ) a. 太守   b. 和尚

         c. 厨师   d. 老板

2. 苏东坡和佛印都＿＿＿＿。

( )( ) a. 喜欢吃鱼   b. 不喜欢吃鱼

         c. 喜欢养鱼   d. 喜欢看别人吃鱼

3. 苏东坡要和佛印开玩笑,于是就把鱼藏在＿＿＿＿上了。

（　）（　）a. 书房　　　　　　b. "苏"字

　　　　　　c. 书　　　　　　　d. 书架

4. 佛印向苏东坡打听"苏"字怎么写，其实他_____。

（　）（　）a. 是向苏东坡要鱼吃

　　　　　　b. 是想考考苏东坡

　　　　　　c. 的学问比苏东坡好

　　　　　　d. 想难难苏东坡

5. 佛印知道苏东坡把鱼藏在什么地方了，他是_____。

（　）（　）a. 自己看见的　　　　b. 别人告诉他的

　　　　　　c. 猜测的　　　　　　d. 听别人说的

6. 苏东坡回访佛印的时候，佛印把鱼藏在_____里面了。

（　）（　）a. 书架　　　　　　b. 柜子

　　　　　　c. 磬　　　　　　　d. 对联

7. 佛印知道苏东坡是一个非常_____的人。

（　）（　）a. 乐观　　　　　　b. 幸福

　　　　　　c. 严肃　　　　　　d. 勤奋

8. 苏东坡告诉佛印，他今天不高兴，是因为_____。

（　）（　）a. 没有鱼吃　　　　b. 找不到鱼

　　　　　　c. 身体不舒服　　　d. 对不出对联

9. 五柳鱼还有另外一个名字，叫_____。

（　）（　）a. 苏东坡　　　　　b. 东坡鱼

　　　　　　c. 清蒸鱼　　　　　d. 磬有鱼

10. 本文主要讲的是_____。

（　）（　）a. 苏东坡与佛印开玩笑

　　　　　　b. 苏东坡与佛印互相要鱼吃

　　　　　　c. 杭州东坡鱼的来历

d. 怎样做五柳鱼

二、判断题

（　）（　）1. 五柳鱼也叫东坡鱼，是杭州的一道名菜。

（　）（　）2. 苏东坡喜欢吃肉，佛印喜欢吃鱼

（　）（　）3. 苏东坡和寺庙里的和尚都是好朋友

（　）（　）4. 佛印拜访苏东坡的时候，苏东坡正准备在书
　　　　　　　房吃饭。

（　）（　）5. 苏东坡要和佛印开玩笑，把鱼藏在桌子下面

（　）（　）6. 佛印确实不会写"苏"字。

（　）（　）7. 佛印知道苏东坡要回访他，就把鱼藏在书架
　　　　　　　上。

（　）（　）8. 因为对不出对联，所以苏东坡要回访佛印。

（　）（　）9. 苏东坡是一个很乐观的人，笑脸常开。

（　）（　）10. 事实上苏东坡的对联非常简单。

三、近义词选择题

1. 有一天，苏东坡在书房里吃饭，〔厨师〕送上来一盘西
　湖鱼。

　　（　）（　）a. 卖鱼的人　　　　b. 做饭的师傅

　　　　　　　　c. 保姆　　　　　　d. 服务员

2. 苏东坡看见佛印来了，就〔赶紧〕把鱼搁到书架上去
　了。

　　（　）（　）a. 紧张　　　　　　b. 追赶

　　　　　　　　c. 秘密　　　　　　d. 急忙

3. 佛印心想：好啊！你想〔独个儿〕吃呀！你藏得再好，我

也要叫你拿出来给我尝尝。

　　（　）（　）　a. 悄悄　　　　　b. 一个人

　　　　　　　　　c. 以后　　　　　d. 慢慢

4. 小弟今天前来，特地向你〔打听〕一个字。

　　（　）（　）　a. 查找　　　　　b. 告诉

　　　　　　　　　c. 问　　　　　　d. 调查

5. 苏东坡知道佛印〔学问〕好，不会连个"苏"字也不会写

　　（　）（　）　a. 学识　　　　　b. 学习

　　　　　　　　　c. 技术　　　　　d. 书法

6. 佛印装〔糊涂〕地问："噢，要是把'鱼'搁到'草'字头上
　　面呢？"

　　（　）（　）　a. 不清晰　　　　b. 不明白

　　　　　　　　　c. 不高兴　　　　d. 不流利

7. 你说把鱼〔搁〕在上面不行，那就拿下来吧

　　（　）（　）　a. 放　　　　　　b. 堆

　　　　　　　　　c. 藏　　　　　　d. 挂

8. 佛印想，你苏东坡对不出下联，这对联一定太〔深奥〕
　　了。

　　（　）（　）　a. 高深，难懂　　b. 稀奇，少见

　　　　　　　　　c. 深透，深刻　　d. 优美，动人

9. 佛印〔朗声〕笑道："这叫五柳鱼。"

　　（　）（　）　a. 大声　　　　　b. 尖声

　　　　　　　　　c. 小声　　　　　d. 怪声

10. 你看，长长白白的鱼身，不是像你的长脸吗！那五条刀
　　痕，是你的五绺（长须〕！

　　（　）（　）　a. 长毛　　　　　b. 长头发

c. 长胡子   d. 长手指

结束时间（一）：＿＿＿＿结束时间（二）：＿＿＿＿
练习时长（一）：＿＿＿＿练习时长（二）：＿＿＿＿

表一. 时长评分标准:（时长单位: 分钟）

阅读 时长	11 | 11	12 | 12	14 | 14	16 | 16	19 | 19	23 | 23	30 | 30	42 | 43	| 43
得分数	40	35	30	25	20	15	10	5	0
超总时长扣分标准				每超过1分钟扣2分					

表二 练习成绩统计及评定:（时长单位: 分钟）

	项目	阅读 时长	练习 时长	练习题 正确数	超时	总计分	评定 等级	HSK 分数 等级
第一次	完成情况							
	得分				扣分			
第二次	完成情况							
	得分				扣分			

表三. 部分外国留学生速读情况调查结果:

（时长单位：分钟；速度单位：字／分钟）

调查对象情况		阅读		练习				平均正确率
学习时间	国别与人数	平均时长	平均速度	平均时长	平均正确题数			
					一	二	三	
800小时以上	泰国　　3 菲律宾　1 日本　　1	9	168	13	9	8	8	83%
800小时以下	澳大利亚　1 丹麦　　　1 苏联　　　1 日本　　　1 加拿大　　1	19	80	18	6	6	4	53%

表四. 部分中国学生速读情况调查结果

（时长单位：分钟；速度单位：字／分钟）

调查对象		阅读		练习				平均正确率
水平档次	人数	平均时长	平均速度	平均时长	平均正确题数			
					一	二	三	
甲	48	4	378	5	10	9	9	93%
乙	51	5	302	5	9	9	9	90%
丙	41	5	302	7	8	9	8	83%
丁	51	8	189	10	8	8	8	80%

练 习 答 案

一、 1. b 2. a 3. d 4. a 5. a
　　 6. c 7. a 8. d 9. b 10. c
二、 1. √ 2. × 3. × 4. √ 5. ×
　　 6. × 7. × 8. × 9. √ 10. √
三、 1. b 2. d 3. b 4. c 5. a
　　 6. b 7. a 8. a 9. a 10. c

测 试 文

中心词:

1. 生肖　　　any of the twelve animals,　representing the twelve Earthly Branches,　used to symbolize the year in which a person is born

2. 玉帝　　　the Jade Emperor (the supreme Deity of Taoism)

3. 圣旨　　　imperial edict

4. 上肖　　　choose and arrange the above-mentioned twelve animals

5. 打瞌睡　　doze off

6. 角　　　　horn

7. 保人　　　guarantor

8. 领头　　　take the lead; be the first to do something

9. 算账　　　square (settle) accounts with sb; get even with sb.

10. 自认倒楣　grin and bear it; accept bad luck without complaint

11. 啄　　　　peck

规定总时长: 35 分钟（阅读: 19 分；测试: 16 分）

开始时间: ＿＿＿＿＿

关于生肖的传说

据说在很古的时候，人们是没有生肖的。十二生肖是后来玉帝给排定的。

玉帝为了给人们排定生肖，决定召开一个上肖大会。他给各种动物发了开会的圣旨。

那时候，猫和老鼠是很要好的朋友，开上肖大会的圣旨送到了猫和老鼠那里，猫和老鼠都很欢喜。它们决定一起去参加上肖大会。

大家知道，猫是很会打瞌睡的。它自己也知道这一点，所以在开上肖大会的前一天，它就预先和老鼠打了招呼，让老鼠第二天叫醒他。

老鼠说："你放心睡好啦！到时候我会叫醒你的！"

猫大爷说了声："谢谢你。"就抹抹胡子，放心地睡了。可是第二天早晨，老鼠很早起来，吃过早饭，独个儿上天庭去了。对正在熟睡的猫，它一声也没有叫。

再说住在清水潭里的龙哥哥，这天也得到了开上肖大会的通知。龙是生得很威武的，但龙哥哥也有一个美中不足的地方，那就是头上光秃秃的，缺少一对美丽的角。它想：如果我再有一对美丽的角，那该有多好啊！

正巧！它从清水潭里钻出来一看，就看见一只大公鸡。那时候，公鸡头上是有一对大角的。龙哥哥一见，高兴极了，连忙游过去，向公鸡打招呼：

"鸡公公！明天我要上肖去，把你的角借我戴一戴好吗？"

鸡公公回答说："啊呀，龙哥哥！真对不起，明天我也要上肖去呢！"

就在这时候，从石头缝里钻出一条蜈蚣，它听了龙哥哥的话，插嘴说：

"鸡公公！你就把角借给龙哥哥用一回吧。如果你不放心，我来做保人，怎么样？"

鸡公公想了一想，自己就是没有这一对角，也够漂亮了，就答应由蜈蚣做保人，把角借给龙哥哥。

第二天，天庭里开了一个非常盛大的上肖大会，各种动物都到齐了。玉帝宣布了开会的宗旨后，就在动物中选出牛、马、羊、狗、猪、兔子、老虎、龙、蛇、猴子、鸡、老鼠等十二种动物，作为人的生肖。玉帝为什么只挑这几种动物呢？譬如：挑了鸡，为什么不要鸭子？挑了老虎，为什么不要狮子？他到底是根据什么挑选的？这些，我们一点也不知道。

挑选出十二种动物以后，还有一个麻烦的问题，就是排定先后的次序。

玉帝说："你们中间牛最大，就让牛领头做第一肖吧！"

大家都满意，连老虎也赞成。不料小小的老鼠却有意见，说："应该说，我比牛还要大！每次，我在人们面前一出现，他们就叫起来说：'啊呀！这个老鼠真大！'却从来也没有听见人说过：'啊呀，这头牛真大！'可见在人们的心目中，我实在比牛大！"

猴子和马都说老鼠吹牛。但是老鼠却说："你们要是不相信，可以试一试！"

鸡、狗、兔、羊等都同意试一试，玉帝也赞成了，他就带了十二种动物到人间去。

事情真如老鼠所说的一样，当大水牛在人们面前走过的时候，人们纷纷议论说：这头牛长得真肥，真好。可是没有一个人说：这头牛真大。这时，老鼠突然爬到牛背上去，用两脚直立起来。人们一见牛背上的老鼠，果然立即就惊呼起来："啊呀，这只老鼠真大！"

玉帝亲耳听见了人们的惊呼，无可奈何地说："好吧，既然人们都说老鼠大，我就让老鼠做第一肖。至于牛，就只好做第二肖了。"

这样就算确定下来了。现在的十二生肖就是这样：老鼠是第一肖，牛是第二肖。

老鼠做了第一肖，得意洋洋地回来了。猫见了老鼠，奇怪地问道：

"鼠弟，怎么啦？今天没有开上肖大会吗？"

老鼠回答道：

"你还在做梦呢！上肖大会早已开过了，有十二种动物上了肖，我是第一名！"

猫大爷着实吃了一惊，圆睁着两眼，问道：

"那你为什么没叫我一道去？"

老鼠回答道："忘记了！"

这一下可把猫大爷气坏了。它"呼哧呼哧"地喘着气，突然把牙齿一磨，"呼"的扑上去，咬住老鼠的脖子。老鼠只把后腿弹了两下，"唧唧"叫了两声，就断了气。

从此，猫和老鼠就成了死对头，直到现在还是这样。再说鸡公公开了上肖大会回来，很不高兴。它想：玉帝把龙哥哥排在自己前面，很可能和那对角有关系。它决定把那对角要回来。

鸡公公走到清水潭边，看见龙哥哥正高兴地在那里游水，它就很有礼貌的说：

"龙哥哥，请你把角还给我吧！"

龙哥哥一听，吃了一惊，赶紧说：

"啊呀，鸡公公！你要角做什么呢？说实在的，你没有角，看起来比长着角更美丽。可是对我说来，一对角是多么需要啊！"

说完，不等鸡公公回话，就钻到水底下去了。鸡公公又气又恨，拍着翅膀，在清水潭边拼命地叫喊：

"龙哥哥，角还我！龙哥哥，角还我……"

鸡公公叫喊了半天，可是龙却理也不理。公鸡无法可想，决定去找保人蜈蚣。

鸡公公找到了蜈蚣，把龙哥哥不肯还角的事，一五一十地告诉了一遍。

蜈蚣想了半天，慢慢地说道：

"我想龙哥哥会把角还给你的。如果它真的不肯还，那么，我也没有办法可想。鸡公公，你是明白的，它躲在水里，叫我怎么去找它呢？你就只好自认倒楣了。这也只怪你自己当初没有三思而行，太鲁莽了些。"

鸡公公气得满脸通红了。它伸长了脖子，一下子就啄住蜈蚣的脑袋，甩了几下，吞到肚子里去了。

从那时起，每到夏天，我们就常常看见公鸡在院子里啄蜈蚣吃。并且每天天一亮，鸡公公就想起了失去的角，总要大叫几声：

"龙哥哥，角还我……"

（原载《民间文学作品选》上册，上海文艺出版社，1980年，作者刘金记）

结束时间：_____ 阅读时长：_____

测 试 题

开始时间：_____

一、选择题

1. 很古的时候，_____是很好的朋友，传说它们生活在一起，就兄弟一样。

   （　）a. 猫和人　　　　　b. 老鼠和牛

   　　　c. 老鼠和猫　　　　d. 猫和鸡

2. 玉帝为了给_____排定生肖，决定在天庭里召开一个上肖大会。

   （　）a. 动物　　　　　　b. 人们

   　　　c. 十二个人　　　　d. 十二个动物

3. 猫很会打瞌睡，所以猫预先和老鼠打招呼，希望老鼠_____。

   （　）a. 替它请假　　　　b. 叫醒它

   　　　c. 代它上肖　　　　d. 别叫醒它

4. 龙生得很威武漂亮，但是美中不足的是它头上光秃秃的，缺少_____。

   （　）a. 一对美丽的角　　b. 一顶帽子

   　　　c. 长长的头发　　　d. 一条漂亮的头巾

5. 龙打定主意，决心要_____来戴在头上。

   （　）a. 抢一对角　　　　b. 做一对角

   　　　c. 偷一对角　　　　d. 借一对角

6. 在上肖大会上，玉帝在动物中选出了牛、马、龙、鸡等_____种动物，作为人的生肖。

（ ）a. 二十　　　　　　b. 十
　　　c. 十二　　　　　　d. 四

7. 在排定先后的次序时，玉帝打算让_____做第一肖，别的动物都赞成，只有老鼠有意见。
（ ）a. 老虎　　　　　　b. 老鼠
　　　c. 龙　　　　　　　d. 牛

8. 人们一见站在牛背上的老鼠，都惊呼起来："啊呀，_____"
（ ）a. 这只老鼠真漂亮　b. 这只老鼠真大
　　　c. 这只老鼠真肥　　d. 这只老鼠真聪明

9. 因为_____，猫很生气，就把老鼠咬死了。
（ ）a. 老鼠没有叫醒猫去开上肖大会
　　　b. 老鼠做了第一肖
　　　c. 老鼠站在牛背上
　　　d. 老鼠喜欢偷吃东西

10. 开完上肖大会之后，公鸡要龙把角还给它，可是
_____。
（ ）a. 龙说没有借公鸡的角
　　　b. 龙不想还给公鸡
　　　c. 龙说角是它自己的
　　　d. 龙想再借一个星期

二、判断题

（ ）1. 老鼠答应去开上肖大会前叫醒猫。

（ ）2. 猫没参加上肖大会是因为没有收到玉帝的圣旨。

（ ）3. 龙本来没有角，它借了公鸡的角戴上后去参加上肖大会。

（　　）　4. 蜈蚣爱管闲事，它自愿做保人。

（　　）　5. 所有的动物都同意让牛做第一肖。

（　　）　6. 因为老鼠长得比牛大，所以最后老鼠做了第一
　　　　　　　肖。

（　　）　7. 龙不愿意把角还给公鸡。

（　　）　8. 因为蜈蚣是保人，所以蜈蚣答应一定把角要回
　　　　　　　来。

（　　）　9. 龙很生气，把公鸡吃掉了。

（　　）　10. 参加上肖大会的所有动物都作了人的生肖。

三、近义词选择题

1. 开上肖大会的〔圣旨〕送到了猫和老鼠那里，猫和老鼠
　都很欢喜。

　（　　）a. 开会的通知　　　　　b. 皇帝的命令

　　　　　　c. 国王的意思　　　　　d. 玉帝的主意

2. 老鼠答应在开会之前叫醒猫，猫〔放心〕地睡着了。

　（　　）a. 不担心　　　　　　　b. 不紧张

　　　　　　c. 不舒服　　　　　　　d. 不思考

3. 鸡公公想了想，自己〔就是〕没有这对角，也够漂亮
　了。

　（　　）a. 即使　　　　　　　　b. 如果

　　　　　　c. 要是　　　　　　　　d. 只有

4. 十二生肖〔到底〕是根据什么确定的，我们一点也不知
　道。

　（　　）a. 反而　　　　　　　　b. 结果

　　　　　　c. 果然　　　　　　　　d. 究竟

5. 挑选出十二种动物以后，还有一个麻烦的问题，就是排定先后的〔次序〕。

（　）a. 次数　　　　　　b. 大小

　　　c. 顺序　　　　　　d. 程序

6. 猴子和马都说老鼠〔吹牛〕。

（　）a. 说大话　　　　　b. 赞扬牛

　　　c. 欺负　　　　　　d. 说牛的坏话

7. 老鼠认为在人们的心目中，它〔实在〕是比牛大。

（　）a. 事实　　　　　　b. 确实

　　　c. 其实　　　　　　d. 肯定

8. 老鼠只把后腿弹了两下，"唧唧"叫了几声，就〔断了气〕。

（　）a. 停下来呼吸　　　b. 暂时停止呼吸

　　　c. 死了　　　　　　d. 使劲吹了口气

9. 鸡公公又气又恨，拍着翅膀，在清水潭边〔拼命地〕叫喊。

（　）a. 使出全身力气　　b. 救命似地

　　　c. 不要命地　　　　d. 绝望地

10. 这也只怪你自己〔当初〕没有三思而行，太鲁莽了些。

（　）a. 当前　　　　　　b. 当即

　　　c. 当今　　　　　　d. 当时

结束时间：_____　测试时长：_____

表一. 时长评分标准:（时长单位: 分钟）

阅读时长	15 | 15	17 | 17	19 | 19	22 | 22	26 | 26	31 | 31	41 | 41	59 | 59	|
得分数	40	35	30	25	20	15	10	5	0
超总时长扣分标准	每超过1分种扣2分								

表二　测试成绩统计及评定:（时长单位: 分钟）

项　目	阅读时长	练习时长	测试题正确数	超时	总计分	评定等级	HSK分数等级
完成情况							
得分				扣分			

表三. 部分外国留学生速读情况调查结果
　　　（时长单位: 分钟; 速度单位: 字/分钟）

调查对象情况		阅　读		练　习				
学习时间	国　别　与人　　数	平均时长	平均速度	平均时长	平均正确题数			平均正确率
					一	二	三	
800小时以上	泰国　　3 菲律宾　1 日　本　1	20	103	15	7	7	5	67%
800小时以下	澳大利亚　1 苏　联　1 丹　麦　1 日　本　1 加拿大　1	28	74	19	7	6	5	60%

表四. 部分中国学生速读情况调查结果:
（时长单位：分钟；速度单位：字／分钟）

调查对象		阅　　读		练　　　　习				
水平 档次	人 数	平均 时长	平均 速度	平均 时长	平均正确题数			平　均 正确率
					一	二	三	
甲	48	5	414	5	10	9	9	93%
乙	47	6	345	5	9	9	9	90%
丙	41	7	296	7	9	9	9	90%
丁	51	9	230	10	8	8	8	80%

练 习 答 案

一、　1. c　　2. b　　3. b　　4. a　　5. d
　　　6. c　　7. d　　8. b　　9. a　　10. b
二、　1. ✓　2. ✗　3. ✓　4. ✓　5. ✗
　　　6. ✗　7. ✓　8. ✗　9. ✗　10. ✗
三、　1. b　　2. a　　3. a　　4. d　　5. c
　　　6. a　　7. b　　8. c　　9. a　　10. d

第 五 单 元

训 练 文 一

中心词:

1. 外交辞令   diplomatic parlance
2. 罗马帝国   the Roman Empire
3. 拉丁语   Latin
4. 衰落   decline; be on the wane
5. 法语   French
6. 拿破仑   Napoleon
7. 俄国   Russia
8. 殖民地   colony
9. 趋势   trend; tendency
10. 超级大国   superpower
11. 西班牙   Spain
12. 葡萄牙   Portugal
13. 意大利   Italy

规定总时长: 38 分钟 (阅读: 19 分; 练习: 19 分)

开始时间 (一): _____ 开始时间 (二): _____

外交语言今昔

什么是外交语言? 也许有人会认为外交语言就是那些巧妙的外交辞令和外交界专用的术语。其实它们只是外交语言中的一小部分，最准确、最全面的说法应该是：外交语言是外交活动中各国代表为了能彼此理解而共同采用的语言。在历史上，往往以某个时期内实力最强、影响最大的国家的语言为外交语言。拉丁语、法语和英语曾先后成为国际上的主要外交语言。

古代罗马帝国地跨欧亚非三洲，历时近 1500 年（公元前 30 年到公元 1453 年）。拉丁语就是罗马帝国通用的语言。随着罗马帝国政治影响的扩大和罗马天主教的传播，拉丁语逐渐从意大利发展到南欧、西欧、东欧以及地中海中部和西部沿岸的非洲国家，成为国际通用的外交语言，直到 18 世纪。

随着罗马帝国的衰落和法国的强大，拉丁语在外交中的传统地位受到法语的挑战。这种斗争在 18 世纪中叶表现得最为激烈。经过长期激烈的争夺战后，法语终于战胜了拉丁语，于 18 世纪中叶成为实际上的外交语言，直到 1919 年巴黎和会后才逐渐让位于英语。

17 世纪，西班牙和葡萄牙逐渐衰落，法国成为强国之一。路易十四统治时期（1643—1715 年），法国成为西欧最强大的国家。18 世纪法国大革命后，拿破仑在欧洲建立了一个庞大的帝国，以及由他的家族和将军们统治的一群卫星国。虽然他 20 年征战终于失败，但法国仍是一个欧洲强国。

在此期间，法国的外交活动十分活跃，法语成为欧洲上层社会和文学艺术界最时髦的语言，并成为外交上的交际语。

从 18 世纪中叶起，法语成了实际使用的外交语言。1815 年维也纳会议和 1856 年的巴黎会议都是用法语进行的，当时欧洲国家的照会、备忘录都使用法语，外交谈判和社交会话也不例外。甚至俄国外交官给俄国政府的信件也是用法语写的。

17 世纪英国爆发了资产阶级革命，18 世纪末又发生了工业革命,英国成了最发达的资本主义国家。它从荷兰手中夺取了海上霸权,从法国手中夺取了大量殖民地,第一次世界大战后又从德国手中夺取了大量殖民地,成为 19 世纪末和 20 世纪初最强大的殖民帝国。这样英语便随着英帝国的向外扩张传播到全世界。第二次世界大战后英国元气大伤,殖民地纷纷独立,帝国势力逐渐缩小,英语本应随着英帝国的衰落而衰落,但战后美国逐渐强大起来,成为头号超级大国,它的影响使英语进一步扩大使用范围。今天的世界已经接受英语作为一个世界性的现象。英国是它历史悠久的基地,美国、加拿大、澳大利亚和新西兰是较新的几个基地,这些基地都在设法使英语对外部世界的影响有所扩大,同时也通过它来表现自己的文化特色。

1986 年 12 月 30 日,英国《经济学家》周刊发表题为"新的英语帝国"的文章,对英语帝国作了如下描述:"英语在全世界使用范围之广是惊人的。今天,全世界有三亿三千万人把英语作为母语。这个人数和居第一位的讲汉语的人数相比还差得很远……但是,就其在国际上的使用范围和接受程度而言,英语是独一无二的。除了三亿三千万人把英语作为母语以外,还有同样多的人把英语作为第二语言以及同样多的人熟练地掌握了作为外语的英语。这样,讲英语的人就有 10 亿人。有 40 多个国家把英语作为官方语言,英语是国际航运和空运的语言,也是联合国的工作语言之一。它还成了国际青年和科学文化交流的语言(全世界 2/3 的科学论文用英文发表)。英语的吸引力是难以抵御的:在几乎任何国家的外交机构里,掌握英语有助于得到提升;如果一个匈牙利人和一个科威特人进行贸易谈判,也许只能用英语交谈;苏联的外语课程有一半是英语课程;10 亿中国人中有 1/4 的人正采取各种形式学英语。在英国,教英语赚来了一定数量的外汇和亲善关系,美国人对此也发生了很大的兴趣。英美之间正在进行一场争夺英语国际市场的竞争。

尽管英语是在世界范围内使用最广泛的语言和外交上最主要的交际语,但目前世界上实际使用外交语言的情况却十分复杂,并有从一元向多元方向发展的趋势。第二次世界大战以后成立的联合国以汉语、法语、英语、俄语和西班牙语为正式语言,用以发表正式文本和决议案;以英语和法语作为工作语言,用以讨论问题和发表次要文件。此后工作语言的种数增加了:1948 年增加了西班牙语,20 年后又增加了俄语,又过了 5 年,汉语和阿拉伯语在联大及各种委员会里被采用。

由于历史原因,世界各地区使用不同的外交语言。如英联邦地区使用英语,西北非和中部非洲地区的多数国家使用法语,拉丁美洲国家大都讲西班牙语或葡萄牙语。

政治原因也影响外交语言的使用。如北大西洋公约组织国家使用英语和法语。华沙条约组织国家使用俄语。

民族感情和民族利益也影响外交语言的使用。例如意大利官方只用意大利语,而且要求对方这样做。虽然拉丁语的外交语言地位已先后让位于法语和英语,但由于民族感情,意大利仍然坚持使用意大利语。法国政府为了维护法语的国际地位和法国的荣誉,规定它的外交官只用法语,如使用其他语言将受到法国政府的惩罚。拉丁美洲是英语不太通用的唯一地区。这不仅是因为拉美国家过去几乎都是西班牙和葡萄牙的殖民地,目前采用西班牙语或葡萄牙语为外交语言;还因为拉丁美洲国家与美国的关系不太好,不愿讲英语。

(原载《世界知识》1989 年第 5 期, 作者郭鸿)

结束时间（一）：_____ 结束时间（二）：_____

阅读时长（一）：_____ 阅读时长（二）：_____

练 习

开始时间（一）：_____ 开始时间（二）：_____

一、选择题

1. 外交语言是_____。

　（　）（　）a. 各国代表为了能彼此理解而共同采用的语言

　　　　　　　 b. 那些巧妙的外交辞令和术语

　　　　　　　 c. 领土最大的国家的语言

　　　　　　　 d. 外交官们使用的词语

2. 十八世纪以前，拉丁语是国际通用的外交语言。原因是

_____。

　（　）（　）a. 罗马帝国地跨欧亚非三洲

　　　　　　　 b. 罗马帝国政治影响的扩大和罗马天主教的传

　　　　　　　　 播

　　　　　　　 c. 罗马帝国历时1500年

　　　　　　　 d. 拉丁语比其它语言优美

3. 作为外交语言，法语直到_____才让位于英语。

　（　）（　）a. 18世纪中叶　　　 b. 17世纪

　　　　　　　 c. 20年以后　　　 d. 1919年以后

4. 有一段时间，_____也是用法语写的。

　（　）（　）a. 俄国人写的信

　　　　　　　 b. 俄国外交官写的信

c. 俄国上层社会的人写的信

d. 俄国外交官给俄国政府的信

5. 1919年巴黎和会以后,英语逐渐成了最主要的外交语言。
   因为 _____。

   ( )( ) a. 英国成了最发达的资本主义国家

   b. 英语比法语更优美

   c. 英国夺取了海上霸权

   d. 英国发生了工业革命

6. 第二次世界大战后英语进一步扩大使用范围,其原因是
   _____。

   ( )( ) a. 英国仍然像以前一样强大

   b. 美国成了世界上最强大的国家

   c. 英国战胜了德国

   d. 英语仍然是最优美的语言

7. 英语目前是科学文化交流的语言,因为 _____。

   ( )( ) a. 全世界三分之二的科学论文用英语发表

   b. 科学家都说英语

   c. 英国是科学最发达的国家

   d. 只有用英语才能进行科学研究

8. 第二次世界大战后,美国英语 _____。

   ( )( ) a. 战胜了英国英语

   b. 战胜了德语

   c. 挽救了英国英语面临的衰落

   d. 没有英国英语影响大

9. 英国和美国正在进行一场争夺英语国际市场的竞争,因为
   _____。

（　）（　）a. 教英语可以增加就业机会

　　　　　　b. 英国和美国都有很多英语教师

　　　　　　c. 两个国家都认为自己是最强大的

　　　　　　d. 教英语可以赚来不少外汇和亲善关系

10. 法国政府规定它的外交官只用法语，目的是

　　　　_____。

（　）（　）a. 维护法语的国际地位和法国的荣誉

　　　　　　b. 使法语战胜英语

　　　　　　c. 使法国的外交官能更容易地工作

　　　　　　d. 不让法国人学习其它语言

二、判断题

（　）（　）1. 拉丁语、法语和英语曾先后成为国际上的主要
　　　　　　　外交语言。

（　）（　）2. 罗马帝国衰落后，拉丁语仍然是外交语言。

（　）（　）3. 英语是国际航运与空运的通用语言。

（　）（　）4. 以英语为唯一的外交语言，是目前很明显的发
　　　　　　　展趋势。

（　）（　）5. 拉丁美洲国家大都讲法语。

（　）（　）6. 政治与民族感情跟外交语言的使用没什么关
　　　　　　　系。

（　）（　）7. 二次大战后，由于美国的强大，英语继续扩大使
　　　　　　　用范围。

（　）（　）8. 以英语为母语的人跟以汉语为母语的人一样
　　　　　　　多。

（　）（　）9. 联合国以英语、法语、汉语、俄语、西班牙语

和阿拉伯语为工作语言。

（ ）（ ）10. 汉语的使用范围比英语要小。

三、近义词选择题

1. 拿破仑20年〔征战〕终于失败，但法国仍是一个欧洲强国。

（ ）（ ）a. 出征作战   b. 征服战争

c. 出征战争   d. 征服作战

2. 第二次世界大战以后，英国元气大伤，殖民地〔纷纷〕独立。

（ ）（ ）a. 分别   b. 接二连三地

c. 乱七八糟地   d. 各自

3. 战后美国逐渐强大起来，成为〔头号〕超级大国，它的影响使英语进一步扩大了使用范围。

（ ）（ ）a. 最好的   b. 第一个

c. 排在第一位的   d. 有号召力的

4. 拿破仑在欧洲建立了一个〔庞大〕的帝国，以及由他的家族和将军们统治的一群卫星国。

（ ）（ ）a. 不大   b. 巨大

c. 伟大   d. 很大

5. 17世纪英国〔爆发〕了资产阶级革命。

（ ）（ ）a. 爆炸   b. 发生

c. 发现   d. 发展

6. 英国成了〔最发达〕的资本主义国家。

（ ）（ ）a. 最早建立   b. 发展最充分

c. 最早到达   d. 最富有

7. 在英国,教英语赚来了一定数量的〔亲善〕关系。

（　）（　）a. 亲密　　　　　　b. 善良

c. 亲爱　　　　　　d. 友好

8. 英美之间正在进行一场争夺英语的国际市场的〔竞争〕。

（　）（　）a. 争吵　　　　　　b. 夺取

c. 抢夺　　　　　　d. 竞赛

9. 在几乎任何国家的外交机构里,掌握英语有助于得到〔提升〕。

（　）（　）a. 职位的提高　　　b. 水平的提高

c. 工作的改进　　　d. 效果的改善

10. 英语是在世界范围内使用最〔广泛〕的语言和外交上最主要的交际语。

（　）（　）a. 广　　　　　　　b. 普通

c. 宽　　　　　　　d. 众多

结束时间（一）: _____ 结束时间（二）: _____

练习时长（一）: _____ 练习时长（二）: _____

表一. 时长评分标准:（时长单位:分钟）

阅　读时　长	15|15	17|17	19|19	22|19	27|22	33|27	43|33	61|43	|61
得分数	40	35	30	25	20	15	10	5	0
超总时长扣分标准	每超过1分种扣2分								

表二　练习成绩统计及评定:（时长单位: 分钟）

项目	阅读时长	练习时长	练习题正确数	超时	总计分	评定等级	HSK分数等级
第一次 完成情况							
得分				扣分			
第二次 完成情况							
得分				扣分			

表三. 部分外国留学生速读情况调查结果:
　　　（时长单位: 分钟；速度单位: 字／分钟）

调查对象情况		阅读			练习				
学习时间	国别与人数	平均时长	平均速度	平均时长	平均正确题数			平均正确率
					一	二	三	
800小时以上	泰国　　3 日本　　1 菲律宾　1	19	112	16	6	7	4	57%
800小时以下	澳大利亚　1 奥地利　　1 德国　　　1 日本　　　1 印尼　　　1	21	101	14	6	7	5	60%

表四. 部分中国学生速读情况调查结果:
（时长单位: 分钟; 速度单位: 字/分钟）

调查对象		阅　读		练　　习				
水平档次	人数	平均时长	平均速度	平均时长	平均正确题数			平均正确率
					一	二	三	
甲	50	5	426	6	9	7	9	83%
乙	52	6	355	7	7	6	8	70%
丙	41	7	304	9	6	6	7	63%
丁	51	9	236	11	6	5	7	60%

练　习　答　案

一、　1. a　　2. b　　3. d　　4. d　　5. a
　　　6. b　　7. a　　8. c　　9. d　　10. a
二、　1. ✓　　2. ×　　3. ✓　　4. ×　　5. ×
　　　6. ×　　7. ✓　　8. ×　　9. ✓　　10. ✓
三、　1. a　　2. b　　3. c　　4. d　　5. b
　　　6. b　　7. d　　8. d　　9. a　　10. a

训 练 文 二

中心词：

1. 杜鹃   cuckoo
2. 欧洲金翅雀   greenfinch
3. 警告   warn; admonish; warning
4. 鹞   sparrow hawk
5. 椋鸟   starling
6. 录音机   recorder
7. 黑猩猩   chimpanzee
8. 手势   gesture; sign
9. 海豚   dolphin
10. 蜜蜂   honeybee; bee
11. 蜂窝   honeycomb
12. 垂直线   vertical line; perpendicular line
13. 角   angle

规定总时长：29 分钟（阅读：12 分；练习：17 分）

开始时间（一）：_____ 开始时间（二）：_____

动物会说话吗？

一只杜鹃鸟鸣叫起来了："布谷布谷，布谷布谷……"

这只小鸟仿佛在说汉语。其实，地球上许多地方都能听到它们的歌声，而且往往是在人们不懂汉语的地方听到。

当然，事实上这只鸟根本不懂汉语，也不懂当今世界上人们使用的其他约三千种语言中的任何一种。它的"歌词"不是向人学会的，甚至也不是向其他杜鹃学来的，杜鹃生来就会唱"布谷布谷，布谷布谷……"

杜鹃鸣叫就像婴儿饥饿时啼哭一样。谁也不会去教孩子哭。

又如，欧洲金翅雀的鸣叫也是无意识的，但在不同的场合有不同的叫法。为了向其他金翅雀发出警告：附近有鹞，不过它现在呆在树上，还不太危险——这时是一种叫法；鹞已飞向空中，万分危急，眼看它就要俯冲扑向猎物——这时又是一种叫法。

学者通过实验证明，即便一辈子生活在听不到别的欧洲金翅雀鸣叫的地方，金翅雀仍然按照自己的方式鸣叫。如果把两只金翅雀放在一起喂养——但和其他金翅雀隔开——比单独喂养的叫起来要复杂和多样一些，但每只又多少有点儿自己的特点。此外，它们还互相模仿，但又都给自己的鸣叫补充点新东西。而且，每只鸟都试图重复另一只鸟模仿它时的叫法。两只鸟就这样一直鸣叫到互相不能再模仿时为止。

许多鸟类和动物也像好交际的欧洲金翅雀一样，互相学习。它们相互依靠，密切交往。

学者们不止一次试图打进动物世界并学会用动物的语言和每种动物对话。其中有一个研究人员成功地用椋鸟的语言向椋鸟发出"当心！"的警告。他用录音机录下椋鸟遇到危险时互相警告的声音，然后再用扩音器播放录音，椋鸟一听到这种表示警告的声音便慌忙地躲藏起来。

这种实验表明，人可以复制动物的某些声音，并用这种办法和这些动物打交道。但是，能不能让动物学会人的话语呢？它们能不能学会像我们一样讲话，并理解话的意思呢？

基特·赫斯和他的妻子凯西想弄清楚这个问题。他们要来一只叫维基的小黑猩猩，并当作亲生女儿一样来教养它。维基学会了叫"妈妈"和"爸爸"。当它口渴时，它会说"杯子"，但再多就不行了。

对小黑猩猩说，用手势解释比用话解释要简单得多。你瞧，它学会了用什么方法来代替话语：它从几张画片中挑出画有它想要的东西的那张。它的眼睛和手比耳朵和舌头更易于受大脑的指挥。

不久前学者们产生了一种想法：地球上也许有某种比维基更容易学会说话的动物。他们用海豚做了许多实验，并期望通过他们的帮助，使海豚能记住一些话甚至记住这些话的意思。

海豚有发达的脑子和发音器官。它会发出人类吹哨、猪叫、狗吠、马打响鼻那样的声音，还会发出震耳欲聋的噼啪声——这在水下就像放枪。海豚喜欢嬉戏，很爱交际。一旦有一只海豚受伤而不能浮出水面呼吸，两个同伴就会把它托到水面。也许海豚是以某种方式互相交往的，不然它们就不会这样互相帮助。或许有一天学者们会清楚，海豚互相急救时说的是什么。动物是通过许多不同的方式互相交际的，不过就我们现在所知，还没有一种动物的语言能胜任人的语言所担负的那种复杂而重大的任务。

有一种动物的语言已被译成人的语言——这就是蜜蜂的无声语言。蜜蜂互相交际时是不用声音的，它们靠的是跳舞。一旦找到了花蜜丰富的花丛，它飞回蜂窝后就开始用一种特殊的方式跳动。这种动作像舞蹈，其它蜜蜂根据这些动作就能知道该到那里去寻花蜜。研究蜜蜂语言的学者根据蜜蜂的舞蹈，也能找到蜜源。蜜蜂是在蜂窝右上方的蜂房里跳舞的。它摇晃着，一会儿往左，一会儿往右，跳出一个 8 字形。每到两圈相交的地方，它的身体就和垂直线组成一个角。这个角就向别的蜜蜂示意，它们应对着太阳往那个方向飞。蜜蜂跳 8 字舞的次数，说明蜜源到蜂窝的距离。

（原载《语言的故事》，作者富兰克林·福尔索姆，叶瑞安译，山东大学出版社，1985 年）

结束时间（一）：_____ 结束时间（二）：_____
阅读时长（一）：_____ 阅读时长（二）：_____

练　习

开始时间（一）：_____ 开始时间（二）：_____

一、选择题

1._____,杜鹃鸟的鸣叫声_____。

　（　）（　）a. 在地球上许多地方／都差不多

　　　　　　 b. 在使用汉语的地区／都差不多

　　　　　　 c. 在使用英语的地区与使用汉语的地区／都完全不同

　　　　　　 d. 在地球上的每一个地方／都完全不同

2.欧洲金翅雀能够在_____发出不同的鸣叫。

　（　）（　）a. 不同的国家　　　 b. 不同的场合

　　　　　　 c. 不同的动物面前　 d. 不同的地方

3.有一个研究人员成功地_____向一群鸟发出当心的警告。

　（　）（　）a. 让椋鸟

b. 用"当心"这个汉语词

c. 播放录音

d. 在危险的时候

4.椋鸟一听到这种表示危险警告的声音，就慌忙地躲藏起来，这说明椋鸟_____。

（　）（　）a. 会说话　　　　　　　　b. 听懂了人的话

c. 知道这个信号的意思　　d. 可以和人交际

5.小黑猩猩维基学会了_____。

（　）（　）a. 简单的几个词　　　　　b. 人的语言

c. 很多很多的词　　　　　d. 喝水

6.黑猩猩的_____更易受大脑的指挥。

（　）（　）a. 耳朵和舌头比眼睛和手

b. 眼睛和耳朵比手和舌头

c. 手和耳朵比眼睛和舌头

d. 眼睛和手比耳朵和舌头

7.我们现在已经知道，_____。

（　）（　）a. 海豚互相急救时说什么

b. 动物语言承担的任务不如人类语言的复杂

c. 海豚可以学会人类语言

d. 动物用多少种方式交际

8.如果一只海豚受伤而不能浮出水面呼吸，别的海豚就会_____。

（　）（　）a. 互相说些什么

b. 发出噼啪声

c. 在水下放枪

d. 把受伤的海豚托到水面上

9.蜜蜂是用无声的_____来互相交际的。

（　）（　）a. 舞蹈　　　　　　　b. 蜂房

　　　　　　　c. 图片　　　　　　　d. 垂直线

10.研究蜜蜂语言的学者根据蜜蜂的舞蹈，也能找到

　　_____。

（　）（　）a. 蜂窝　　　　　　　b. 蜂房

　　　　　　　c. 蜜源　　　　　　　d. 太阳

二、判断题

（　）（　）1.杜鹃鸟生来就会鸣叫，用不着学。

（　）（　）2.世界上约有三千种动物的语言。

（　）（　）3.每只金翅雀的叫声都略有不同。

（　）（　）4.欧洲金翅雀只能发出一种警告声。

（　）（　）5.有的学者想学会动物的语言和动物对话。

（　）（　）6.基特·赫斯和他的妻子凯西让他们的亲生女儿
　　　　　　　　教养这只小猩猩维基。

（　）（　）7.海豚的脑子和发音器官都很发达。

（　）（　）8.蜜蜂跳8字舞的次数表示蜂源所在的方向。

（　）（　）9.研究蜜蜂语言的学者懂得蜜蜂舞蹈的意义。

（　）（　）10.目前还没有一种动物能学会人类复杂的语言。

三、近义词选择题

1.杜鹃鸟在鸣叫时〔仿佛〕是在说汉语。

（　）（　）a. 好像　　　　　　　b. 相同

　　　　　　　c. 一样　　　　　　　d. 互相

2.杜鹃的鸣叫就好像婴儿〔啼哭〕一样，是生来就会的。

（　）（　）a. 哭　　　　　　b. 出声的哭

　　　　　　　　c. 流眼泪　　　　d. 喊叫

3. 鹞已飞向空中，〔万分〕危急。

　　（　）（　）a. 一点儿　　　　b. 差不多

　　　　　　　　c. 马上　　　　　d. 非常

4. 两只放在一起喂养的金翅雀叫起来要复杂多样一些，但每
　　只又〔多少〕有点儿自己的特点。

　　（　）（　）a. 多半　　　　　b. 多么

　　　　　　　　c. 或多或少　　　d. 多亏

5. 放在一起喂养的两只金翅雀互相模仿〔对方〕的鸣叫。

　　（　）（　）a. 另一方　　　　b. 正确的方法

　　　　　　　　c. 轮流　　　　　d. 嘴对嘴

6. 一个研究人员用录音机录下了椋鸟遇到危险时互相警告的
　　声音，然后再用〔扩音器〕播放录音。

　　（　）（　）a. 把声音放大的设备

　　　　　　　　b. 能制造声音的机器

　　　　　　　　c. 记录声音的仪器

　　　　　　　　d. 声音很大的喇叭

7. 椋鸟一听到这种表示危险警号的声音便〔慌忙〕躲藏起
　　来。

　　（　）（　）a. 紧张　　　　　b. 急忙

　　　　　　　　c. 惊慌　　　　　d. 不停地

8. 人可以复制动物的某些声音并用这种办法和这些动物〔打
　　交道〕。

　　（　）（　）a. 打电话　　　　b. 聊天

　　　　　　　　c. 斗争　　　　　d. 交际

9.蜜蜂摇晃着，一会儿往左，一会儿往右，跳出一个〔8字形〕。

（　）（　）a. 8个字的形状　　b. 像8字的形状

c. 8种形状　　　　d. 汉字"8"

10.如果有一只海豚受了伤，别的海豚就会对它进行〔急救〕。

（　）（　）a. 很快动手术　　b. 长期休息

c. 及时救护　　　d. 紧急救治

结束时间（一）：＿＿＿＿＿结束时间（二）：＿＿＿＿＿

练习时长（一）：＿＿＿＿＿练习时长（二）：＿＿＿＿＿

表一. 时长评分标准:（时长单位: 分钟）

阅读时长	10|10	11|11	12|12	14|14	17|14	21|17	27|21	38|27	|38
得分数	40	35	30	25	20	15	10	5	0
超总时长扣分标准				每超过1分种扣2分					

表二　练习成绩统计及评定：（时长单位：分钟）

	项目	阅读时长	练习时长	练习题正确数	超时	总计分	评定等级	HSK分数等级
第一次	完成情况							
	得分				扣分			
第二次	完成情况							
	得分				扣分			

表三. 部分外国留学生速读情况调查结果：
（时长单位：分钟；速度单位：字／分钟）

调查对象情况		阅读		练习				
学习时间	国别与人数	平均时长	平均速度	平均时长	平均正确题数			平均正确率
					一	二	三	
800小时以上	泰国　　3 菲律宾　1 日本　　1	14	96	14	6	7	6	63%
800小时以下	丹麦　　1 奥地利　1 德国　　1 日本　　1 印尼　　1	16	84	17	6	7	5	60%

表四. 部分中国学生速读情况调查结果:
（时长单位：分钟；速度单位：字／分钟）

调查对象		阅 读		练 习				
水平档次	人数	平均时长	平均速度	平均时长	平均正确题数			平均正确率
					一	二	三	
甲	50	4	336	6	9	9	8	87%
乙	52	5	269	6	8	9	7	80%
丙	41	6	224	7	8	8	7	77%
丁	51	8	168	10	7	8	7	73%

练 习 答 案

一、　1.　a　　2.　b　　3.　c　　4.　c　　5.　a
　　　6.　d　　7.　b　　8.　d　　9.　a　　10.　c
二、　1.　✓　　2.　×　　3.　✓　　4.　×　　5.　✓
　　　6.　×　　7.　✓　　8.　×　　9.　✓　　10.　✓
三、　1.　a　　2.　b　　3.　d　　4.　c　　5.　a
　　　6.　a　　7.　b　　8.　d　　9.　b　　10.　d

测 试 文

中心词:

1. 联合国　　　　the United Nations
2. 蒙古　　　　　Mongolia
3. 翻译系统　　　earphone
4. 耳机　　　　　earphone
5. 译员　　　　　interpreter
6. 训练　　　　　training; train; drill
7. 同声翻译　　　simultaneous interpretation
8. 国际语　　　　international language
9. 天主教　　　　Catholicism

规定总时长: 28 分钟 (阅读: 11 分; 测试: 17 分)

开始时间: _____

语言的翻译

　　联合国里有一百个国家的代表,他们共同商讨各种复杂的国际问题。但是,每个国家都有自己的语言,这些代表是如何进行交谈呢?

　　目前在联合国里使用的正式语言有两种,即法语和英语。此外,还广泛使用三种工作语言: 汉语、俄语、西班牙语。代表们可以用这些语言进行交谈。即便某位代表这五种语言都不会,他仍然可以和其他任何一位与会者交谈,因为联合国里有非常完善的翻译系统。

比方说，蒙古人民共和国的代表在联合国大会上发言了，请看翻译系统是怎样工作的。这位代表在许多代表跟前开始用蒙古语发言。与会者以及来宾如果愿意，可以带上耳机，懂蒙古语的人可以直接听演讲人的发言，也可以通过耳机。

与此同时，在隔音室里译员对着麦克风把发言译成俄语。会议厅里懂俄语的人可以戴上耳机，把座位附近的开关打开便可以听到俄语译文。

这里还为既不懂蒙古语，又不懂俄语的人准备了另外四种语言的翻译。四个译员分别坐在各自的隔音室里，通过耳机收听俄语译文并随着俄文立即逐句将它译成自己所负责的那种语言：英语、汉语、西班牙语和法语。大会会议厅里的代表和客人可以自己决定选择听哪一种语言，然后拧开开关，调到适当的位置，便可听到他们所选择的译文。虽然这种译文已经作过两次翻译，但却几乎是和那位蒙古代表的发言同时传出的。

这些出色的译员帮助人们交流思想，但为此他们需要有非常复杂和昂贵的设备，只有少数会议厅才装有这种设备。而且，全世界只有几百人受过这种同时进行的翻译（称为同声翻译）的训练。

在许多国际会议上仍然不得不使用传统的翻译方式。比如，发言者用西班牙语说了一段话，然后译员将他的话译成法语，可能还有一个译员再重复一次——将话译成英语。这样一来，花费很多时间，会议便要拖长。当然，这一切可以进行得快一些，但每个不懂发言者语言的人都得配备一名同声译员。这些译员坐在代表身旁，用同样的速度将发言者的话低声译出。

即便世界上有几千名训练有素的同声译员，也难以承担如此繁多的翻译任务。而且借助任何翻译也不如两个人直接交谈好处大。正是因为这样，许多人认为需要有一种专门的国际语，人们从小不仅学习本族语，还学习这种共同语言，于是世界上的人便都可以互相交谈了。

这个想法很吸引人，各种国际语言也曾流行了一阵，并取得了某些成绩。拉丁语在很长时间内被当作这样的国际语，罗马士兵把拉丁语带到了被征服的国家。罗马帝国崩溃后，学者或者一般受过教育的人继续使用它。英国、法国、德国、西班牙以及其他国家的科学家和神职人员见面后可以用拉丁语互相交谈。直到今天，拉丁语仍然是天主教的国际用语。

不过，在日常生活中，大多数人早已不再使用拉丁语了。最初是法语代替它成为国际语言，各国的使者用法语来交际。学者和外交人员在会晤中讲的是法语，世界各地的旅游者也说法语。随后英语在各地传播开了，也成了国际用语。近年来各国讲俄语的人开始逐渐多了。

（原载《语言的故事》，作者富兰克林·福尔索姆，叶瑞安译，山东大学出版社，1985年）

结束时间：_____ 阅读时长：_____

测 试 题

开始时间：_____

一、选择题

1.联合国的代表可以同任何一位与会者交谈，因为

_____。

（　）a. 他们都会说英语和法语

　　　　b. 他们都会说汉语、俄语、西班牙语

　　　　c. 他们都有一个翻译

　　　　d. 联合国有非常完善的翻译系统

2.目前在联合国里使用的正式的国际语言是_____。

（　）a. 法语和英语　　　　b. 汉语和西班牙语

　　　　c. 法语和俄语　　　　d. 俄语和拉丁语

3.蒙古人民共和国的代表在联合国大会上发言时所使用的语言是_____。

（　）a. 蒙古语　　　　　　b. 英语

　　　　c. 俄语　　　　　　　d. 汉语

4.参加联合国大会的代表和来宾_____选听翻译系统中的某一种语言。

（　）a. 不能自己决定　　　b. 可以自己决定

　　　　c. 按大会的决定　　　d. 按译员的决定

5.代表的发言经过一次或两次翻译，但耳机中的译文和发言代表的声音_____。

（　）a. 几乎同时传出

　　　　b. 相距较长时间

　　　　c. 内容完全不一样

　　　　d. 有的清楚，有的不清楚

6.联合国里那些出色译员帮助人们交流思想，为此他们需要

_____。

（　）a. 大会代表用蒙古语发言

　　　　b. 很高的工资

c. 懂拉丁语

d. 非常复杂和昂贵的设备

7.同声翻译是指_____的翻译。

（　）a. 利用先进设备

b.说完之后再翻译

c. 同时进行

d. 声音特点一致的

8.传统的翻译方式是_____。

（　）a. 说完一段再翻译一段

b. 译员坐在代表旁边一句一句的翻译

c. 先译成法语再译成英语

d. 将非工作语言译成工作语言

9.由于借助翻译不如直接交谈，所以人们希望_____。

（　）a. 联合国里不说汉语

b. 有一种全世界通用的国际语

c. 全世界都说英语

d. 大家都会拉丁语

10.罗马帝国的士兵把_____带到了被征服的国家。

（　）a. 国际语　　　　　　b. 科学家和神职人员

c. 天主教　　　　　　d. 拉丁语

二、判断题

（　）1.联合国规定了五种工作语言，所以没有什么翻译工作要做。

（　）2.在联合国开会的每个代表都必须懂五种语言。

（　）3.参加会议的代表和客人都必须通过耳机听演讲人的

发言。

（　）4.传统的翻译方式早就没有人使用了。

（　）5.只有少数会议厅才装有同声翻译所需要的非常复杂和昂贵的设备。

（　）6.通过翻译比两个人直接交谈要差得多。

（　）7.现在，所有的人从小不仅学习本国语，还学习国际语。

（　）8.只有懂国际语的人才能参加联合国大会。

（　）9.现在，世界上仍然还有少数人能使用拉丁语进行交谈。

（　）10.在联合国，只有苏联人才讲俄语。

三、近义词选择题

1.联合国里有一百多个国家的代表，他们共同〔商讨〕各种复杂的国际问题。

（　）a. 商量讨论　　　　　b. 讨价还价

　　　c. 解决处理　　　　　d. 谈论议论

2.联合国里有非常〔完善〕的翻译系统。

（　）a. 充分　　　　　　　b. 富裕

　　　c. 完美　　　　　　　d. 善良

3.〔与会者〕及来宾如果愿意，可以戴上耳机听代表的发言。

（　）a. 为会议服务的人　　b. 管理会议的人

　　　c. 参加会议的人　　　d. 在会上发言的人

4.这些〔出色〕的译员帮助人们交流思想。

（　）a. 非常好　　　　　　b. 颜色鲜艳

c. 穿花衣服　　　　　　　d. 衣服颜色不同

5.同声翻译需要有非常复杂和〔昂贵〕的设备。

（　）a. 非常有钱　　　　　　b. 价格很高

　　　c. 价格上涨　　　　　　d. 十分富裕

6.即便世界上有几千名训练有素的同声译员，也难以〔承担〕如此繁多的翻译任务。

（　）a. 承认　　　　　　　　b. 担负

　　　c. 负责　　　　　　　　d. 处理

7.〔即便〕借助最优秀的同声翻译也不如两个人直接交谈好处大。

（　）a. 即使　　　　　　　　b. 如果

　　　c. 假设　　　　　　　　d. 所以

8.许多人认为需要一种专门的国际语，人们从小不仅学习〔本族语〕，还学习这种共同的语言。

（　）a. 本地的语言　　　　　b. 古老的语言

　　　c. 自己民族的语言　　　d. 一个民族使用的语言

9.罗马士兵把拉丁语带到了〔被征服〕的国家。

（　）a. 被金钱收买　　　　　b. 受权势压迫

　　　c. 遭到文化侵略　　　　d. 在武力下屈服

10.一些国家的科学家和〔神职人员〕见面以后可以用拉丁语互相交谈。

（　）a. 政府中负责文化宣传的人员

　　　b. 教会中负责宗教事务的人员

　　　c. 工厂中负责管理职工的人员

　　　d. 医院中负责治疗精神病的人员

结束时间：＿＿＿＿＿ 测试时长：＿＿＿＿＿

表一. 时长评分标准:（时长单位：分钟）

阅读时长	9 | 9	10 | 10	11 | 11	13 | 13	15 | 15	19 | 19	25 | 25	35 | 35	| 35
得分数	40	35	30	25	20	15	10	5	0
超 总 时 长 扣 分 标 准	每 超 过 1 分 种 扣 2 分								

表二 练习成绩统计及评定:（时长单位：分钟）

项目	阅读时长	练习时长	练习题正确数	超时	总计分	评定等级	HSK 分数等级
完成情况							
得分				扣分			

表三. 部分外国留学生速读情况调查结果:
（时长单位：分钟；速度单位：字/分钟）

调查对象情况		阅读		练 习				
学习时间	国别与人数	平均时长	平均速度	平均时长	平均正确题数			平均正确率
					一	二	三	
800小时以上	泰国 3 日本 1 菲律宾 1	11	112	15	6	6	6	60%
800小时以下	丹麦 1 日本 1 德国 1 印尼 1	13	95	16	7	8	5	67%

表四. 部分中国学生速读情况调查结果:
（时长单位：分钟；速度单位：字/分钟）

调查对象		阅读		练 习				
水平档次	人数	平均时长	平均速度	平均时长	平均正确题数			平均正确率
					一	二	三	
甲	50	3	410	5	9	9	9	90%
乙	52	4	308	6	8	8	8	80%
丙	41	6	205	8	8	8	8	80%
丁	51	8	154	10	7	7	7	70%

练习答案

一、 1. d 　　2. a 　　3. a 　　4. b 　　5. a

　　 6. d 　　7. c 　　8. a 　　9. b 　　10. d

二、 1. × 　　2. × 　　3. × 　　4. × 　　5. ✓

　　 6. ✓ 　　7. × 　　8. × 　　9. ✓ 　　10. ×

三、 1. a 　　2. c 　　3. c 　　4. a 　　5. b

　　 6. b 　　7. a 　　8. c 　　9. d 　　10. b

第 六 单 元

训 练 文 一

中心词:

1. 粮食	grain; cereal
2. 过剩	surplus; excess
3. 饥民	famine victim; famine refugee
4. 比例	proportion
5. 发展中国家	developing country
6. 发达国家	developed country
7. 产量	output; yield
8. 投资	investment; invest
9. 国际经济贸易体系	international economic and trade system
10. 贸易保护主义	policy of protection; protectionism
11. 补贴	subsidy; allowance
12. 农产品出口值	export value of agricultural products

规定总时长: 36 分钟 (阅读: 16 分; 练习: 20 分)

开始时间 (一): _____ 开始时间 (二): _____

粮食过剩 饥民日增

根据联合国粮农组织提供的数字, 70 年代全球饥民增加了 1500 万人, 平均每年增加 150 万。80 年代前五年, 饥民人数猛增

4000 万人, 平均每年增加 800 万。目前, 世界饥民已达 5.12 亿 (世界银行估计为 7.3 亿), 大大超过 1970 年的 3.16 亿。每年因饥饿和营养不良而导致死亡的人数达 3500 万, 其中 1500 万是 5 岁以下的儿童。饥民中 60% 居住在亚洲, 25% 在非洲, 10% 在拉丁美洲, 5% 在中东。如从饥民在人口中所占比例来看, 则以非洲为最高, 达 32%; 亚洲居第二位, 为 22%; 拉美和中东分别是 14% 和 11%。

为什么饥民有增无已呢? 是否地球太小, 养活不了日益增多的人口呢? 回答是否定的。

由于农业科学技术的发达和计划生育的推广, 世界粮食增长速度已超过人口增长速度。今天, 人类完全可以吃得饱, 穿得暖。据统计, 1960 年至 1986 年, 全球种植粮食的土地面积仅仅增加了 11%, 人口增长了 60%, 而粮食产量却增加了一倍。1986 年世界粮食产量创造了历史最高纪录, 达 18.65 亿吨; 同时期, 世界库存粮为 4.52 亿吨, 占当年世界粮食消费量的 27%, 也创历史最高水平。由于粮食增产, 库存增加, 世界粮食市场供过于求, 价格下降到半个世纪以来的最低水平。但需要特别指出的是, 在世界粮食产量中, 发达国家和发展中国家几乎各占一半, 而发展中国家人口却占世界人口的 75%。因此, 发展中国家人均粮食只有发达国家的三分之一。世界库存粮食也大都在发达国家。1985 年, 美国库存粮达 8400 万吨, 欧洲共同体为 1880 万吨, 它们的人口只占世界的 10%, 而储粮却占 25%。

富国粮食堆积如山, 穷国饥民不断增加, 这就是当今世界在粮食问题上的一种极不合理的现象。一方面, 美国、西欧等发达国家为保管过剩的粮食和食品而花费大笔资金, 许多人为营养过剩、体态过胖而忧心忡忡; 另一方面, 许多穷国的老百姓却忍饥挨饿，为生存而苦苦挣扎。

造成穷国饥民日增的因素很多，从他们本国来说，主要有以下几种原因：(1) 一些国家政治局势长期不稳定，战乱不停，加上自然灾害，致使农业遭受破坏。1987 年全球共有 16 个国家严重缺粮，而这 16 国中有一半陷入内部纷争。(2) 许多国家没有把发展农业，特别是发展粮食生产放在优先地位，农业投资太少，加上政策失误，导致农业长期处于落后状态，粮食生产一直在低水平上徘徊。如非洲国家粮食平均亩产只有 62 公斤，仅相当于发达国家的四分之一。(3) 人口增长过快。这个问题在非洲、南亚和东南亚的一些国家特别突出。70 年代以来，非洲人口年平均增长率为 3%，而同期粮食增长却不到 2%，人均粮食每年下降 1.1%。此外，大批农村人口涌入城市，是造成大量城市饥民的主要原因。目前发展中国家的城市人口已达 30% 左右，估计到 2000 年将增至 45% 左右，如不加以控制，城市的饥民有可能超过农村的饥民。

从外部原因来说，造成发展中国家饥民队伍扩大的根本原因，是不公平的国际经济贸易体系。自 70 年代中期以来，发展中国家的国际贸易条件不断恶化，出口收入大大减少，欠债已达到 1 万亿美元，每年需用出口收入的 25% 来还债。

近年来，发达国家在帮助发展中国家发展农业和提供粮援方面，作出了不少努力，对缓解非洲以及其它国家的饥荒发挥了积极作用。但必须指出的是，西方主要发达国家采取的一些做法使发展中国家在农业贸易中处于十分不利的地位，如它们大搞贸易保护主义或者压低价格，限制从发展中国家的农产品进口，同时又采取补贴方法鼓励本国农产品出口，向外大量销售剩余农产品，使发展中国家受害不浅。70 年代，发展中国家的农产品出口值占世界的 56%，1984 年下降到 49%，而同期的农产品进口比例却在增加。出口收入的减少必然影响发展中国家的农业投资；而大量进口低价农产品，又势必打击了竞争能力较弱的本国农业，并导致对外粮的依赖。

目前，越来越多的发展中国家正在实行经济体制改革和政策调整，把发展农业特别是发展粮食生产放在优先地位，并取得了可喜的成绩。但是，正如《世界粮食理事会北京宣言》所指出的，发达国家对发展中国家的支援仍然是极其重要的，而且也符合发达国家的长远发展利益。发达国家不但应继续向闹粮荒的发展中国家提供紧急粮援，更应着重从资金和技术方面增加对发展中国家的援助，并在农产品贸易方面照顾发展中国家的利益。只有世界各国团结一致，共同努力，才能逐步消除人类的饥饿灾难。

（原载《世界知识》1987 年第 4 期，作者马文）

结束时间（一）：＿＿＿＿＿结束时间（二）：＿＿＿＿＿

阅读时长（一）：＿＿＿＿＿阅读时长（二）：＿＿＿＿＿

练　　习

开始时间（一）：＿＿＿＿＿开始时间（二）：＿＿＿＿＿

一、选择题

1. 饥民人数最多的是＿＿＿＿＿，饥民在人口中所占比例最高的是＿＿＿＿＿。

（　）（　）a. 亚洲／非洲　　　　b. 亚洲／亚洲

c. 非洲／亚洲　　　　　　d. 非洲／非洲

2. 世界粮食增长速度已经超过世界人口增长速度, 这是因为
　　_____。

（　）（　）a. 种植粮食的土地面积大量增加

　　　　　　b. 世界各国均采取了控制人口的政策

　　　　　　c. 粮食产量提高, 人口增长速度减慢

　　　　　　d. 各国均十分重视农业科学技术的研究与运用

3. 发展中国家人口占世界人口的75％, 而人均粮食却只有
　　发达国家的_____。

（　）（　）a. 二分之一　　　　b. 三分之一

　　　　　　c. 百分之十　　　　d. 百分之二十五

4. 许多西方发达国家的政府每年都要用一大笔钱来_____
　　吃不完的粮食。

（　）（　）a. 运走　　　　　　b. 出售

　　　　　　b. 购买　　　　　　d. 保管

5. 造成穷国饥民日增的内部原因_____。

（　）（　）a. 是长期战乱, 农业遭到破坏

　　　　　　b. 是农业生产落后, 粮食产量太低

　　　　　　c. 是人口增长过快

　　　　　　d. 与 a、b、c 三者均有关系

6. 发展中国家饥民增加的外部原因是_____。

（　）（　）a. 欠债太多

　　　　　　a. 出口减少百分之二十五

　　　　　　c. 国际经济贸易体系不公平

　　　　　　d. 城市人口增加

7. 西方主要发达国家推行贸易保护主义, 他们_____。

（　）（　）a. 鼓励从发展中国家进口农产品,也限制向发展
中国家出口农产品

b. 鼓励向发展中国家出口农产品,限制从发展中
国家进口农产品

c. 鼓励从发展中国家进口农产品,也鼓励向发展
中国家出口农产品

d. 限制从发展中国家进口农产品,也限制向发展
中国家出口农产品

8. 发展中国家农产品出口减少、进口增加会_____。

（　）（　）a. 影响发达国家的农业投资

b. 减弱欧美国家农业的竞争能力

c. 增强本国农业的竞争能力

d. 严重影响本国的农业生产

9. 世界粮食理事会认为,要消除饥饿最重要的是_____。

（　）（　）a. 发达国家应该考虑自己的长远利益

b. 发达国家应该向发展中国家提供粮食援助

c. 发达国家应该在技术与资金方面支援发展中国
家

d. 发展中国家应该承担责任

10. _____共同努力才能消除饥饿的灾难。

（　）（　）a. 发展中国家　　　　b. 西方发达国家

c. 世界粮食理事会　　d. 世界上所有国家

二、判断题

（　）（　）1. 全世界饥民人数的增长比较缓慢。

（　）（　）2. 因为地球太小,养活不了日增益多的人口。

（　）（　）3. 目前，世界粮食市场上粮食过剩，价格很便宜。

（　）（　）4. 世界各国的人均粮食占有量悬殊极大。

（　）（　）5. 世界剩余粮食大部分属于发达国家所有。

（　）（　）6. 1987年全世界共有16个国家严重缺粮，这16个国家全部陷入内部纷争。

（　）（　）7. 发展中国家，特别是非洲国家已经摆脱了农业生产一直在低水平上徘徊的局面。

（　）（　）8. 从70年代中期起，发展中国家的国际贸易条件越来越好。

（　）（　）9. 发达国家在帮助发展中国家发展农业等方面做出了不少努力。

（　）（　）10. 发达国家一直在农业贸易方面照顾发展中国家的利益。

三、近义词选择题

1. 80年代前五年，饥民人数〔猛增〕4000万，平均每年增加了800万。

（　）（　）a. 凶猛地增加　　　　b. 猛烈地增加

　　　　　　c. 迅猛地增加　　　　d. 勇猛地增加

2. 由于粮食增产，库存增加，世界粮食市场〔供过于求〕。

（　）（　）a. 供给的超过了实际需要的

　　　　　　b. 根据需要而供给

　　　　　　c. 对供给的东西要求太高

　　　　　　d. 请求将东西提供给市场

3. 一些国家政治局势长期不稳定，〔战乱〕不停。

（　）（　）a. 战争与动乱

　　　　　　b. 混乱的战争

　　　　　　c. 战争造成的混乱状况

　　　　　　d. 政变和兵变

4. 发达国家的帮助对〔缓解〕非洲及其它国家的饥荒发挥
　　了积极作用。

（　）（　）a. 慢慢地解除　　　　b. 缓和、解除

　　　　　　c. 推迟、解除　　　　d. 恢复、解除

5. _____大量购买低价的农产品，势必打击竞争能力较弱
　　的本国农业，并导致对〔外粮〕的依赖。

（　）（　）a. 向外国出口的粮食　　b. 从外国借的粮食

　　　　　　c. 从外国进口的粮食　　d. 借给外国的粮食

6. 世界上每年因饥饿和〔营养不良〕而导致死亡的人数达
　　3500 万人。

（　）（　）a. 粮食质量较差　　　　b. 饮食不合理

　　　　　　c. 养分不足　　　　　　d. 对孩子照料不善

7. 70年代全球饥民增加了1500万人，80年代前五年，饥民人
　　数猛增 4000 万。为什么饥民〔有增无已〕呢？

（　）（　）a. 虽然增加，但不包括我们自己

　　　　　　b. 还没有增加

　　　　　　c. 有些地方增加，有些地方不增加

　　　　　　d. 增加而不停止

8. 世界粮食产量远远超过了世界人口实际的需要量，1986年
　　世界〔库存粮〕为 4.52 亿吨，占当年世界粮食消费量的
　　27%。

（　）（　）a. 储备粮　　　　　　　b. 救济粮

　　　　c. 战备粮　　　　　　　　d. 军粮

9. 许多国家不重视农业，农业投资太少，使农业生产长期处于落后状态，粮食生产一直在低水平上〔徘徊〕。

（　）（　）a. 走来走去　　　　b. 往下降

　　　　　　c. 不回升　　　　　　d. 持续波动而不提高

10. 没有发达国家的粮援，发展中国家摆脱饥饿灾难十分困难。所以发达国家向发展中国家提供援助仍然是〔至关重要的〕。

（　）（　）a. 到重要的时刻　　b. 关系到很重要的问题

　　　　　　c. 比较重要的　　　d. 非常重要的

结束时间（一）：_____结束时间（二）：_____

练习时长（一）：_____练习时长（二）：_____

表一. 时长评分标准:（时长单位: 分钟）

阅读时长	12 ∣ 12	14 ∣ 14	16 ∣ 16	18 ∣ 18	21 ∣ 21	26 ∣ 26	34 ∣ 34	49 ∣ 49	
得分数	40	35	30	25	20	15	10	5	0
超总时长扣分标准				每超过1分种扣2分					

表二　练习成绩统计及评定:（时长单位: 分钟）

	目项	阅读时长	练习时长	练习题正确数	超时	总计分	评定等级	HSK分数等级
第一次	完成情况							
	得分				扣分			
第二次	完成情况							
	得分				扣分			

表三. 部分外国留学生速读情况调查结果:
　　　　（时长单位：分钟；速度单位：字／分钟）

调查对象情况		阅 读		练　　　习				
学习时间	国 别 与 人 数	平均时长	平均速度	平均时长	平均正确题数			平 均 正确率
					一	二	三	
800小时以上	泰　国　　3 菲律宾　12 日　本　　2	13	131	16	6	7	2	50%
800小时以下	德　国　　1 美　国　　1 日　本　　1 印　尼　　1	21	81	17	6	7	5	60%

表四. 部分中国学生速读情况调查结果:
　　　　（时长单位：分钟；速度单位：字／分钟）

调查对象		阅 读		练　　习				
水平档次	人数	平均时长	平均速度	平均时长	平均正确题数			平 均 正确率
					一	二	三	
甲	50	5	342	7	7	8	9	80%
乙	49	5	342	8	6	6	7	63%
丙	41	7	244	9	6	6	7	63%
丁	51	8	214	10	5	5	6	53%

练 习 答 案

一、 1. a 2. c 3. b 4. d 5. d
　　6. c 7. b 8. d 9. c 10. d
二、 1. × 2. × 3. √ 4. √ 5. √
　　6. × 7. × 8. × 9. √ 10. ×
三、 1. c 2. a 3. a 4. b 5. c
　　6. c 7. d 8. a 9. d 10. d

训 练 文 二

中心词:

1. 人口　　　　　population
2. 增长速度　　　increasing rate (of population);
　　　　　　　　increasing speed
3. 资源　　　　　natural resources; resources
4. 能源　　　　　energy; energy resources
5. 生态平衡　　　balance of nature
6. 避孕节育　　　contraception and birth control
7. 零增长　　　　zero increase; zero (population) growth
8. 绝对数　　　　net figure; absolute figure
9. 人口控制　　　population control
10. 人口静止　　　population standstill (rest)

规定总时长: 37 分钟 (阅读: 15 分; 练习: 22 分)

开始时间 (一): _____　　　开始时间 (二): _____

世界 50 亿人口日

　　据联合国人口机构预测, 1987 年世界人口将进入 50 亿大关。据此, 联合国人口活动基金会宣布: 1987 年 7 月 11 日为世界"50 亿人口日", 同时要求关心全球人口的政府机构、民间组织以及每个父母想一想, 这究竟意味着什么? 在思考这一问题前, 我们先简单回顾一下人口发展史。

　　19 世纪初, 世界人口第一次闯进 10 亿大关, 这是人类自诞生之日起用了几百万年的漫长岁月才达到的。大约一个半世纪后也就是 1930 年世界人口增加到 20 亿,此后又用了 30 年时间,便达到了第三个十亿（1960 年）。而从第三个十亿到第四个十亿,仅用了 15 年（1975 年）。从那时起又过了 12 年,世界人口突破 50 亿大关。从以上数字不难看出,进入本世纪以来,世界人口增长速度不断加快。

　　进入 70 年代,尤其是 1974 年联合国举办了布加勒斯特世界人口会议后,各国开始对世界人口发展倾注更大的注意力。人口与粮食、人口与资源、人口与能源、人口与生态平衡、人口与发展以及人口政策成了各国学术界的重要研究课题。各种区域性的人口会议,如科伦坡、吉隆坡、北京、新德里等会议相继举行。不少国家的政府首脑也发表了控制人口增长的重要言论。它说明人们已开始认识到这一问题的重要性,这是一个可喜的变化。其次,控制人口增长的活动在世界各地日益普及,特别是在人口高增长的亚非拉广大地区,如中国、印度、印尼、墨西哥、巴西等人口大国先后实行了以避孕节育为宗旨的人口控制政策,这是另一个可喜变化。布加勒斯特会议前,控制人口的国家不过 26 个,而 1984 年已达到 85 个。更耐人寻味的是,一些西方发达国家,如美国,也继日本之后,于 70 年代初走上赞助和支持民间"家庭生育计划"机构的道路。连鼓励人口增殖的苏联、东欧和法国,也早在 60 年代人口增长的速度就已经放慢。北欧、西欧的一些国家已接近或进入零增长。全球人口的年平均增长率已从高峰期的 20‰下降到目前的 17‰,人们对人口前景的展望可以表示谨慎的乐观。为什么还要谨慎呢? 因为世界人口增长虽有所下降,但基本上仍未脱离高速度,全球人口每年增长的绝对数仍有增无已,人口控制工作丝毫放松不得。这大概就是为什么联合国有关机构在世界人口控制方面刚刚出现好势头之时，就举办"50亿人口日"的原因吧。

无论怎么说，经过世界各国和各方面的努力，对世界人口增长的控制已取得很大成绩。因此，联合国人口机构一再修改对世界人口前景的预测。1973年预测，到2000年世界人口将达64亿，1978年将这一预测改为62亿，1980年又减至61亿。同时，世界人口增长趋势也将逐渐减弱，预计1985——1990年平均增长率为14.5‰，1990——1995年再减到13.4‰，1995——2000年间再降为12‰。到了下个世纪，世界人口的绝对数增长也将变为递减型。据预测，2000——2025年增长绝对数为21亿；2025——2050年减至15亿；2050——2075年又降到6亿；2075——2100年将仅为1亿。

世界人口增长率放缓，增长绝对数递减，预示着一个人口不增不减的静止局面必将在世界范围内出现。联合国预测，到2030年，欧洲将成为第一个进入人口静止阶段的地区；其次将是北美地区（2060年）；大洋洲到2070年人口增长可望静止；亚洲及拉丁美洲地区将在2100年左右同时进入人口静止阶段。当2110年非洲出现人口静止之日，便是世界人口静止之日。届时全球人口将是105.29亿。这说明世界人口比今天再增加一倍多一点，便可望静止下来。往昔世界人口翻一番的时间，从上万年缩短到上千年，又缩短到上百年，几十年，比如1950年世界人口达到25亿，1987年增到50亿，翻一番只用了37年；但是，从1987年起，世界人口再翻一番所需时间便不再会是缩短，而将是大大延长了。

联合国有关机构举行这次世界"50亿人口日"的活动是很有意义的，已有包括中国在内的40多个国家宣布将举行各种活动，联合国秘书长德奎利亚尔也将在当天发表重要讲话。要想争取人类有一个更加美好的未来, 在人口控制方面还有许多工作需要做, 但人口发展的总趋势是光明的, 人们没有理由感到悲观。

(原载《世界知识》1987 年第 13 期, 作者侯文若)

结束时间 (一): _____   结束时间 (二): _____
阅读时长 (一): _____   阅读时长 (二): _____

练 习

开始时间 (一): _____   开始时间 (二): _____

一、选择题

1. 1987 年 7 月 11 日是_____。

( ) ( ) a. 联合国人口活动基金会召开会议的日子

　　　　 b. 联合国人口机构成立的日子

　　　　 c. 世界"五十亿人口日"

　　　　 d. 布加勒斯特世界人口会议召开十周年纪念日

2. 世界人口第一次闯进 10 亿大关, 是人类自诞生之日起用了_____才达到的。

( ) ( ) a. 一个半世纪　　　　 b. 几百万年

　　　　 c. 30 年　　　　　　 d. 15 年

3. 进入本世纪以来, 世界人口增长速度_____。

( ) ( ) a. 得到控制　　　　 b. 已经放缓

　　　　 c. 不断加快　　　　 d. 接近于零

4. 世界人口的迅猛增长引起了世界各国的注意, _____成为各国学术界的重要研究课题。

（　）（　）a. 人口与粮食、资源、能源、生态平衡和发展及人口政策等问题

        b. 人口与饥饿、疾病、文盲、住房和教育等问题

        c. 召开布加勒斯特、科伦坡、吉隆坡、北京、新德里等人口会议的问题

        d. 在中国、印度、印尼、墨西哥、巴西等国实行人口控制政策的问题

5. 世界上人口高增长的国家主要有＿＿＿＿＿＿。

（　）（　）a. 苏联、法国及东欧等国

        b. 北欧与西欧的一些国家

        c. 美国、日本等国

        d. 中国、印度、印尼、墨西哥、巴西等国

6. 现在,全球人口的年平均增长率已从高峰期的20‰下降到目前的17‰,但我们对人口前景的展望不能过分乐观,这是因为＿＿＿＿＿＿。

（　）（　）a. 人口年增长率的下降幅度不够

        b. 并非所有国家的人口都达到零增长

        c. 人口年增长率的下降速度太慢

        d. 全球人口每年增长的绝对数仍未减少

7. 根据 1980 年的预测,到＿＿＿＿＿＿世界人口将达 61 亿。

（　）（　）a. 1990 年   b. 1995 年

        c. 2000 年   d. 2025 年

8. 世界上第一个进入人口增长静止阶段的地区是＿＿＿＿＿＿,最后一个进入人口增长静止阶段的地区是＿＿＿＿＿＿。

（　）（　）a. 欧洲／非洲   b. 北美／亚洲

c. 大洋洲／拉美　　　　　　　　d. 欧洲／亚洲

9. 1987年以前, 世界人口翻一番所需时间_____, 1987年以后, 世界人口翻一番所需时间_____。

( ) ( ) a. 不断缩短／将进一步缩短

b. 不断缩短／将大大延长

c. 不断延长／将进一步延长

d. 不断延长／将大大缩短

10. 这篇文章所要说明的主要问题是_____。

( ) ( ) a. 世界人口的增长将会给人类带来灾难

b. 世界人口的增长是很难控制的

c. 我们应该把"50亿人口日"的活动搞好

d. 世界人口的增长必定能得到控制

二、判断题

( ) ( ) 1. 从人类诞生之日起到1987年, 整个世界增加十亿人口所需的时间越来越少。

( ) ( ) 2. 不少国家的政府首脑在布加勒斯特世界人口会议上发表了控制人口增长的重要言论。

( ) ( ) 3. 控制人口增长的活动在世界各地日益普及。

( ) ( ) 4. 美国与日本一直反对控制人口。

( ) ( ) 5. 苏联、东欧与法国实行鼓励人口增殖的政策。

( ) ( ) 6. 联合国一再修改对世界人口前景的预测, 这是因为他们计算不准确。

( ) ( ) 7. 到下个世纪, 世界人口的绝对数增长将呈现上升的趋势。

（　）（　）8. 世界人口增长呈静止状态时, 那时的世界人口
要比今天增加一倍多一点, 即达到 105.29 亿。

（　）（　）9. 世界"50亿人口日"的活动是由包括中国在内
的 40 多个国家发起举行的。

（　）（　）10. 控制人口增长的工作是很艰难的, 感到悲观很
有理由。

三、 近义词选择题

1. 据联合国人口机构的〔预测〕, 世界上第50亿个婴儿在
1987 年 7 月 11 日出生。

（　）（　）a. 预先测定　　　　　　b. 预先测验
　　　　　c. 预先推测　　　　　　d. 预先测量

2. 〔回顾〕一下人口发展史, 对我们认识这个问题有很大好
处。

（　）（　）a. 回来考虑　　　　　　b. 回来研究
　　　　　c. 回头照顾　　　　　　d. 回头看

3. 在全世界人民的共同努力下, 世界人口的〔增势〕不仅会
得到控制, 还将不断减弱。

（　）（　）a. 增长的形势　　　　　b. 增强的形势
　　　　　c. 增大的形势　　　　　d. 增高的形势

4. 世界人口增长率放缓, 增长绝对数〔递减〕, 预示着一个
人口不增不减的静止局面必将在世界范围内出现。

（　）（　）a. 顺次减少　　　　　　b. 一代比一代减少
　　　　　c. 越来越少　　　　　　d. 稍稍减少

5. 中国、印度、印尼、墨西哥、巴西等人口大国先后实行
了以〔避孕节育〕为宗旨的人口控制政策。

（　）（　）a. 避免怀孕，节制生育

b. 回避孕妇，减少生育

c. 控制怀孕生孩子

d. 不许控制生孩子

6. 各种区域性的人口会议，如科伦坡、吉隆坡、北京、新德
里等会议〔相继〕举行。

（　）（　）a. 继续　　　　　　　b. 一个接着一个地

c. 同时　　　　　　　d. 分别

7. 一些西方发达国家人口增长率并不高，但他们也在70年代
初开始支持民间的"家庭生育计划"。这一点十分〔耐人寻
味〕。

（　）（　）a. 很有耐心的人才能理解

b. 耐心地想才能理解

c. 有知识的人才能细细品味

d. 值得人们仔细思考

8. 全球人口的年平均增长率已从〔高峰期〕的20‰下降到
目前的17‰。

（　）（　）a. （人口增长）达到最高点的时期

b. 居住在山地的时候

c. 从山顶观察的时候

d. 上升时期

9. 1950年世界人口是25亿，1987年增加到50亿，〔翻一番〕
只用了37年。

（　）（　）a. 增加一倍　　　　　b. 大量增加

c. 一下子增加　　　　d. 增加一次

10. 人口的迅猛增长给人类带来了一系列问题，诸如饥饿、

疾病、生态环境被破坏、文盲增加、住房紧张等等。有些人因此对人类前途感到〔悲观〕。

（　）（　）a. 伤心　　　　　　b. 没有信心

　　　　　c. 悲伤　　　　　　d. 忧虑

结束时间（一）：_____　结束时间（二）：_____

练习时长（一）：_____　练习时长（二）：_____

表一. 时长评分标准:（时长单位：分钟）

阅读时长	11 | 11	13 | 13	15 | 15	17 | 17	20 | 20	25 | 25	32 | 32	46 | 46	| 46
得分数	40	35	30	25	20	15	10	5	0
超总时长扣分标准			每超过1分种扣2分						

表二、　练习成绩统计及评定:（时长单位：分钟）

	项目	阅读时长	练习时长	练习题正确数	超时	总计分	评定等级	HSK分数等级
第一次	完成情况							
	得分				扣分			
第二次	完成情况							
	得分				扣分			

表三. 部分外国留学生速读情况调查结果:
（时长单位：分钟；速度单位：字／分钟）

调查对象情况		阅　读		练　　习				
学习时间	国别与人数	平均时长	平均速度	平均时长	平均正确题数			平均正确率
					一	二	三	
800小时以上	泰国　3　日本　1　菲律宾　1	13	123	14	7	6	4	57%
800小时以下	美　国　1　德　国　1　1　波　兰　1　1　日　本　2　印　尼　1	17	94	16	7	7	5	63%

表四. 部分中国学生速读情况调查结果:
（时长单位：分钟；速度单位：字／分钟）

调查对象		阅　读		练　　习				
水平档次	人数	平均时长	平均速度	平均时长	平均正确题数			平均正确率
					一	二	三	
甲	50	5	319	7	8	8	8	80%
乙	48	6	266	5	6	6	7	63%
丙	41	7	228	8	6	6	7	63%
丁	51	8	200	9	6	6	6	60%

练 习 答 案

一、 1. c　 2. b　 3. c　 4. a　 5. d
　　 6. d　 7. c　 8. a　 9. b　 10. d
二、 1. ✓　 2. ×　 3. ✓　 4. ×　 5. ✓
　　 6. ×　 7. ×　 8. ✓　 9. ×　 10. ×
三、 1. c　 2. d　 3. a　 4. a　 5. a
　　 6. b　 7. d　 8. a　 9. a　 10. b

测 试 文

中心词:

1. 超级婴儿　　　super baby
2. 诺贝尔奖　　　Nobel Prize
3. 精子　　　　　sperm; spermatozoon
4. 高智力　　　　high intelligence
5. 试管婴儿　　　tube baby
6. 优选种　　　　optimization; optimum−seeking method
7. 人工授精　　　artificial insemination
8. 遗传基因　　　genetic factor; hereditary gene
9. 繁衍　　　　　breed; reproduction; multiplication
10. 人伦　　　　　human relations
11. 自然科学家　　natural scientist
12. 危机　　　　　crisis

规定总时长: 35 分钟 (阅读: 15 分; 测试: 20 分)

开始时间: _____

超级婴儿计划

据说, 美国正在进行着一项有趣的实验, 名为"超级婴儿计划"。研究人员希望利用获得诺贝尔奖的科学家的精子, 植入年轻、健康而又聪明的母体内, 培育出高智力水平的超级婴儿。

借腹生子的事早就有了, 试管婴儿也有了, 至于"超级婴儿计划"则是属于另一种不同的构想与试验。这有点儿近似于植物群落中的"优选种"。这些优种植物群，在植物世界中，当然是占着生长的优势。人类也是一样，智力优胜的一群，理所当然地占着生存的优势。

在这项"超级婴儿计划"中，已经有十数位诺贝尔科学奖获得者和十多名年轻的女子响应，有五位科学家向精子银行捐出精子，三位年轻女子接受了人工授精，今年年底便可生育。婴儿出生后，会一直接受智力测验，看看是否超过常人。

中国人有句古话，"将相本无种，男儿当自强"，看来是属于哲理方面的，用意是勉励出身寒门的人不要自卑，应不断争取向上。现在的"超级婴儿计划"则是进行验证：植物既然可以选育优良品种，人类是否也可以优选呢？也就是说，人的智力水平是否是由先天的遗传基因决定的，我们是否可以在人的生育过程中，通过对遗传基因的选择来改变其后代的智力。

假如人类也可以优选优生，智力的成长方面大概便不用再像过去那样，要等待缓慢的整体进步，而是在不长的时期内发生明显迅速的变化。也许可以把一千年的过程，缩减为二、三代。

举一个简单的例子，比方香港的巴士售票方法。几十年前售票员是在肩上挂个钱袋，手上拿着车票和打孔机，不停地在车厢内钻来钻去。很久以后，才想到叫售票员坐在车门口，给上来的乘客卖票。直到最近几年，才不要售票员，只在司机旁边放一个收钱的箱子。这样，乘客与巴士司机都得到好处。办法是那么简单，为什么几十年前就没有人想到呢？又比方现在的地铁，售票与检票都用电脑来管理，以前为什么又没有呢？

人类的智慧，便是按部就班，进步得这样缓慢。假如"超级婴儿计划"的实验符合构想，人类在繁衍上便要面对一场革命了。当然，这种人类繁衍上的革命不会是孤立的。它将会引起许多社会问题，例如人伦、道德等问题。不过在这项改良人种计划还没有变为现实之前，似乎还没有理由让我们超前为此而担忧。

这一项实验的关键在于婴儿父亲的挑选，母体则是不太重要的，作为"父亲"的必须是从事科学研究并获诺贝尔奖的智力超群的人物。如果从优选法来看，诺贝尔奖的评审委员会，已经做了一项最重要的工作。人们就是要知道，是否那些获奖科学家的优秀头脑，已经进入了基因，可以遗传给下一代。为什么这项实验，只取自然科学家，而不取文学家、经济学家或是和平奖的获得者呢？理由十分明显，因为人类之中，以自然科学家的头脑最为优秀。

这样说必定有许多人不以为然，但是如果以人类整体地向前迈进来说，越是近代，越是以科学为前驱。在今后的世代里，开拓人类活动的新天地，改变现存的生活方式，不会靠文学和哲学，也不会靠政治和经济，而是靠自然科学。

人类在地球上繁衍到近代，在生存方式上很自然地被科学牵着鼻子走。近一百年来科学的进步是十分惊人的，科学产生的不可抵御的影响渗透到人类生活的每一个方面。然而科学的发展并不总是朝着理想的方向，科学产生的作用也并不总是预先期望的结果。它领着人类走进了一个全新的领域，却又给人类造成了空前的危机。

人类生存到今天，所面对的大危机，便是维持人类生活的环境遭到了大破坏。动植物、微生物、泥土、水和空气组成了一个循环系统。现在空气、水和泥土遭到了污染，植物大片地消失，动物大量地绝迹，微生物也发生变异，种种情况都不利于日渐增多的人类的生存。文学哲学等都体察不出这团黑雾，只有自然科学才最敏感。要想摆脱这种危机，还得要用科学。除科学以外，其他全都是无能为力的。

既然科学带领我们进入了一个困境,也只好期望科学领我们冲出这个绝域。所以,通过"超级婴儿计划",我们以后果真可以培育超级人种的话,能帮助我们摆脱危机的科学头脑才是最先需要的。

(原载《自然小品》,张君默著,中国友谊出版公司,1984年)

结束时间: _____ 阅读时长: _____

测 试 题

开始时间: _____

一、选择题

1. "超级婴儿计划"实验的目的是希望能培育出_____。

( ) a. 新的诺贝尔奖获得者

b. 年轻、健康而聪明的母亲

c. 高智力水平的婴儿

d. 有希望的科学家

2. "超级婴儿计划"的构想有点近似于_____。

( ) a. 借腹生子   b. 试管婴儿

c. 借腹生子和试管婴儿   d. 植物群落中的"优选种"

3. 已经有十数位诺贝尔科学奖获得者和十多名年轻女子

_____。

( ) a. 响应"超级婴儿计划"   b. 准备结婚、生育

c. 向精子银行捐出精子　　d. 接受人工授精

4. "超级婴儿计划"所要验证的是_____。

（　）a. 植物是否可以选种、育种

　　　b. 人类是否可以优选

　　　c. 智力水平很低的人是否可以得到改善

　　　d. 出身寒门的人是否也可以成为诺贝尔奖获得者

5. 如果人类可以优选优生, 人类的智力_____。

（　）a. 仍将缓慢地进步

　　　b. 仍要等待整体的进步

　　　c. 将迅速进步

　　　d. 可以把一千年的过程缩减为二、三年

6. 作者举香港巴士售票方法及地铁售票检票方法改变的例子, 目的是想说明_____。

（　）a. 过去巴士公司的老板不是超级婴儿

　　　b. 售票员的智力水平较低

　　　c. 人类智力进步十分缓慢

　　　d. 培育超级婴儿是十分必要的

7. 如果"超级婴儿计划"的实验符合构想, _____。

（　）a. 人类优选优生, 改变人类智力的科学幻想将成为事实

　　　b. 世界人口将迅速增长

　　　c. 世界人口将得到控制

　　　d. 世界人口将迅速下降

8. _____必定是智力超群的人物。

（　）a. 诺贝尔奖评审委员会的委员们

　　　b. 从事科学研究并获诺贝尔奖的人

　　　c. 响应"超级婴儿计划"的妇女

d. 试管婴儿

9. 人类生存所面临的大危机是 _____。

( ) a. 空气、水、泥土遭到了污染

b. 动物大量绝迹, 植物大片地消失

c. 维持人类生活的环境遭到了大破坏

d. 微生物发生变异

10. 在今后的世代里, 推动人类进步的主要力量是 _____。

( ) a. 文学和哲学　　　　　b. 政治和经济

c. 社会科学　　　　　　d. 自然科学

二、判断题

( ) 1. 获得诺贝尔奖的科学家正在美国进行"超级婴儿计划"的实验。

( ) 2. 科学家已经证明: 植物可以选育优种, 人类也同样可以优选。

( ) 3. 智力超群的人在生存竞争中必定占有优势。

( ) 4. 过去人类智力的成长是十分缓慢的。

( ) 5. 在"超级婴儿计划"中, 对婴儿"父亲"与母亲的挑选并不是同等重要的。

( ) 6. 很显然, 所有人都认为文学家、经济学家等的头脑比自然科学家的头脑更优秀。

( ) 7. 人类不重视科学, 所以给我们造成了空前的危机。

( ) 8. 摆脱人类所面临的困境只能期待科学的发展。

( ) 9. 古代的中国人就已经证明: 人的智力水平完全取决于后天的教育与培养。

( )10. "超级婴儿计划"有可能造成社会人伦关系的混乱。

三、近义词选择题

1. "超级婴儿计划"是属于与借腹生子和试管婴儿不同的另一种〔构想〕与试验。

( ) a. 构图与想法   b. 构思与想法

  c. 结构与想法   d. 机构与想法

2. 现在的"超级婴儿计划"是要〔验证〕：植物既然可以选育优种，人类是否也可以优选呢?

( ) a. 观察并证明   b. 检查并证明

  c. 通过实验来证实   d. 凭借经验来证明

3. 如果"超级婴儿计划"符合构想,我们也许可以把一千年的智力进步过程〔缩减〕为二、三代。

( ) a. 收缩、削减   b. 缩小、降低

  c. 缩短、减少   d. 紧缩、削减

4. 人类造成的环境污染使动物大量〔绝迹〕。

( ) a. 走到不通的地方   b. 最后的痕迹

  c. 逃离原居住地   d. 灭绝死亡

5. 科学领着人类走进了一个全新的领域,却又使人类陷人未曾预料到的〔困境〕。

( ) a. 贫困的处境   b. 疲倦的处境

  c. 困惑的处境   d. 困难的处境

6. 科学家希望"超级婴儿"的智力能大大超过〔常人〕。

( ) a. 普通的人   b. 正常的人

  c. 反常的人   d. 不聪明的人

7. 既然科学带领我们进入了一个困境,也只好期望科学领我们冲出这个〔绝域〕。

（　）a. 人迹不到的地方　　　　b. 困难的境地

　　　 c. 遥远的城市　　　　　d. 只有一条出路的地方

8. 人类生存到今天, 所面对的〔危机〕, 便是维持人类生活的环境遭到了大破坏。

（　）a. 危险的时候　　　　　b. 严重困难的关头

　　　 c. 富有挑战性的机会　　d. 遇险的飞机

9. 文学、哲学等都体察不出人类面临的困境, 只有自然科学才〔最敏感〕。

（　）a. 最聪明、迅速

　　　 b. 最快速、准确

　　　 c. （对外界事物）反应最快

　　　 d. 目光最尖锐

10. 要想摆脱这种危机, 还得要用科学。除科学以外, 全都是〔无能为力的〕。

（　）a. 没有能力的　　　　　b. 用不上力量的

　　　 c. 有力量不愿出的　　　d. 有力量使不出的

结束时间: ＿＿＿＿　测试时长: ＿＿＿＿

表一. 时长评分标准: （时长单位: 分钟）

阅　读 时　长	11 | 11	13 | 13	15 | 15	17 | 17	21 | 21	25 | 25	33 | 25	47 | 33	| 47
得分数	40	35	30	25	20	15	10	5	0
超 总 时 长 扣 分 标 准			每 超 过 1 分 种 扣 2 分						

表二、　　练习成绩统计及评定：（时长单位：分钟）

	项目	阅读时长	练习时长	练习题正确数	超　时	总计分	评定等级	HSK分数等级
第一次	完成情况							
	得　分				扣分			
第二次	完成情况							
	得　分				扣分			

表三. 部分外国留学生速读情况调查结果：
（时长单位：分钟；速度单位：字／分钟）

调查对象情况		阅　读		练　　　习				
学习时间	国　别　与人　　　数	平均时长	平均速度	平均时长	平均正确题数			平均正确率
					一	二	三	
800小时以上	泰　国　　3 菲律宾　　1 日　本　　1	11	150	13	5	6	5	53%
800小时以下	美　国　　1 德　国　　1 日　本　　1 印　尼　　1	20	83	15	6	7	5	60%

表四. 部分中国学生速读情况调查结果:
（时长单位：分钟；速度单位：字／分钟）

调查对象		阅　读		练　习				
水平档次	人数	平均时长	平均速度	平均时长	平均正确题数			平　均正确率
					一	二	三	
甲	42	4	413	6	8	8	7	77%
乙	50	5	330	6	6	8	6	67%
丙	41	6	275	8	6	7	6	63%
丁	51	8	207	9	6	6	5	57%

练 习 答 案

一、　　1. c　　　2. d　　　3. a　　　4. b　　　5. c
　　　　6. c　　　7. a　　　8. b　　　9. c　　　10. d
二、　　1. ×　　　2. ×　　　3. √　　　4. √　　　5. √
　　　　6. ×　　　7. ×　　　8. √　　　9. ×　　　10. √
三、　　1. b　　　2. c　　　3. b　　　4. c　　　5. d
　　　　6. a　　　7. b　　　8. b　　　9. c　　　10. b

第 七 单 元

训 练 文 一

中心词:

1. 吐唾沫　　　　spit; expectorate

2. 天性　　　　　natural instincts; nature

3. 祝福　　　　　express good wishes

4. 恭维　　　　　flatter; compliment

5. 走道　　　　　walk on the pavement

6. 断奶　　　　　weaning

7. 社会群体　　　social group; social community;

　　　　　　　　mass organization

8. 思想行为模式　patterns in thinking and behaving;

　　　　　　　　fixed ways of thought and behaviour

9. 遗传　　　　　heredity; inheritance

规定总时长: 29 分钟 (阅读: 13 分; 练习: 16 分)

开始时间 (一): _____ 开始时间 (二): _____

文　　化

　　如果你看见谁向人吐唾沫, 你一定以为他讨厌那个人。对的, 在法国的确是这样。可是在东非洲的查加兰的黑人那里, 你就猜错了。在他们那儿，用吐唾沫是重要时刻的一种祝福，新生的孩子，生病的人，全要法师来吐四口唾沫。这就是说，用唾沫来表示厌恶，并不是人类的"天性"，而只是一种习惯。让法国人在查加兰长大，他只有表示祝福才向人吐唾沫；让查加兰人长在法国，他做梦也不会向小孩子吐口唾沫。

我们大家都有恭维自己的想法，以为我们的办法虽然不是唯一可能的办法，也该是挺合适的办法。一日三餐，晚上睡一觉，还有比这更合理的吗？可是，玻利维亚的印第安人便不以为然：他们睡了几个小时，爬起来吃一顿点心，躺下再睡，睡醒再吃一顿；只要他们高兴，白天睡觉也没关系。美国人走马路的右边；你想，做事既用右手，走道也走右边，不是再合理没有了吗？可是，英国、奥地利、瑞典，使左手的人并不比别处多，走道可就全都走上左边来了。指点东西用食指，这该是顶自然的了吧？这也不然，许多印第安人只努努嘴，决不抬手。还有，孩子九个月断奶的办法，也不见得到处都适用。在东非洲土人和美国亚利桑那州的那华荷人里，四五岁的孩子还会跑到他妈的身边去吃奶。

总而言之，要搞明白某种思想或风俗是天性呢还是习惯，只有一个办法——经验。所谓经验，并不单单指我们一城一州或一国里的经验，也不单是整个西方文明里的经验，要行遍天下，到处考查过了，这才称得上经验二字。

人们一举一动，一言一念，所以这样而不是那样，没有什么别的理由，只因为他们生在某一个社会群体里面，无论是家庭，是教会，是党派，是国家，既然生在那里面，思想行动就跟那里面的人学来了。每个新出世的单位都要发明一些独有的玩意儿，比如，特别的徽章和歌词之类。否则怎样和其他团体区别呢？拿美国大学里面的兄弟会来说，各有各的希腊字母做名称，有特别

—189—

的别针，有独一无二的捉弄新学生的方法，这就构成它们的个性。每个人都隶属好几个这样的社会群，有的重要，有的平常。可是每个群体都发展出它的特异的思想行为的模式，而且新花样日积月累，越来越多。因此，有好些事情，因为我们做了某一群体的分子，我们便非做不可。一个人吃饭，恋爱，打架，信教的方式，不是他个人的发明，而且和他的心理组成没有关系。我们只要把他放在新的环境里面，他立刻就会用新的规则来玩这生活的老把戏。美国的黑人不说班图话或苏丹话，说的是英语。三十年前，美国妇女长裙曳地，不说"腿"而说"肢"，大家都知道，现在她们不这样想了。一个人从他的社会群体里面得来的这些东西，都是它的"文化"的一部分。跟伙伴学，是人类的特性；就是最高等的猿类，也没有那么一回事。丢一根香蕉在黑猩猩的笼子外面，不让他够得着，他要那香蕉，心一急，也会打主意。如果手头有几根竹竿，它会把它们接成长竿子，把香蕉钩到手。它做了一宗发明 ——正是文明的原料。如果它的邻居会摹仿它，如果它把这玩意儿教给子孙，它们又传给它们的子孙，那黑猩猩就走上了文化之路了。但是它们不干这一套。人说猢狲最会学样，其实不然，那位发明家才不管它的好主意传世不传世。老在文化的边界上徘徊而永远不走进去，这就是猢狲永远只是猢狲的原因。

当然有好多东西黑猩猩传给它的后代，可是经由一种完全不同的媒介。黑猩猩生来有突出的犬齿，决不会因为到了别的群体而改样；我们尽管逃出人群住到猢狲国里面去，也别想长出那样的犬齿来。人类和猿类的遗传不一样。

人和猿一样，无数的性质都是由遗传得来的。黑猩猩没有文化，研究起来比较容易，人类可不这样简单，遗传的性质以外还有社会的性质，研究起来就有许多麻烦问题。究竟哪些性质是人类生而有之，用来和禽兽区别，哪些性质是出生以后由社会决定的呢？

古今中外的文化有这么多的不同，为什么西伯利亚的游牧人喝牛奶，安居的中国人不喝呢？为什么印度出土的太古器具会这样像远隔万里的西班牙出土的呢？什么东西使现代的加利福尼亚的生活和印第安人时代的生活如此大不相同的呢？为什么公元后一五〇〇年的秘鲁人没有铁器而埃及人在公元前一五〇〇年便已经有了呢？为什么日本人摹仿我们的科学，摹仿我们的实业，但是在基督教事业上就止步不前呢？这些都是研究文化的人关心的内容。

（节选自《文明与野蛮》，〔美〕罗伯特·路威著，吕叔湘译，三联书店，1984 年）

结束时间（一）：＿＿＿＿结束时间（二）：＿＿＿＿
阅读时长（一）：＿＿＿＿阅读时长（二）：＿＿＿＿

练　习

开始时间（一）：＿＿＿＿开始时间（二）：＿＿＿＿

一、选择题

1.向人吐唾沫＿＿＿＿＿。

（　）（　）a. 表示讨厌

　　　　　　b. 表示喜爱

　　　　　　c. 仅表示祝福

d. 对不同的民族来说有不同的意思

2.哪些习惯更合理：_____。

（　）（　）a. 一日三餐，晚上睡一觉

b. 走马路的右边

c. 对于不同的人并没有一定的标准

d. 指点东西时用食指

3.经验才能告诉我们，某种思想或风俗是天性还是习惯，这
　经验是指_____。

（　）（　）a. 一个国家的经验

b. 西方文明的经验

c. 旅游的经验

d. 对全世界各民族作考查而获得的知识

4.人们的行为这样而不那样，原因是_____。

（　）（　）a. 家庭不同

b. 教会不同

c. 党派和国家不同

d. 受包括以上各方面的不同社会群体的影响

5.每个人隶属不同的社会群体，社会群体指_____。

（　）（　）a. 美国大学的兄弟会

b. 家庭、社会、党派、国家等

c. 一些团体

d. 新的规则

6.如果把我们放在新的环境里，_____。

（　）（　）a. 我们吃饭的方式就会改变

b. 我们就会用新规则来玩生活的老把戏

c. 我们就会发明新的恋爱方式

d. 我们就必须说英语

7.猢狲总是没有走上文化之路，这是因为＿＿＿＿＿。

（　）（　）a. 它够不着香蕉

b. 它只做了一宗发明

c. 它们没有把发明传给子孙后代

d. 它们老是徘徊不走进门去

8.根据文章，古今中外文化有很大的不同，原因主要是

＿＿＿＿＿。

（　）（　）a. 遗传　　　　b. 不同社会环境的影响

c. 人们思想的变化　d. 风俗的改变

9.文章认为，研究人类比研究黑猩猩复杂是因为

＿＿＿＿＿。

（　）（　）a. 黑猩猩简单

b. 人类有遗传性质和社会性质

c. 黑猩猩没有遗传性质

d. 黑猩猩不用人管

10.文章主要说明＿＿＿＿＿。

（　）（　）a. 人和黑猩猩不一样

b. 人和人不一样

c. 不同的社会环境使人有不同的文化

d. 应该找出文化中合理的东西

二、判断题

（　）（　）1. 让查加兰人在法国长大，他就会用吐唾沫表
示恶。

（　）（　）2. 英国用左手的人多，所以英国人走道走左

边。

（　）（　）3. 孩子九个月断奶的办法在世界各处都适用。

（　）（　）4. 天性也是文化的一部分。

（　）（　）5. 每个人的行为举动，言谈思想，由他的生活
环境决定。

（　）（　）6. 每个人都只隶属某一个社会群体。

（　）（　）7. 在社会群体中，每个人发明他自己的行为方
式。

（　）（　）8. 每个人在不同的环境、不同的时期中，行为
方式就会不同。

（　）（　）9. 文化指一个人从他的社会群体里面得来的东
西。

（　）（　）10. 黑猩猩跟人一样，既有遗传性质，又有社会
性质。

三、近义词选择题

1. 用唾沫来表示〔厌恶〕，并不是人类的"天性"。

（　）（　）a. 凶恶　　　　　　　b. 讨厌

c. 厌烦　　　　　　　d. 罪恶

2. 跟〔伙伴〕学，是人类的特性，就是最高等的猿类，也
没那么一回事。

（　）（　）a. 同伙　　　　　　　b. 伙计

c. 同伴　　　　　　　d. 伴侣

3. [指点]东西用食指，这该是顶自然的了吧?

（　）（　）a. 指着一个点　　　　b. 用手指尖对着

c. 又用手指又点头　　d. 挥动手指

4.要〔行遍天下〕，到处考查过了，这才称得上经验二字。

（　）（　）a. 在全世界都能使用　　　b. 在大白天里走

　　　　　　 c. 在全世界旅游一次　　　d. 到世界所有地方

5.人们〔一举一动，一言一念〕，所以这样而不是那样，没
　有什么别的理由，只因为他们生在某个社会群体里面。

（　）（　）a. 举动、言谈、主意

　　　　　　 b. 行动、言谈、思想

　　　　　　 c. 动作、发音

　　　　　　 d. 举手、动脚、说话、念书

6.各兄弟会都有自己的希腊字母名称，有特别的别针，有
　〔独一无二的〕捉弄新学生的方法。

（　）（　）a. 独立的　　　　　　 b. 独自的

　　　　　　 c. 独身的　　　　　　 d. 独特的

7.人说猢狲最会〔学样〕，其实不然。

（　）（　）a. 做学习的样子　　　 b. 照样子学着做

　　　　　　 c. 有学问的样子　　　 d. 学习相同的东西

8.每个社会群体都发展出它的特异的思想行为模式，而且新
　花样〔日积月累〕，越来越多。

（　）（　）a. 天天忙，忙一个月就累了

　　　　　　 b. 积累一个月加一天

　　　　　　 c. 长时间的积累

　　　　　　 d. 天天变化

9.为什么日本人摹仿我们的科学，摹仿我们的实业，但是在
　基督教事业上就〔止步不前〕呢？

（　）（　）a. 停下来不向前走　　　 b. 迈步向前走

　　　　　　 c. 只向前走了一步　　　 d. 没有走到前面

10.究竟哪些性质是人人〔生而有之〕，用来和禽兽区别，哪些性质是出生以后由社会决定的呢？

（　）（　）a. 生下来就有　　　　b. 活着就有

c. 出生之前就有　　　　d. 做了学生就有

结束时间（一）：＿＿＿＿　结束时间（二）：＿＿＿＿

练习时长（一）：＿＿＿＿　练习时长（二）：＿＿＿＿

表一. 时长评分标准:　（时长单位：分钟）

阅读时间	11｜11	12｜12	13｜13	15｜15	17｜17	20｜20	24｜24	31｜31	｜31
得分数	40	36	30	25	20	15	10	5	0
超总时长扣分标准				每超过1分钟扣1分					

表二. 练习成绩统计及评定:　（时长单位：分钟）

	项目	阅读时长	练习时长	练习题正确数	超时	总计分	评定等级	HSK分数等级
第一次	完成情况							
	得分				扣分			
第二次	完成情况							
	得分				扣分			

表三. 部分外国留学生速读情况调查结果:

（时长单位：分钟；速度单位：字／分钟）

调查对象情况		阅 读		练 习				
学习时间	国 别 与人 数	平均时长	平均速度	平均时长	平均正确题数			平均正确率
					一	二	三	
800小时以上	泰国　3 菲律宾　1 日本　1	12	140	14	7	5	5	57%
800小时以下	德国　2 日本　2 印尼　1	19	88	18	5	6	5	53%

表四. 部分中国学生速读情况调查结果:

（时长单位：分钟；速度单位：字／分钟）

调查对象		阅 读		练 习				
水平档次	人数	平均时长	平均速度	平均时长	平均正确题数			平均正确数
					一	二	三	
甲	51	5	336	7	9	8	8	83%
乙	48	6	286	8	8	7	7	73%
丙	42	6	286	9	8	7	7	73%
丁	51	8	210	11	7	7	7	70%

练习答案

一、	1. d	2. c	3. d	4. d	5. b
	6. b	7. c	8. b	9. b	10. c
二、	1. ✓	2. ×	3. ×	4. ×	5. ✓
	6. ×	7. ×	8. ✓	9. ✓	10. ×
三、	1. b	2. c	3. b	4. d	5. b
	6. d	7. b	8. c	9. a	10. a

训练文二

中心词:

1. 烹调　　　cook; cooking
2. 形而上学　metaphysics
3. 方法论　　methodology
4. 宏观　　　macroscopic
5. 原料　　　raw material
6. 调料　　　condiment; seasoning; flavouring
7. 度　　　　limit; limitation
8. 营养　　　nutrition; nourishment
9. 味蕾　　　taste bud
10. 动物内脏　viscera of poultry and livestock
11. 淋漓尽致　thoroughly; incisively and vividly
12. 随意性　　indeterminacy; randomness
13. 自助餐　　meal served at the cafeteria

规定总时长: 30分钟 (阅读: 13分; 练习: 17分)

开始时间 (一): _____ 开始时间 (二): _____

从烹调看中西文化

　　无论是东方还是西方, 文化都最终决定于哲学, 烹调也不例外。

　　在中世纪以后, 西方文化就开始逐渐完成了哲学指导思想的形而上学层次的突破, 这给西方文化带来了生机, 使它在自然科学上、心理学上、方法论上实现了飞速的发展。但是在另一些方面，这种突破又大大地起了阻碍的作用，如烹调就落后了，到处打上了方法论上的形而上学痕迹。在宴席上，可以讲究餐具，讲究用料，讲究服务；但不管怎么豪华高级，从洛杉矶到纽约，牛排都只有一种味道，毫无艺术可言。而且作为菜肴，鸡就是鸡，牛排就是牛排，即使在炸牛排旁放两块山芋，也决不是牛排烧山芋，而只是分别烧好后放到一起而已。而作为东方哲学代表的中国哲学，其显著特点是宏观，模糊，不可捉摸。这给中国烹调的指导意义是非同一般的。中国菜的制作方法是五味调和，它的原料可以是一种或多种，它的调料可以是一样或多样，它的步骤可以是一步或多步，最终是要调和出一种美好的滋味。这一切讲究的就是分寸，就是整体的配合。一切以菜的色、香、味、形、触的美好、谐调为度，度以内的千变万化，就决定了中国菜的丰富和富于变化，决定了中国菜的菜系的特点，甚至每位厨师的特点。在中国烹调的体系中，不仅讲究菜肴的整体性，而且餐具、餐厅、摆台、上菜顺序，以及天气，政治形势、食客……的不同，婚宴、丧宴、寿宴……的区别，都能纳入烹调的整体考虑之中。

这种哲学思想的不同使西方烹调倾向于科学，中国烹调倾向于艺术。在烹调不发达的时代，这两种倾向都只有一个目的——度命充饥。而到了烹调充分发展之后，这种不同的倾向就表现在目的上了。前者发展为在营养学上的考虑，后者则表现为对味道的讲究。

西方烹调以营养为目的，其享用过程就是吃食物。在日本，中小学都有营养师，以保证食堂饭菜的营养平衡。但对于味道，他们是不大研究的。而中国烹调，不仅吃食物，更重要的是"吃味"。对于某些非家常的烹调来说，食物甚至只是味道的载体，即欣赏的是一种抽象的感觉。俗话说:"少吃多滋味";一般家庭主人待客都说:"菜烧得不好"，而不会说"菜不够吃"。

西方烹调不以吃味为目的，而且有些吃法极不利于吃味，比如西方人善饮，而酒，特别是烈酒是极影响品味的。再如美国人每餐必食的冰水和冰激凌，其低温会极大地抑制味蕾的活力，影响味觉的灵敏度。还有那些带血的牛排，不加佐料的生菜或熟菜，都集中表现了西方人对味的忽视。

西方烹调倾向于科学性，这种倾向使其日趋机械、规范。中国烹调倾向于艺术性，它的特点就是随意性，比如同一道菜，冬天和夏天，煤火和炭火，铝锅和铁锅，一个优秀的厨师就要根据这些情况随机而变，这是操作的随意性。再说原料，西方菜肴是充饥的，而中国的菜肴是"吃味"的，所以中国烹调在用料上也显出极大的随意性，许多西方视为弃物的东西在中国都是极好的原料。西方人不吃动物内脏，这在中国是难以理解的;西方人因鸡脚无肉，所以将其与鸡骨，鸡毛视为同列而丢弃，而在中国，鸡脚则为鸡身上相当贵重的部位;西方人发现了西红柿，但真正把西红柿发挥得淋漓尽致的还是中国人。如此种种，都是原料的随意性。再如技巧，一个优秀的厨师，固然要能做复杂繁琐的大菜，但就是面对简单的原料和佐料也往往能信手制出可口的美味，这就是技巧的随意性。

在西方，人们有意无意地受到机械的两分法影响，信奉"工作时工作，游戏时游戏"的原则，再加上其烹调的机械性，工作便成了纯粹的机械的工作。中国则不然，"游戏中有工作，工作中有游戏"。街上卖烧饼的师傅，揉面时喜欢用擀面杖有节奏地敲打案板;厨师在炒菜时，敲打马勺，注意烹炒的节奏感。这些自然不会对工作有什么便利，但它却增加了劳动者的工作趣味。

烹调所包括的范围十分广泛，甚至可以包括饮食的方式，而饮食方式对国民性格的反映也是不容忽视的。比如：西方流行自助餐，这样做，吃是一个目的，但主要还是为了社交的需要。这种方法便于个人之间的情感交流，也表现了西方对个性，对自由的尊重。在中国，任何一个宴席，不管什么目的，都只会有一种形式，就是大家团团围坐，共享一席。虽然从卫生的角度已经有不少人提过一些意见，但它符合民族的心理，便于集体的情感交流，至今难以改革。

（原载《读书》1987年第3期，作者苗凡卒）

结束时间（一）：＿＿＿＿＿结束时间（二）：＿＿＿＿

阅读时长（一）：＿＿＿＿＿阅读时长（二）：＿＿＿＿

练　　习

开始时间（一）：＿＿＿＿＿开始时间（二）：＿＿＿＿

一、选择题

1.按照作者的看法，＿＿＿＿＿＿＿＿。

（　）（　）a. 烹调与哲学有一定的联系

　　　　　b. 烹调与哲学毫无关系

　　　　　c. 烹调与哲学有直接的联系

　　　　　d. 烹调就是哲学的一个内容

2.西方人在宴席上十分讲究餐具，用料，服务，但牛排都只有一种味道。这些都可以看出，_____。

　　（　）（　）a. 西方烹调不重视艺术性

　　　　　　　　b. 西方烹调不重视方法论

　　　　　　　　c. 西方自然科学得到飞速发展

　　　　　　　　d. 西方的饮食质量不高

3. 中国菜的制作最讲究_____。

　　（　）（　）a. 整体的配合，五味调和

　　　　　　　　b. 哲学的指导作用

　　　　　　　　c. 菜的颜色

　　　　　　　　d. 婚宴、丧宴、寿宴的区别

4. 西方烹调重视_____，中国烹调重视_____。

　　（　）（　）a. 科学／充饥　　　　b. 营养／味道

　　　　　　　　c. 充饥／艺术　　　　d. 艺术／科学

5. 在中国，对于某些非家常的烹调来说，食物只是_____。

　　（　）（　）a. 感觉的载体　　　　b. 营养的载体

　　　　　　　　c. 味道的载体　　　　d. 抽象的载体

6. _____会极大的抑制味蕾的活力，影响味觉的灵敏度。

　　（　）（　）a. 食用带血的牛排

　　　　　　　　b. 食用不加佐料的生菜或熟菜

　　　　　　　　c. 饮用烈酒

　　　　　　　　d. 食用冰水和冰激凌

7. 西方的烹调操作有_____的特点，而中国的烹调操作有_____的特点

　　（　）（　）a. 机械／随意

b. 两分法／机械

c. 节奏／随意

d. 随意／机械

8.西方人信奉_____的原则。

（　）（　）a."工作中有游戏，游戏中有工作"

b."工作时游戏，游戏时工作"

c."工作时工作，游戏时游戏"

d."游戏中有游戏，工作中有工作"

9.在中国，卖烧饼的师傅，揉面时喜欢用擀面杖有节奏地敲
打案板，这是为了_____。

（　）（　）a. 增加工作趣味　　　　b. 给工作带来便利

c. 能创造新的中国菜　　d. 引起别人的注意

10.西方流行自助餐，这种方式_____。中国人喜欢
团团围坐，共享一席，这种方式_____。

（　）（　）a. 便于个人间的情感交流／便于集体的情感交
流

b. 是社交的需要／表现了对个性自由的尊重

c. 比较自由随便／比较卫生

d. 反映了他们的国民性格／反映了不重视卫生
的倾向

二、判断题

（　）（　）1. 作为东方哲学代表的中国哲学与西方哲学没
有多大的差别。

（　）（　）2. 中国讲究烹调，但从不讲究餐具摆台，上菜
顺序等。

（　）（　）3. 在烹调不发达的时代，烹调的目的只有一个
　　　　　　——充饥。

（　）（　）4. 中国人乐于欣赏味道这种抽象的感觉。

（　）（　）5. 季节的不同从来不会影响优秀的中国厨师制
　　　　　　作同一道菜的方法。

（　）（　）6. 西方人同中国人一样也喜欢吃动物内脏。

（　）（　）7. 中国厨师用简单的原料和佐料同样可以做出
　　　　　　可口的美味。

（　）（　）8. 中国人也信奉"工作时工作，游戏时游戏"的
　　　　　　原则。

（　）（　）9. 饮食方式与国民性格毫无联系。

（　）（　)10. 在中国，大家团团围坐，共享一席是宴席的
　　　　　　唯一形式。

三、近义词选择题

1. 西方文化中哲学指导思想的形而上学的突破，给西方文
　化带来了〔生机〕。

（　）（　）a. 生命力　　　　　b. 生存的机会

　　　　　　c. 生动　　　　　　d. 生产机器

2. 西方人在宴席上十分〔讲究〕餐具，讲究用料，讲究服
　务。

（　）（　）a. 讲评　　　　　　b. 重视

　　　　　　c. 讲解　　　　　　d. 研究

3. 中国菜制作方法中最重要的东西是五味〔调和〕。

（　）（　）a. 调整得好　　　　b. 和解

　　　　　　c. 让步　　　　　　d. 配合得适当

4.一个优秀的厨师固然要能做复杂繁琐的大菜，但就是面对简单的原料也往往能〔信手〕制出可口的美味。
（　）（　）a. 手写的信　　　　　　b. 邮票
　　　　　　c. 随手　　　　　　　　d. 会写信的手

5.西方因鸡脚无肉，所以把它与鸡骨鸡毛视为〔同列〕而丢弃。
（　）（　）a. 同一队伍　　　　　　b. 同一行
　　　　　　c. 并行排列　　　　　　d. 同一类东西

6.在这个范围内的〔千变万化〕就决定了中国菜的丰富和富于变化。
（　）（　）a. 多种多样的变化　　　b. 一千变成一万
　　　　　　c. 由少变多　　　　　　d. 不停地变化

7.在中国的烹调体系中，不仅讲究菜肴的整体性，而且餐具，餐厅、摆台，菜顺序，以及天气，政治形势，食客的不同，婚宴，丧宴，〔寿宴〕…的区别，都能纳入烹调的整体考虑之中。
（　）（　）a. 长时间的宴席　　　　b. 庆祝生日的宴席
　　　　　　c. 庆祝老人生日的宴席　d. 老人参加的宴席

8.在烹调不发达的时代，烹调只有一个目的——〔度命充饥〕。
（　）（　）a. 忍饥活命　　　　　　b. 解饥维持生命
　　　　　　c. 看看不吃饭能活多久　d. 过着半饥半饱的日子

9.中国哲学最显著的特点是宏观、模糊、不可捉摸，它给中国烹调的指导意义是〔非同一般〕的。
（　）（　）a. 不一样　　　　　　　b. 不是一种
　　　　　　c. 不寻常　　　　　　　d. 不太特别

10.中国烹调，不仅吃食物，更重要的是吃"味"。对于某些非〔家常〕的烹调来说，食物甚至只是味道的载体。

（　）（　）a. 普通人家　　　　　b. 家庭日常生活

　　　　　　c. 家中习惯　　　　　d. 家中规定

结束时间（一）：＿＿＿＿　结束时间（二）：＿＿＿＿

练习时长（一）：＿＿＿＿　　练习时长（二）：＿＿＿＿

表一. 时长评分标准：　　（时长单位：分钟）

阅读时长	11 ǀ 11	12 ǀ 12	13 ǀ 13	15 ǀ 15	17 ǀ 17	20 ǀ 20	25 ǀ 25	33 ǀ 33	ǀ 33
得分数	40	35	30	25	20	15	10	5	0
超总时长扣分标准				每超过1分钟扣1分					

表二. 练习成绩统计及评定：（时长单位：分钟）

	项目	阅读时长	练习时长	练习题正确数	超时	总计分	评定等级	HSK分数等级
第一次	完成情况							
	得分				扣分			
第二次	完成情况							
	得分				扣分			

表三. 部分外国留学生速读情况调查结果:

（时长单位：分钟；速度单位：字／分钟）

调查对象情况		阅　读		练　习				
学习时间	国别与人数	平均时长	平均速度	平均时长	平均正确题数			平均正确率
					一	二	三	
800小时以上	泰国　3 菲律宾　1 日本　1	13	134	17	6	6	5	57％
800小时以下	德国　2 日本　2 印尼　1	19	91	19	4	7	5	53％

表四. 部分中国学生速读情况调查结果:

（时长单位：分钟；速度单位：字／分钟）

调查对象		阅　读		练　习				
水平档次	人数	平均时长	平均速度	平均时长	平均正确题数			平均正确数
					一	二	三	
甲	52	6	289	7	7	8	9	80％
乙	48	6	289	8	6	8	8	73％
丙	41	9	193	10	6	8	8	70％
丁	51	14	124	15	6	7	7	67％

练 习 答 案

一、 1. a   2. a   3. a   4. b   5. c
    6. d   7. a   8. c   9. a   10. a

二、 1. ×   2. ×   3. ✓   4. ✓   5. ×
    6. ×   7. ✓   8. ×   9. ×   10. ✓

三、 1. a   2. b   3. d   4. c   5. d
    6. a   7. c   8. b   9. c   10. b

测 试 文

中心词：

1.	接吻	kiss
2.	茹毛饮血	eat raw meat and drink blood during the primitive time
3.	小心眼儿	narrow-minded
4.	按喇叭	to horn
5.	怒目而视	stare angrily; look daggers at; glare at; glower at
6.	情侣	sweethearts; lovers
7.	梧桐树	Chinese parasol tree
8.	亲疏之分	the difference between the intimate and the distant; different relationship between the family members and friends
9.	祖宗	ancestry; ancestors; forefathers
10.	吃亏	get the worst of it; come to grief; suffer losses
11.	风度	demeanour; bearing; easy manner

规定总时长：34分钟（阅读：16分；测试：18分）

开始时间：＿＿＿＿＿

接吻 ——年轻的滋味

接吻是谁发明的？恐怕没有标准答案。有一种说法，人类在喋毛饮血的时候就懂得接吻了，那时候，人与人的语言还不齐备，两人见面，为了传递信息，就以磨鼻子为代号，向左磨，代表前面有敌人；向右磨，代表前面有猎物。这话很有可能，但怎么磨起嘴唇来，没有说明，大概是磨错了地方吧？

另有一种说法，我觉得倒可以参考。传说意大利人首先发明了酒，但这种美好的液体太稀少了，不是一家之主的男人，是无法享受的。可是男人天生就是小心眼儿，把那么美好的液体放在家中，并不放心，外出回家第一件事，就是先闻闻娇妻的嘴唇，看看唇上有没有偷饮的余香。

由闻嘴唇到接吻，接吻就是那么来的吗？恐怕不是。但是外国人爱好接吻，却是事实。

有一次，我在巴黎的香舍丽榭驾车，前面是绿灯，但是12线大道的汽车完全停顿，整个交通都僵在那儿。我觉得奇怪，心里也很不耐烦，于是就按起喇叭来，前面一辆汽车的司机从车窗里探出头来，对我怒目而视。

我觉得虽不该按喇叭，但前面既然是绿灯，就没有理由不开车，所以我也怒目而视，并指指绿灯。

没想到那个司机不高兴了，他指了指交叉路口的中心，大声说："小兄弟，你没看见吗？难道你没有年轻过吗？"

我顺着他的手指望过去，在那交叉路口，正有一对紧抱热吻的情侣。说真的，你还急着赶路作什么，难道你真的是没有年轻过吗？

外国人喜欢接吻，不但情侣接吻，夫妇接吻，朋友亲戚间也接吻。在巴黎的街道上，到处都可以看到接吻的老男老女，他们不知道真的忘我了，还是他们的夕阳正灿烂，一副旁若无人的样子，绝不亚于年轻人。巴黎人行道为什么那么宽阔，又为什么种那么多梧桐树，就是为了接吻方便，因为夏有阴凉，冬可略遮风雪。

法国人接吻，还有亲疏之分。你看他们接了一次又一次，脸颊都叫口红染红了，还在不停地接吻，这并不是热恋得难舍难分，而是双方感情融洽，关系亲密的表示。等到两个法国人见面时以握手代替接吻，那情况就不妙了，所以还是多接吻好。

有一次，我在布鲁塞尔，不禁动容。我想天下最美的事情，大概要数接吻了。

布鲁塞尔市中心有一个名叫"大广场"的广场。其实那个广场并不大，倒是四周一些十三世纪或十六世纪的建筑物非常吸引人。

这是个游客如云的广场，有几个带篷的咖啡座，我就在其中。忽然，雨来了，大滴大滴的雨从空中垂落下来，所有的游客都四处奔散。我在篷下也留不住，只好走进咖啡店中，隔着咖啡店那古老的玻璃窗，眺望这欧洲最古老的广场。

游客已经散尽了，但广场中还有两个人：一男一女，他们无视紧密的雨丝，也无视咖啡店里的眼睛，他们在雨里拥抱，在雨里接吻。我几乎可以看见他们翕动的嘴唇，传递着比磨鼻子还要复杂的语言。他们的头发已经湿了，他们的伞，也在雨里随风而去，只有那紧紧的唇贴在一起，连接在一起。

中国人排斥接吻，不讲究接吻，我以为接吻是外国人发明的，所以在中国的土地上并不流行。但我大错特错了，中国人的祖先一定也是磨鼻子的，而且也把磨鼻子的招式改良为磨嘴唇，在山东莒县龙王庙乡汉墓中发现的男女接吻图可以作证。当欧洲人在啖毛饮血磨鼻子的时候，我们的祖宗已不磨鼻子而改接吻了。

法国人有中古骑士的精神，有时为了风度，吃了亏也要逆来顺受，有个故事就是讲维持风度的：

几个法国人在讨论"怎样才是最有风度"的问题，题目是，"假如你夜晚回家，忽然发现你的太太正跟另一个男人很紧很紧地接吻，你该怎么办？"

第一个很有风度的人说："装作没看见。"

第二个很有风度的人说："对不起，请原谅打扰。"

第三个很有风度的人说："对不起，请原谅打扰，请继续。"

第四个很有风度的人说："对不起，请原谅打扰，请继续，谢谢。"

你是那一种人？对我来说，哪一个也做不到。

有一次，给一对夫妇送行，他突然对我说："我要吻你老婆了。"

法国人全不把接吻当做一件事，送别的时候，更是大吻小吻不断，谁要跟谁接吻，用不着事先声明。他是知道中国人对接吻的"顽劣"观点，所以才有此一言。不过，他并不等我同意与否，主动上前一步，先将我的老婆吻了再说。

说真的，在这种场合，别人吻我的老婆，应该是一种友情，也是对我老婆的无言称赞，是高贵的。但我还是有吃亏的感觉，于是我象老鹰抓小鸡一样，也把他的老婆抓过来，一吻还一吻。

入夜之后，巴黎一片静悄悄，霓虹灯也闭了眼睛，只有昏暗的路灯，一盏两盏地亮着。走过塞纳河，从堤上往下望，梧桐树下的黑影里有人蠕动，他们不畏深夜的寒冷。再仔细一看，原来是热情拥抱的情侣，女的倒在男的怀里，唇紧紧相连。

我故意加大了脚步，使这个寒夜有点声音，但接吻的人，还是粘在一起，他们显然已经忘我了。

我凝望路灯拉出的人影，那么长，有些已经跌入河里，河水声淙淙，看不见水波，也看不见粼粼反射的光，我只觉得这个夜和这时的灯影，很美很美，像一首诗，像一首歌。

（原载台湾《皇冠》杂志，作者张宁静）

结束时间：_____ 阅读时长：_____

测 试 题

开始时间：_____

一、选择题

1.据第一种说法，接吻的发明是从_____开始的。

（ ）a. 磨鼻子　　　　　　b. 磨嘴唇

　　　c. 语言不齐备　　　　d. 传递信息

2.根据第二种说法，接吻的发明是从_____开始的。

（ ）a. 丈夫喝酒

　　　b. 妻子喝酒

　　　c. 丈夫闻妻子的嘴唇看她有没有偷喝酒

　　　d. 丈夫都是小心眼儿

3.有一次，作者在巴黎开车时，他前面的车停在路边不走，这是因为_____。

（ ）a. 前面是红灯

　　　b. 前面出了交通事故

　　　c. 这辆车的司机生气了不愿走

d. 有一对情侣在路中间拥抱接吻

4.在法国，_____可以看到接吻的老男老女。

（　）a. 在梧桐树下面常

b. 处处都

c. 在旁边没有人的地方常

d. 在夕阳西下的时候有时

5.如果法国人见面时用握手代替接吻，这说明_____。

（　）a. 他们失恋了

b. 周围的情况不允许他们接吻

c. 他们接吻的次数太多厌倦了

d. 两人的关系不如以前好了

6.作者在布鲁塞尔市中心广场看见_____。

（　）a. 一男一女在咖啡馆里接吻

b. 两位游客打着伞接吻

c. 一对情侣在雨中接吻

d. 两个人隔着玻璃窗接吻

7.在山东莒县龙王庙乡汉墓中发现了一张_____。

（　）a. 中国祖先咬毛饮血图

b. 男女接吻图

c. 男女磨嘴唇图

d. 中国祖先磨鼻子图

8.作者所讲的四个法国人的故事是想说明这四个法国人

_____。

（　）a. 对这种事毫不在乎　　　b. 为维持风度才这样说

c. 吃了亏也只好忍着　　　d. 才是中古骑士

9.作者和他的夫人给一对法国夫妇送行时，那位法国人吻了

作者的夫人，作者感到有点儿吃亏。所以，他
_____。

（　）a. 也吻了那位法国人的夫人

　　　b. 就把那位法国人的夫人抓起来

　　　c. 也吻了吻自己的夫人

　　　d. 就不停地吻那位法国人

10.一天夜晚，作者在塞纳河边看见一对情侣在路边接吻
_____。

（　）a. 他们接吻的时间很长，后来一位掉进了塞纳河

　　　b. 路灯把他们的影子映在河面上

　　　c. 他们旁边的路灯倒了，掉到了塞纳河里了

　　　d. 梧桐树叶在晃动，有些树叶掉进了塞纳河

二、判断题

（　）1. 关于接吻的发明有两种说法：一种是磨鼻子，一种
　　　是闻嘴唇。显然闻嘴唇的说法是有根据的。

（　）2. 司机看见一对男女在马路中间接吻，他很生他们的
　　　气。

（　）3. 法国人接吻并不总是表达爱情，很多只是表示他们
　　　之间关系的亲密。

（　）4. 布鲁塞尔中心广场上，一对男女在雨中一边接吻一
　　　边磨鼻子。

（　）5. 因为接吻是外国人发明的，所以中国人不喜欢接
　　　吻。

（　）6. 法国人彼此接吻从来用不着事先告诉对方。

（　）7. 在法国，吻朋友的夫人是一种友好的表示，是对朋

友夫人的一种无声的称赞。

（　）8. 那位法国人知道中国人对接吻的态度。

（　）9. 作者在寒冷的深夜从来没去过塞纳河边。

（　）10. 作者认为接吻给人一种美好的感受。

三、近义词选择题

1.远古的时候，人与人的语言还不〔齐备〕，两人见面，为
了传递信息，就以磨鼻子为代号。

（　）a. 整齐　　　　　　　　b. 完备

　　　c. 一致　　　　　　　　d. 相同

2.丈夫回家的第一件事，就是先闻闻娇妻的嘴唇，看看唇上
有没有偷饮的〔余香〕。

（　）a. 多余的酒香味　　　　b. 剩余的酒香味

　　　c. 残留的酒香味　　　　d. 业余时喝酒的香味

3.在巴黎的街道上，到处可以看到接吻的老男老女，他们一
副〔旁若无人〕的样子。

（　）a. 好象旁边没有人十分自然

　　　b. 好象没有站在别人旁边

　　　c. 没有看见旁边人

　　　d. 假装不看旁边人

4.我顺着他的手望过去，在那交叉路口，正有一对〔紧抱热
吻〕的情侣。

（　）a. 紧张地拥抱、热烈地接吻

　　　b. 紧迫地拥抱、热情地接吻

　　　c. 紧急地拥抱、热闹地接吻

　　　d. 紧紧地拥抱、热烈地接吻

5.这一男一女，他们无视紧密的雨丝，也〔无视〕咖啡店里的眼睛，他们在雨里拥抱，在雨里接吻。

（　）a. 不看　　　　　　　　b. 没看见

　　　c. 不管　　　　　　　　d. 不怕

6.看见这对情侣在雨中接吻，我〔不禁动容〕，我想天下最美好的事情，大概要数接吻了。

（　）a. 不控制自己的感情

　　　b. 让自己的感情表现出来

　　　c. 忍不住生气

　　　d. 抑制不住露出受感动的表情

7.我以为接吻是外国人发明的，所以中国人〔排斥〕接吻，不讲究接吻。

（　）a. 不接受　　　　　　　b. 排除

　　　c. 斥骂　　　　　　　　d. 拒绝

8.在巴黎老年夫妇也接吻，而且〔绝不亚于〕年轻人。

（　）a. 不比（年轻人）逊色　b. 不及

　　　c. 比不上　　　　　　　d. 一点也不象

9.他们接吻并不一定是热恋得难分难舍，而是双方感情〔融洽〕，关系亲密的表示。

（　）a. 一致　　　　　　　　b. 和睦

　　　c. 和平　　　　　　　　d. 融化

10.法国人有中古骑士的精神，有时为了风度，吃了亏也要〔逆来顺受〕。

（　）a. 转身忍受难以接受的事

　　　b. 按顺序忍受那些难以接受的事

　　　c. 一向忍受难以接受的事

d. 顺从地忍受难以接受的事

结束时间： _____ 测试时长： _____

表一．时长评分标准：（时长单位：分钟）

阅读时间	13 | 13	14 | 14	16 | 16	18 | 18	21 | 21	24 | 24	30 | 30	38 | 38	| 38
得分数	40	35	30	25	20	15	10	5	0
超总时长扣分标准				每超过1分钟扣1分					

表二．练习成绩统计及评定：（时长单位：分钟）

	项目	阅读时长	练习时长	练习题正确数	超时	总计分	评定等级	HSK分数等级
第一次	完成情况							
	得分				扣分			
第二次	完成情况							
	得分				扣分			

表三. 部分外国留学生速读情况调查结果:

（时长单位：分钟；速度单位：字／分钟）

调查对象情况		阅　读		练　　习				
学习时间	国别与人数	平均时长	平均速度	平均时长	平均正确题数			平均正确率
					一	二	三	
800小时以上	泰国　3 菲律宾　1 日本　1	14	148	17	6	7	5	60%
800小时以下	德国　2 日本　2 印尼　1	17	122	14	4	5	4	43%

表四. 部分中国学生速读情况调查结果:

（时长单位：分钟；速度单位：字／分钟）

调查对象		阅　读		练　　习				
水平档次	人数	平均时长	平均速度	平均时长	平均正确题数			平均正确数
					一	二	三	
甲	52	5	414	7	9	7	9	83%
乙	48	6	345	8	7	6	8	70%

练 习 答 案

一、 1. a   2. c   3. d   4. b   5. b
    6. c   7. b   8. b   9. a   10. b

二、 1. ×   2. ×   3. ✓   4. ×   5. ×
    6. ✓   7. ✓   8. ✓   9. ✓   10. ✓

三、 1. b   2. c   3. b   4. d   5. c
    6. d   7. a   8. a   9. b   10. d

第 八 单 元

训 练 文 一

中心词:

1.	摄影	take a photograph
2.	鸽子	pigeon; dove
3.	视网膜	retina
4.	复眼	compound eye
5.	螳螂	mantis
6.	再生	regenerate; regeneration; reproduce; reproduction
7.	触角	antenna; feeler
8.	透明	transparent
9.	角蜥蜴	horned lizard
10.	喷血	spurt out blood
11.	猫头鹰	owl
12.	感光	sensitize; sensitization
13.	山鹰	eagle; hawk
14.	调节焦距	adjust focus; adjust focal length
15.	瞳孔	pupil
16.	眼睑	eyelid

规定总时长: 27分钟(阅读: 12分; 练习: 15分)

形形色色的眼睛

能摄影的眼睛：心理医学的书籍上都说人眼的构造像照相机。现在科学证实，眼睛不但构造像照相机，而且还能够摄影呢！德国科学家科伦曾用鸽子做实验。在阳光下，让它的眼睛对准窗户，然后立即把它杀死，在鸽的视网膜上能发现窗子的影像。国外有的侦探人员已能够利用被害人视网膜上的影像，跟踪追击，把杀人凶犯捕获归案。

能喝水的眼睛：在非洲几内亚南方沿岸有一种名叫"黑兽"的动物，虽然长着嘴但却不用来喝水。它喝水的时候，把半个头浸入水中，眼睛一眨一眨，水就这样被喝进了肚里。

能计速的眼睛：螳螂细长的脖子上，生着一个能往任何方向转动的头，头上生着一对很大的复眼，并且向外突出，所以视野特别开阔。它的两只复眼与众不同，像一付十分灵敏的速度计，能根据各个小眼测量的数据，计算猎物的距离和飞行速度。小虫从前方飞来，螳螂静静地观察并计算，然后一跃而获，螳螂的整个捕食过程只需 1.15 秒，速度之快，实在惊人。

能再生的眼睛：蟹有一对独特的敏锐复眼，能转 180 度。有趣的是，眼球下面连着一根眼柄，能伸能缩，控制自如。如果弄坏一只眼球，它又能长出一只新眼球来。如果把它们的眼柄切断，它又能在眼窝里长出一只很有用的触角，弥补失去眼睛的不足。

能变色的眼睛：东南亚有一种河豚鱼，眼睛在黑暗中完全透明。但随着光线的增强，它会开始变黄，就像戴着一架天然的变色镜。原来，在这种鱼眼睛的角膜边缘有一种黄色素细胞，能使视网膜上的影像清晰，一但光线变暗，黄色素又恢复原位，角膜就透明了。

能喷血的眼睛：在美国西部和墨西哥的半沙漠地带，有一种角蜥蜴。它平时并不主动攻击别人，但在受惊时，就拿出它的护身术，即从眼睛里喷出血来，能喷出一米远。这是因为角蜥蜴在受惊和发怒时，体内血压急剧上升，从而冲破眼球的毛细血管，射向敌人。

能夜视的眼睛：猫头鹰的眼睛含有一种比其它动物多得多的特殊感光细胞——圆柱细胞。而且它的眼睛构造特殊，所以夜视能力特别强。到了晚上，在微弱的光线刺激下，能使一种非常灵敏的感光物质即"视紫红质"感光，所以在伸手不见五指的黑夜，它也能看清周围的东西。有趣的是它的两只眼睛能轮流休息，真是名副其实的"睁一只眼，闭一只眼"。

能调节焦距的眼睛：山鹰的眼睛既是远视眼，又是近视眼。观察物体的敏锐程度在鸟类中名列前茅，而且视野十分开阔。比人灵敏 1——3 倍。鹰在两三千米的高空俯视地面，能够从许许多多的景物中发现田鼠，黄鼠那样小的动物，甚至水里的鱼类，然后俯冲下来，并能不断调节视距和焦点，变远视为近视，准确无误地掠过地面，把猎物抓住。

能一日三变的眼睛：猫的眼球瞳孔很大，而瞳孔的收缩能力也特别强，所以，能很好地适应不同光线的照射。在白天强烈的阳光照射下，它的瞳孔可以缩得很小，像线那样；在晚间昏暗的条件下，可以开得像满月那样大；在早晨，黄昏中等强度光照射下，瞳孔又会变成枣核般的形状。中国古代劳动人民根据猫眼一日三变的特点，把它当作"时钟"用呢！

能映出多种图象的眼睛：青蛙有一双凸起的眼睛，对动的物体能明察秋毫，但对静止的物体，即使是高楼大厦也"视而不见"。这不是缺点而是蛙眼的长处，蛙眼有 4 种感觉细胞，即 4 种检测器，负责分析辨认。青蛙看东西，先显示出 4 种图象（如同 4 张不同的感光底片），接着让 4 张图象重叠在一起，最后得到鲜明的立体图像。

能水陆两用的眼睛：青蛙、海龟、四眼鱼、海豹和鳄鱼等动物，它们的眼睛水陆均可用。就拿鳄鱼来说，它的眼睛除了上下眼睑外，还有一个透明的"第三眼睑"。在陆地上活动时，这层透明的眼睑就收进去。一到水里，就把它放下来，覆盖在眼球外面，不仅可以防水，还可调节水下视力，看清水中的物体。

（原载《大千世界》，鲁君、苏玉编，黑龙江科学技术出版社，1990 年）

结束时间（一）：_____ 结束时间（二）：_____

阅读时长（一）：_____ 阅读时长（二）：_____

练　习

开始时间（一）：_____ 开始时间（二）：_____

一、选择题

1.侦探人员能够利用被害人视网膜上的影象捕获凶犯，因为被害人视网膜上有_____的影象。

（　）（　）a. 窗户　　　　　　b. 鸽子

　　　　c. 照相机　　　　　　　　d. 凶犯

2.在非洲几内亚南方沿岸有一种名叫"黑兽"的动物，
　　_____喝水。

（　）（　）a. 用嘴　　　　　　　b. 用眼

　　　　　　c. 从不　　　　　　　d. 用肚子

3.螳螂眼睛的特点是_____。

（　）（　）a. 能往任何方向转动

　　　　　　b. 捕食速度极快

　　　　　　c. 能计算猎物的距离和飞行速度

　　　　　　d. 长着两只复眼

4.蟹有一对独特的敏锐复眼，如果弄坏一只眼球，它又能
　　_____。

（　）（　）a. 长出新的眼柄　　　b. 长出新的眼窝

　　　　　　c. 长出一只触角来　　d. 长出一只新眼球来

5.东南亚有一种河豚鱼，它的眼睛在黑暗中完全透明，但随
　　着光线的增强，它的眼睛能_____。

（　）（　）a. 逐渐变黄　　　　　b. 慢慢变黑

　　　　　　c. 慢慢变大　　　　　d. 逐渐变小

6.角蜥蜴在受惊和发怒时，_____，眼睛会喷出血来。

（　）（　）a. 体内血压急剧下降　b. 体内血压急剧上升

　　　　　　c. 体内血液突然增多　d. 体内血液突然减少

7.猫头鹰的眼睛在伸手不见五指的黑夜_____看清周围
　　的东西。

（　）（　）a. 也可以

　　　　　　b. 睁一只眼，闭一只眼才能

　　　　　　c. 在微弱的光线下也能

d. 两只眼睛交替工作才能

8.山鹰的眼睛_____。

（　）（　）a. 是近视眼

b. 可以调节焦距

c. 是远视眼

d. 能看见两三千米的高空

9.猫的眼球的瞳孔在早晨或者黄昏时_____。

（　）（　）a. 开得很大　　　　　b. 开得很小

c. 像枣核的形状　　　d. 可以有三种变化

10.青蛙的眼睛看不见_____。

（　）（　）a. 运动的物体　　　　b. 高大的物体

c. 静止的物体　　　　d. 水里的物体

二、判断题

（　）（　）1. 螳螂和蟹都长着复眼。

（　）（　）2. 猫头鹰眼睛的构造跟其他动物都不一样。

（　）（　）3. 鱼的眼睛不仅能计算，还能再生。

（　）（　）4. 有一种角蜥蜴，能从眼睛里喷出血来。

（　）（　）5. 人的眼睛比山鹰的眼睛灵敏1—3倍。

（　）（　）6. 猫的眼睛能映出多种图象。

（　）（　）7. 猫头鹰的眼睛也能变色。

（　）（　）8. 青蛙的眼睛也可以水陆两用。

（　）（　）9. 鳄鱼有三只眼睛。

（　）（　）10. 山鹰的眼睛比一般鸟类的眼睛敏锐。

三、近义词选择题

1.螳螂的两只复眼〔与众不同〕，象一付十分灵敏的速度
计。
( ) ( ) a. 跟人不一样　　　　　b. 跟别的东西不一样
c. 互不相同　　　　　d. 十分特别

2.螳螂头上生着一对很大的复眼，并且向外实出，所以〔视
野〕特别开阔。
( ) ( ) a. 眼睛的位置　　　　　b. 眼睛看见的风景
c. 眼睛看到的空间范围　d. 看见野生动物

3.蟹有一对独特而〔敏锐〕的复眼。
( ) ( ) a. 锋利　　　　　　　　b. 厉害
c. （动作）迅速　　　　d. （目光）尖锐

4.蟹的眼球下面连着一根眼柄，能伸能缩，控制〔自如〕。
( ) ( ) a. 不受阻碍　　　　　　b. 自己
c. 象自己　　　　　　　d. 如意

5.有趣的是猫头鹰的两只眼睛能〔轮流〕休息。
( ) ( ) a. 流动　　　　　　b. 轮换、交替
c. 转动　　　　　　d. 交流

6.鹰在两千米高空〔俯视〕地面，能够从许许多多的景物中
发现田鼠那样小的动物。
( ) ( ) a. 从下往上看　　　　　b. 从前往后看
c. 从里往外看　　　　　d. 从上往下看

7.在晚间〔昏暗〕的条件下，猫眼可以开得象满月那么大。
( ) ( ) a. 电力不足　　　　　　b. 光线不足
c. 时间太晚　　　　　　d. 窗户太小

8.青蛙对静止的物体，即使高楼大厦也"〔视而不见〕"。
( ) ( ) a. 看都不看　　　　　　b. 假装看不见

c. （睁着眼）也看不见　　d. 视力达不到

9.青蛙、鳄鱼等动物，它们的眼睛在〔水陆〕两处均可用。

（　）（　）a. 水中的陆地　　　　　b. 陆地中的水塘

c. 水中和陆地上　　　　d. 海中的小岛

10.随着光线的增强，河豚鱼的眼睛会开始变黄，就象戴着
一架〔天然〕的变色镜。

（　）（　）a. 自然产生的　　　　　b. 人工生产的

c. 偶然看到的　　　　　d. 睛天合用的

结束时间（一）：＿＿＿＿结束时间（二）：＿＿＿＿

练习时长（一）：＿＿＿＿练习时长（二）：＿＿＿＿

表一. 时长评分标准：　　（时长单位：分钟）

阅读时间	10 | 10	11 | 11	12 | 12	13 | 13	15 | 15	18 | 18	22 | 22	28 | 31
得分数	40	36	30	25	20	15	10	5	0
超总时长扣分标准				每超过1分钟扣1分				

表二. 练习成绩统计及评定：（时长单位：分钟）

	项目	阅读时长	练习时长	练习题正确数	超时	总计分	评定等级	HSK分数等级
第一次	完成情况							
	得分				扣分			
第二次	完成情况							
	得分				扣分			

表三. 部分外国留学生速读情况调查结果：

（时长单位：分钟；速度单位：字／分钟）

调查对象情况		阅　读		练　　　习				
学习时间	国别与人数	平均时长	平均速度	平均时长	平均正确题数			平均正确率
					一	二	三	
800小时以上	泰国　3 菲律宾　1 日本　1	13	118	14	6	6	6	60%
800小时以下	德国　2 日本　2 印尼　1	15	103	20	6	7	4	57%

表四. 部分中国学生速读情况调查结果：

（时长单位：分钟；速度单位：字／分钟）

调查对象		阅　　读		练　　　　习				
水平档次	人数	平均时长	平均速度	平均时长	平均正确题数			平均正确数
					一	二	三	
甲	52	4	385	5	9	9	9	90％
乙	50	5	308	6	8	9	8	83％
丙	42	7	220	8	8	8	8	80％
丁	51	8	193	9	7	7	7	70％

练　习　答　案

一、　1. d　　2. b　　3. c　　4. d　　5. a
　　　6. b　　7. a　　8. b　　9. c　　10. c
二、　1. ✓　　2. ✓　　3. ×　　4. ✓　　5. ×
　　　6. ×　　7. ×　　8. ✓　　9. ×　　10. ✓
三、　1. d　　2. c　　3. d　　4. a　　5. b
　　　6. d　　7. b　　8. c　　9. c　　10. a

训练文二

中心词：

1.	猕猴	macaque; rhesus monkey
2.	半岛	peninsula
3.	自然保护区	preserve; protective natural zone
4.	猴王	king monkey
5.	宴会	banquet; feast; dinner party
6.	蕃薯片	slices of sweet potato
7.	实验	experiment
8.	观赏	view and admire; enjoy the sight of
9.	猴枣	clot
10.	学术界	academic circles
11.	章节	chapter or paragraph

规定总时长：31 分钟（阅读：15 分；练习：16 分）

开始时间（一）：_____ 开始时间（二）：_____

猕猴乐园

在海南岛的东南部，有一个美丽的半岛，半岛依山傍海，面积约一万四千亩，大量的猕猴在这里生活。这里是我国唯一的猕猴自然保护区——南湾半岛。

八十年代第一个春天，我们来到南湾半岛，一下车，我们就被一种神话般的景象牢牢地吸引住了：

低低的山坡上，有一块不大的平地，立着大大小小的石头。

地上，石头顶上，洒满了稻谷。管理人员一吹哨子，那猴儿，从四面八方，从一个枝头跳到一个枝头，欢欢喜喜地跑来了，上午开饭的时间到了。

最高的一块石头顶上，站着一只老的猴子，那是猴王，很有点长者的风度，猴王两眼警惕地观察着周围的一切，惟恐猴群受到伤害。

猴王在高石头上一出现，平地上，石块顶上，大大小小几十只猴子，都放心大胆地吃起来。那刚刚出生几个月的小猴儿，偎在母猴的胸前，四只爪子紧紧抱着妈妈的腰，也跟着来吃早餐了。去年，这群猴子中有十二只母猴生了小猴，猴子的数目增加到三十九只。那小猴，见了稻谷，也学着妈妈的样子，用爪子抓起来一颗颗地朝小嘴里送。猴妈妈总是不放心吧，它一只爪子抓东西吃，另一只爪子伸出来保护着小猴。

这时候只听到稻谷粒在猴儿口中嚼得咯嘣嘣地响。那小猴，一边吃还一边哞哞地叫，声音又像小羊，又像小猫，很好听的。

第二天上午，我们来到另一个食场。这里的猴群叫东群，昨天看的是西群。八点半钟，食场的地上、石头上洒满了稻谷，站长吹起了哨子。最早到达的是一只猴子妈妈和两只小猴，一只是前年生的，一只是去年生的。猴妈妈先从树梢上跳下来，两只小猴还留在枝头，大的给小的抓虱子。过了一会儿，三十几只猴子全到齐了。好嘛，就象丰盛的宴会一样，它们埋头吃起来，什么也不顾，什么也不管了。不知是谁重重地踩了一下脚，惊动了猴群，它们爬上了左前方的十几株冬青树的枝头，但嘴里还在不停地吃。

八时五十分，站长老黄，拿着一大塑料口袋的新鲜的蕃薯（北方叫红薯、白薯）片来到猴子中间。猴子们把站长围了起来，伸出爪要。

猴王禁不住美味的诱惑，以神速的动作抢到一块，但它吃得很慢，边吃边注意周围的一切。一只小猴几次都没有把蕃薯片抢到手，急得吱吱叫，母猴要打它；猴王看到了，要打母猴，母猴跑开了。

站长老黄，矮矮的个子，黑红的脸庞，爬起山来像猴子般灵活。老黄不怎么爱讲话。然而一谈到猴子，他的话就多了。他说，这猕猴又叫恒河猴，也叫广西猴、孟加拉猴、黄猴，是供科学研究用的高级实验动物，也是动物园中受人喜爱的一种观赏动物，从国外进口一只要很多钱。猴身上因为划破、刺破而产生的猴枣，是贵重的药物，可以治头昏、头痛甚至恶性肿瘤。他说，在自然保护区成立之前，南湾半岛上的树木几乎被砍光，猴儿差一点被打完，后来经过科学工作者紧急呼吁，这儿划作了自然保护区，树木又长起来，猴儿又繁殖起来了。

就是这种红面孔、红屁股的小小的猕猴，从六十年代起就成了心理学家和教育学家的研究对象。美国威斯康星州立大学的哈洛博士和他的夫人，用猕猴作了十几组有趣的实验。结果证明，猴子的的确确有心理活动。这些实验结果的发表，轰动了学术界。小小的猴子，为科学的发展作出了很大的贡献。

老黄没读过多少书，对猕猴也没作过具体的试验研究，然而他心中却有一本猕猴的书，那上边记载着他十几年来对猕猴辛勤观察的结果。而怎么样把猴子由高高的山上引到山脚下来吃东西，是这本书中十分精彩的章节。

要把猴子引到山下来吃东西，首先得从高山开始。猴子一听到有人走动，呼啦一下子就都跑得无影无踪。所以，第一步观察猴子经常在什么地方活动，就费了好多时日。准确地观察到猴子经常路过的地方，然后把它们最爱吃的蕃薯块放在枝头，让它们吃。猴儿很多疑，最初不敢吃。老黄就又从远处把它们截回来。一次、二次，七、八次，真比对亲生儿女还耐心。猴子当然也在考验老黄，看到每天有人把美食放在树枝上，周围没有什么危险的情况，也就放心大胆地吃了起来。

等到猴子们习惯到食场来吃东西，老黄就吹起哨子来：上山放食物，一路走，一路吹；放完食物下山，又一路走，一路吹。猴子从哨音中知道有人来放东西，放完下山了，于是它们就成群结伙地来吃了。

几个月以后，食物下移，还是靠吹哨子招引，人不能露面。再往下移，猴子开饭的时候，人开始露面了，但最初站在远处，猴子不敢过来；你进一步，它跑了；你站稳不动，它就又回来。那食物毕竟有吸引力，特别是在它们饿的时候，大胆的猴子首先来吃了，接着一只，二只，越来越多了。

几年的功夫，几年的心血，日积月累，站长老黄和站上的几个同志，成了猕猴们最亲近的人了。

（原载《光明日报》1980 年 4 月 2 日，作者张天来）

结束时间（一）：_____结束时间（二）：_____
阅读时长（一）：_____阅读时长（二）：_____

练　　习

开始时间（一）：_____开始时间（二）：_____

一、选择题

1.依山傍水的南海半岛，是一个_____。

（　）（　）a. 动物园　　　　　b. 小岛

　　　　　　c. 猕猴自然保护区　　d. 神话般的景象

2.开饭时间一到，_____。

（　）（　）a. 管理员就吹哨子

　　　　　　b. 猴子就自己跑来了

　　　　　　c. 管理员把稻谷洒在石头顶上

　　　　　　d. 管理员把石头放在平地上

3.猴王站在一块最高的石头上，是为了_____。

（　）（　）a. 听管理人员吹哨子

　　　　　　b. 欣赏春天的风景

　　　　　　c. 观察周围的情况

　　　　　　d. 显示长者的风度

4.猴子正吃着，重重的跺脚声吓得猴子_____。

（　）（　）a. 都不敢吃了

　　　　　　b. 都躲在树后

　　　　　　c. 什么都不顾，只顾逃跑

　　　　　　d. 都爬上树，但嘴里还在吃

5.一只小猴抢不到蕃薯片，急得吱吱叫，_____。

（　）（　）a. 母猴要打小猴，猴王不让

　　　　　　b. 猴王要打母猴，小猴不让

　　　　　　c. 猴王要打小猴，母猴不让

　　　　　　d. 母猴、猴王都要打小猴，管理员不让

6.在自然保护区建立之前，_____。

（　）（　）a. 猴子差一点被杀光

  b. 猴子发展到八百多只

  c. 猴身上都被刺破了

  d. 猕猴都被送去做实验了

7.美国威斯康星州立大学的哈洛博士和夫人，他们用猕猴作

 实验，结果证明_____。

（ ）（ ）a. 猕猴十分有趣

     b. 猕猴有心理活动

     c. 猕猴能产生猴枣

     d. 猕猴的面孔红，屁股也红

8.要把猴子从山上引到下来吃东西，第一步应该

 _____。

（ ）（ ）a. 给猴子蕃薯片吃

     b. 一边走一吹哨子

     c. 观察猴子经常在什么地方活动

     d. 让猴子知道周围没有危险

9.老黄在给猴子放食物时，一边走一边吹哨子，是为了

 _____。

（ ）（ ）a. 从远处把猴子截回来

     b. 让猴子们知道有人给它们放食物

    c. 让猴子们知道周围没有别的猴群

     d. 让猴子们害怕

10.本文的主要内容是_____。

（ ）（ ）a. 自然保护区建立以后，南湾半岛变成了猕猴

      的乐园

     b. 用猕猴作实验的具体情况

     c. 每只猴子的具体情况

d. 猴王和其它猕猴的关系

二、判断题

（　）（　）1. 南湾半岛在海南岛的东南部。

（　）（　）2. 在自然保护区内只有一群猴子。

（　）（　）3. 小猴吃东西的时候学羊和猫叫。

（　）（　）4. 猕猴既可以用来作科学实验，也可以观赏。

（　）（　）5. 猴王吃东西的时候一边吃，一边注意周围的
　　　　　　　动静。

（　）（　）6. 猴枣是一种很好吃的水果。

（　）（　）7. 站长老黄写过一本关于猴子的书。

（　）（　）8. 最早开始给猴子放食的时候，人可以站在远
　　　　　　　处看猴子吃饭。

（　）（　）9. 自然保护区的猴子越来越少。

（　）（　）10. 现在让猕猴到食场来吃饭仍然是很困难的。

三、近义词选择题

1. 这就是我国〔唯一〕的猕猴自然保护区——南湾半岛。

（　）（　）a. 第一次　　　　　　　　b. 第一名

　　　　　　c. 独一无二　　　　　　　d. 第一个

2. 猴王两眼警惕地观察着〔周围〕的一切。

（　）（　）a. 一个星期以内　　　　　b. 圆圈旁边

　　　　　　c. 四周　　　　　　　　　d. 石头边上

3. 猴王两眼警惕地观察着周围的一切，〔惟恐〕猴群受到伤
　害。

（　）（　）a. 害怕　　　　　　　　　b. 只怕

c. 担心　　　　　　　　　　　　d. 防止

4.在自然保护区成立之前，南湾半岛上的树木〔几乎〕被砍光。

（　）（　）a. 差点儿　　　　　　　b. 似乎

c. 全部　　　　　　　　d. 大部分

5.猴妈妈先从〔树梢〕上跳下来，两只小猴还留在枝头。

（　）（　）a. 树的根部　　　　　　b. 树的叶子

c. 树的中部　　　　　　d. 树的顶部

6.猴王也禁不住〔美味〕的诱惑。

（　）（　）a. 很漂亮的食品　　　　b. 很好吃的东西

c. 美国式的味道　　　　d. 很好看的东西

7.这些实验结果的发表，〔轰动〕了学术界。

（　）（　）a. 惊动　　　　　　　　b. 轰炸

c. 爆炸　　　　　　　　d. 感动

8.管理人员给猴子放食时，一边放，一边吹〔哨子〕。

（　）（　）a. 吃饭用的东西　　　b. 能吹出声音来的东西

c. 作实验用的仪器　　d. 一种乐器

9.要把猴子从山上引到山下来吃东西，首先应〔观察〕猴子经常在什么地方活动。

（　）（　）a. 慢慢地看　　　　　　b. 偷偷地看

c. 经常地看　　　　　　d. 从上往下看

10.怎么样把猴子由高高的山上引到山脚下来吃东西，是这本书十分〔精彩〕的章节。

（　）（　）a. 各种颜色　　　　　　b. 丰富、多样

c. 详细准确　　　　　　d. 优美、出色

结束时间（一）：_____结束时间（二）：_____

练习时长（一）：_____练习时长（二）：_____

表一． 时长评分标准： （时长单位：分钟）

阅读时间	13 | 13	14 | 14	15 | 15	17 | 17	20 | 20	24 | 24	29 | 29	36 | 36	| 36
得分数	40	35	30	25	20	15	10	5	0
超总时长扣分标准				每超过 1 分钟扣 1 分					

表二．练习成绩统计及评定：（时长单位：分钟）

	项目	阅读时长	练习时长	练习题正确数	超时	总计分	评定等级	HSK分数等级
第一次	完成情况							
	得分				扣分			
第二次	完成情况							
	得分				扣分			

表三. 部分外国留学生速读情况调查结果:

(时长单位: 分钟; 速度单位: 字／分钟)

调查对象情况		阅 读		练 习				
学习时间	国 别 与人 数	平均时长	平均速度	平均时长	平均正确题数			平均正确率
					一	二	三	
800小时以上	泰国 3 菲律宾 1 日本 1	18	111	18	7	7	5	63%
800小时以下	德国 2 日本 2 印尼 1	17	118	14	5	7	5	57%

表四. 部分中国学生速读情况调查结果:

(时长单位: 分钟; 速度单位: 字／分钟)

调查对象		阅 读		练 习				
水平档次	人数	平均时长	平均速度	平均时长	平均正确题数			平均正确数
					一	二	三	
甲	52	4	500	5	9	7	9	83%
乙	50	5	400	6	9	7	9	83%
丙	41	6	333	8	8	7	8	77%
丁	51	8	250	10	7	6	8	70%

练 习 答 案

一、　1. c　　2. a　　3. c　　4. d　　5. a
　　6. a　　7. b　　8. c　　9. b　　10. a
二、　1. ✓　　2. ×　　3. ×　　4. ✓　　5. ✓
　　6. ×　　7. ×　　8. ×　　9. ×　　10. ×
三、　1. c　　2. c　　3. b　　4. a　　5. d
　　6. b　　7. a　　8. b　　9. c　　10. d

测 试 文

中心词:

1.	蛇	snake; serpent
2.	十字架	cross
3.	灭火	put off fire
4.	冰棍	icicle
5.	摆渡	ferry
6.	绞合	twist; twine tightly
7.	耳环	earrings
8.	花环	garland; floral hoop
9.	滚动	roll; trundle
10.	气功	*qigong*
11.	变色龙	chameleon
12.	吐丝	spin silk

规定总时长: 28 分钟（阅读: 12 分; 测试: 16 分）

开始时间: ＿＿＿＿＿

奇异的蛇

　　人们对蛇的态度褒贬不一，有时还针锋相对。有的民族敬蛇如"神"，有的民族却视蛇如"恶魔"，但大多数人对它常有一种恐惧、厌恶心理。然而蛇的世界是千奇百怪的。

神蛇：在希腊西法罗尼亚岛上，有一种蛇被当地人称之为"神蛇"。它头上有着十字架花纹，每年8月6日至15日从山崖洞穴中爬出，数以千计地汇集于岛上两座教堂的圣像下面爬来爬去，从不伤人，而且任由游客抚摸。几天以后，这些蛇自动离去。这一奇景已经持续了数百年。

火蛇：南美洲北部的丛林中，有一种火蛇，体长2至3米，头部有一块块肉瘤般的鳞片。这种蛇很怪，看见火就奋不顾身地扑上去，翻滚着身子来灭火，因此又被人称作"灭火蛇"。它的皮肤能分泌一种特殊的粘液，可以起隔热作用。火不太旺时，火蛇不会受到损伤。

冰蛇：爱尔兰有一种冰蛇，每当严冬时刻，它被冻成一条直挺挺的"冰棍"，随之进入冬眠状态。当地老人竟把这种冰蛇当作手杖来使用。人们还把冰蛇串成门帘来抵挡寒风。冬去春来，冰蛇冬眠醒来就会悄悄离去。

摆渡蛇：在坦桑尼亚桑给巴尔西部，有一种大蛇，体长4米多，体重100多公斤。由于头部大，体力强，水性又好，经人驯养会变得很温顺，能按照人的意志行事，因而多被用来在渡口拖拉渡船。船夫们把船的一端系在蛇的尾部，让它拖着木船行进。这种蛇一次能拉动载有十多人的木船，其速度竟不亚于机动船。人坐在船上很平稳，很安全，是当地的一大奇观。

搭桥蛇：在莫桑比克的米兰热地区，盛产一种极为奇特的绞蛇。它们喜欢成群绞合在一起生活，时常拉拉扯扯地穿河而过。过河时这一群扯不断的蛇紧紧缠绕在河两岸的粗树干上，形成一座"蛇桥"。这时行人尽可以放心地从桥上过河。它们不但不会掀翻行人，反而会彼此纠缠得更加紧密，使人平安地过河去。令人惊奇的是，当行人抵达对岸后，绞蛇便很快地四下逃散，一下子消失得无影无踪。

耳环蛇: 非洲喀麦隆西部有一种小银枪蛇,细如手指,呈铅灰色,有四字形花纹。当地妇女常将它们捉来,拔去毒牙,扎成小圈,挂在耳垂上当耳环。小蛇在耳朵上还时常吐出火红的舌刺来,给妇女增添了神奇的美色。这种活蛇耳环可戴九年左右,待蛇死后可再换新的。

花环蛇: 喀麦隆西部的撒可尼族人,常用活蛇做成"花环"来迎客。客人来时,主人一面请坐,一面从室内取出一种小蛇,做成蛇环,套在客人的脖子上。蛇用火红的蛇刺不时地舔着客人的脖子。客人告辞时,便摘下蛇环还给主人,套在主人脖子上作为回敬。

滚环蛇: 在奥沙克高原有一种蛇,人惹着它后,它追赶人时把尾巴衔在嘴里,像一个铁环在人后面飞快地滚动,因而被称为"滚环蛇"。这种蛇滚动起来速度很快,可一旦钻进树洞,则不能自拔,随即树也会被毒死。传说有人用被毒死的树枝当牙签用,竟被当场毒死。

气功蛇: 西非有一种绿色的气功蛇。当它从草地爬到马路上纳凉时,可从地面的震动感知汽车驶来。它鼓起肚子里的气囊,气体会很快充满全身而任凭汽车从身上碾过。汽车过后,气功蛇丝毫无损,摇头摆尾地慢慢爬走。

变色蛇: 马达加斯加群岛上,有一种奇异的变色蛇。这种蛇头小身肥,颜色经常变换,当地人称"拉塔拉"。在青草里,它全身会变成青绿色;蜷缩在岩石下或盘在枯树上,它马上会变成褐黄色;当它爬行在红色土壤上时,又会全身变得红似胭脂一般,可以说是瞬息万变的"变色龙"了。

吐丝蛇: 在希腊的北斯波拉提群岛上,有一种奇特的会吐丝的蛇。这种蛇的头部下方有一个鼓起的小包，能不断地分泌出一种洁白的半透明的汁液。汁液一遇到空气就成为丝，并像蜘蛛那样将丝织成六角形的网。当地人常收集这种网，稍作加工，便可用来捕鱼。

（原载《世界知识》1989年第4期，作者徐明根）

结束时间：_____   阅读时长：_____

测 试 题

开始时间：_____

一、选择题

1. 人们对蛇的态度是_____。

（　）a. 非常不一致的　　　　b. 有一点差别的

　　　c. 非常喜欢　　　　　　d. 非常讨厌

2. 希腊的"神蛇"，在圣像下面爬来爬去_____。

（　）a. 人们一摸它，它就会伤人

　　　b. 人们一摸它，它就会受伤

　　　c. 人们摸它，它也不会伤人

　　　d. 人们不摸它，它也会伤人

3. 南美洲的"火蛇"一看见火，就会_____。

（　）a. 扑上去翻滚着身子来灭火

　　　b. 投进火中自杀

　　　c. 翻滚着逃跑

　　　　d. 自身着火

　4. "摆渡蛇"的摆渡方法是＿＿＿＿＿＿＿＿＿。

（　）a. 人坐在蛇身上渡河

　　　　b. 人抓住蛇的尾巴过河

　　　　c. 蛇变成一条船, 人坐在上面渡河

　　　　d. 人坐在船上, 蛇拉着船过河

　5. "搭桥蛇"在人们从它们身上过河时,＿＿＿＿＿＿＿＿＿。

（　）a. 它们会把人紧紧地缠住

　　　　b. 它们会彼此紧紧纠缠, 让人平安过河

　　　　c. 它们会把人从桥上掀到水里, 然后把人紧紧缠住

　　　　d. 它们会把人紧紧缠住拉过河去

　6. 非洲喀麦隆的"耳环蛇",＿＿＿＿＿＿＿＿＿常被妇女们拿来当
耳环戴。

（　）a. 本身没有毒牙　　　　　b. 不会咬人

　　　　c. 被拔掉了毒牙　　　　　d. 有毒牙但不怕人

　7. 喀麦隆西部的撒可尼族人, 常用活蛇做成"花环",

＿＿＿＿＿＿＿＿＿。

（　）a. 客人来时, 把它套在客人脖子上

　　　　b. 客人来时, 把它套在自己脖子上

　　　　c. 客人走时, 送给客人

　　　　d. 客人走时, 送给主人

　8. "滚环蛇"在追赶人的时候,＿＿＿＿＿＿＿＿＿。

（　）a. 它把尾巴衔在嘴里, 像一个铁环一样飞快地滚动

　　　　b. 它的身体下面有铁环飞快地滚动

　　　　c. 它的嘴里衔着一个飞快滚动的铁环

　　　　d. 它的尾巴拉着一个飞快滚动的铁环

9. 西非的气功蛇可以_____。

（　）a. 碾过汽车而不受伤

　　　b. 让汽车从身上碾过而不受伤

　　　c. 碾过汽车仅头尾受点伤

　　　d. 让汽车从身上碾过仅头尾受点伤

10. 马达加斯加岛上的"变色蛇"，当它盘在枯树上时，它会变成_____。

（　）a. 青绿色　　　　　　b. 褐黄色

　　　c. 红色　　　　　　　d. 灰色

二、判断题

（　）1. 无论火多大，火蛇都不会受伤。

（　）2. 爱尔兰的冰蛇不会被冻死。

（　）3. 莫桑比克的米兰热地区不需要修建桥，因为有蛇桥。

（　）4. 滚环蛇钻进树洞，树就会死，但蛇不会死。

（　）5. 气功蛇在不知道的情况下被车从身上碾过也不会受伤。

（　）6. "摆渡蛇"生来就会拉船。

（　）7. "摆渡蛇"一次能拉动载有十多人的渡船。

（　）8. "气功蛇"全身充气时能够挡住公路上的汽车。

（　）9. 喀麦隆的撒可尼族人把"花环蛇"套在来访者的脖子上，以此表示对客人的尊敬。

（　）10. "吐丝蛇"能像蜘蛛那样从口中吐出丝来织成网。

三、近义词选择题

1. 然而蛇的世界是〔千奇百怪〕的。

（　）a. 千差万别　　　　　　b. 千姿百态

　　　c. 多样而奇异　　　　　d. 五光十色

2. "神蛇"从山崖洞穴中爬出，〔数以千计〕地汇集于岛上两
座教堂的圣像下面爬来爬去。

（　）a. 数字正好一千　　　　b. 千万

　　　c. 千千万万　　　　　　d. 成千

3. 几天以后，这些蛇又〔陆续〕自动离去。

（　）a. 从陆地上　　　　　　b. 继续

　　　c. 一个跟着一个　　　　d. 先后，时断时续地

4. 它的皮肤能分泌出一种〔粘液〕，可以起隔热作用。

（　）a. 甜甜的水　　　　　　b. 粘稠的液体

　　　c. 粘粘的汤　　　　　　d. 甜甜的汁

5. 冰蛇冬眠醒来，就会〔悄悄离去〕。

（　）a. 慢慢地走开　　　　　b. 轻轻地走开

　　　c. 快快地走开　　　　　d. 一步一步地走开

6. 船夫们把船的一端系在蛇的尾部，让它〔拖着〕木船行
进。

（　）a. 拉着　　　　　　　　b. 扛着

　　　c. 推着　　　　　　　　d. 抬着

7. 令人惊异的是，当行人抵达对岸后，绞蛇便很快地〔四
下〕逃散，一下子消失得无影无踪。

（　）a. 向四处

　　　b. 四个四个地

　　　c. 移动四次

　　　d. 四个在下面，其余在上面

8. 客人〔告辞〕时, 便摘下蛇环还给主人, 套在主人的脖子上作为回敬。

（　）a. 告诉　　　　　　　　b. 告别

　　　c. 发言　　　　　　　　d. 推辞

9. 在奥沙克高原有一种蛇, 人惹着它后, 它追赶人时把尾巴〔衔在嘴里〕, 像一个铁环一样在人后面飞快地滚动。

（　）a. 放在口中咬碎　　　　b. 放在口中但不咬碎

　　　c. 放在口边不咬　　　　d. 放在口中但咬不碎

10. 汽车过后, 气功蛇〔丝毫无损〕, 摇头摆尾地慢慢爬走。

（　）a. 一点也没有受到损害

　　　b. 受到了一点损害

　　　c. 身上的毛没受到损害

　　　d. 身上的毛受了点损害

结束时间: _____ 测试时长: _____

表一. 时长评分标准:　（时长单位: 分钟）

阅读时间	10 | 10	11 | 11	12 | 12	14 | 14	16 | 16	18 | 18	22 | 22	29 | 29	| 29
得分数	40	35	30	25	20	15	10	5	0
超总时长扣分标准				每超过1分钟扣1分					

表二. 练习成绩统计及评定:（时长单位: 分钟）

	项目	阅读时长	练习时长	练习题正确数	超时	总计分	评定等级	HSK分数等级
第一次	完成情况							
	得分				扣分			
第二次	完成情况							
	得分				扣分			

表三. 部分外国留学生速读情况调查结果:

（时长单位: 分钟; 速度单位: 字／分钟）

调查对象情况		阅　　读		练　　　习				
学习时间	国　别　与人　　数	平均时长	平均速度	平均时长	平均正确题数			平均正确率
					一	二	三	
800小时以上	泰国　　3 菲律宾　1 日本　　1	15	105	16	7	8	5	67%
800小时以下	德国　　2 日本　　2 印尼　　1	15	105	15	7	5	4	53%

表四. 部分中国学生速读情况调查结果:

（时长单位：分钟；速度单位：字/分钟）

调查对象		阅　读		练　　习				
水平档次	人数	平均时长	平均速度	平均时长	平均正确题数			平均正确数
					一	二	三	
甲	52	4	392	5	20	9	9	93%
乙	50	5	314	6	9	8	9	86%
丙	41	7	224	7	9	8	8	83%
丁	51	8	196	9	8	7	8	77%

练 习 答 案

一、　1. a　　2. c　　3. a　　4. d　　5. b
　　　6. c　　7. a　　8. a　　9. b　　10. b
二、　1. ×　　2. ✓　　3. ×　　4. ×　　5. ×
　　　6. ×　　7. ✓　　8. ×　　9. ✓　　10. ✓
三、　1. c　　2. d　　3. d　　4. b　　5. b
　　　6. a　　7. a　　8. b　　9. b　　10. a

第 九 单 元

训 练 文 一

中心词:

1. 阿基米德　　　Archimedes
2. 金匠　　　　　goldsmith
3. 王冠　　　　　imperial crown; royal crown
4. 称　　　　　　weigh
5. 溢出的水　　　the water spilled over; the water
   overflowed
6. 比重定律　　　the law of specific gravity
7. 浮力定律　　　the law of buoyancy
8. 光柱　　　　　light beam; flashlight
9. 风帆　　　　　sail
10. 太阳能　　　　solar energy
11. 杠杆　　　　　lever
12. 弧形　　　　　arc; curve

规定总时长: 32 分钟（阅读: 16 分; 练习: 16 分）

开始时间（一）: _____ 开始时间（二）: _____

阿基米德能不能举起地球

距今二千多年前，在古希腊的叙拉古斯王国，有一个伟大的科学家，名叫阿基米德。

有一次，叙拉古斯国王让金匠制作一顶纯金王冠，王冠做得非常精致，国王试戴后满意极了，但是他怀疑金匠贪污了制造王冠的金子，便问金匠："我给你做王冠的十五两金子，你全都用完了吗？"金匠肯定地回答："是的，陛下。如果您不相信，请您称一下您的王冠。"国王把王冠放到天平上一称，果然是十五两重，一点也不差。这时，有个大臣提出了疑义："陛下，重量相等并不能说明黄金就没有少。要是金匠在王冠里掺进了白银，王冠也可能是十五两啊。"国王非常赞成这个看法，就命令重新对王冠进行检查。可王冠做得十分美观，他实在不愿意损坏它。这确实是一个难题，所有的大臣都不知道如何才能查出王冠是否是用纯金做成的。于是，这个问题就交给了大科学家阿基米德。

阿基米德苦思苦想了几天，也没能想出办法来。于是，他决定洗个热水澡解解乏。他一坐进装满热水的澡盆，盆里的热水便哗哗地从盆边往外溢。阿基米德望着溢出的热水，心里突然一亮，他异常兴奋，爬起来就往外跑，边跑边喊："我发现了！我发现了！"

第二天，阿基米德来到国王面前说："陛下，您的难题我现在可以解答了！"说完，他便当着国王和大臣的面进行了试验。他先把那顶精美的王冠放进盛满了水的小盆子里，王冠沉下去时，小盆子里的水就溢到了外边的大盆子里，他把溢出的水收集在一只杯子里。然后取出王冠，重新注满了小盆子里的水，再把十五两重的金块放进小盆子，同样，收集起从小盆子溢出的水。最后，阿基米德把两份数量不等的溢出的水端到国王的面前，郑重地宣布："尊敬的国王，我现在可以肯定地告诉您，这顶王冠不是用纯金制成的。"

接着，阿基米德对国王和大臣解释："对于大小相同的金块和银块，金块比银块重得多。而对于重量相同的金块和银块，金块就要比银块小得多。王冠虽然也是十五两重，但它排出的水比十五两重的金块排出的水要多得多，这就证明了王冠不是纯金做的。"国王和大臣们恍然大悟，金匠也不得不承认，在做王冠时贪污了金子，掺进了白银。

阿基米德的这一超人发现，经过后来的科学家的完善和充实，成为了两条重要的物理定律——物质比重定律和浮力定律。

阿基米德超人的智慧还为叙拉古斯人民在保卫自己的战争中赢得了胜利。

一年，强大的罗马帝国向弱小的叙拉古斯发动了侵略战争。罗马人庞大的舰队驶到了叙拉古斯的港口。罗马军队的统帅正站在船头向岸边凝望，等待发起进攻的机会。他没有看见手拿着武器，身穿铁甲的叙拉古斯战士，只看见一大群身穿白色长袍的妇女。他有点弄不明白叙拉古斯人在搞什么名堂。忽然，他看见一道道明亮的光柱从岸边射向他的舰队，这些光柱晃动着最后统统集中到一点上，那一点亮得出奇，正落在一艘舰船的风帆上。过了一会儿，风帆烧着了！大火随着海风不断地蔓延，顿时，整个舰队陷入一片火海之中。阿基米德在两千多年前，就很巧妙地利用太阳能原理指挥妇女用铜镜打败了敌舰。

阿基米德确实是一个伟大的科学家。他超人的智慧，使他在人类科学史上占有重要的一席。然而，聪明人有时也会有失误。

阿基米德曾经说过："给我一个支点，我就能举起地球。"有一次他写信给国王，信里说：一定大小的力可以移动任何重量，如果有另一个地球的话，他就能到上面去，把我们的地球移动一个位置。

阿基米德以为，利用杠杆，就能用一个最小的力，把不论有多重的东西举起来。他的意思是说如果用力压一根非常长的杠杆，他的手就可以举起地球。

这种设想，从理论上来说是对的，但是实际上做不到。因为阿基米德没有考虑到两个重要问题：一是地球的质量有多么大；二是举起地球，需要多么长的一根杠杆。

现在让我们来计算一下吧，看看地球如何举法。如果一个人只能直接举起 60 公斤重的东西，那么要举起地球那样重的东西，就得把手放在一根长得难以用数字来表达的杠杆上，这根杠杆的长臂要比短臂长：

100 000 000 000 000 000 000 000 倍。

我们现在假设有了这么长的一根杠杆，把它的支点设在靠近地球的地方。如果只把地球举起 1 厘米，那么阿基米德的手要在杠杆的长臂这一端按一下，你知道这么往下一按，要有多少距离呢？长臂的这一端必须划出 10^{18} 公里这样大的一个弧形，你想一想这有多长吧！

这还不算，阿基米德要把杠杆这样往下一揿，要花多少时间呢？如果我们假定在一秒钟里把 60 公斤重的东西举起一米高，那么阿基米德要把地球举起一厘米，就得用 30 万万万年的时间！

如果阿基米德用他一生的时间，都来按杠杆，也不能把地球举起像极细的头发丝那样粗的一点距离。如果我们再设想阿基米德的手，能够运动得和光速一样快的话，那么要把地球举起 1 厘米，也要 10 多万年的时间！

可见，阿基米德要举起地球，只不过是夸口的梦话。

（原载《千万个为什么》，主编徐桂峰，中国友谊出版公司，1989 年）

结束时间（一）：_____ 结束时间（二）：_____
阅读时长（一）：_____ 阅读时长（二）：_____

练　习

开始时间（一）：_____ 开始时间（二）：_____

一、选择题

1.阿基米德是一位_____。
（　）（　）a. 伟大的科学家　　　　b. 叙拉古斯的国王
　　　　　　c. 制作王冠的金匠　　　d. 罗马军队的统帅

2.国王想知道做王冠的十五两金子是不是全部用完了，目的
　是看看金匠_____。
（　）（　）a. 节约不节约　　　　　b. 高明不高明
　　　　　　c. 拿没拿金子　　　　　c. 称没称金子

3.国王和大臣们都不能确定王冠是不是用纯金做的，因为

　_____。
（　）（　）a. 王冠做得太精致了
　　　　　　b. 他们怀疑金匠贪污了金子
　　　　　　c. 即使掺进白银，也能造出同样重量的王冠
　　　　　　d. 国王试戴后满意极了

4._____启发阿基米德找到了检查王冠的方法。
（　）（　）a. 洗澡用的澡盆

b. 洗澡的方法

c. 洗澡的热水

d. 坐进澡盆时热水流出盆外的现象

5.王冠和十五两纯金所排出的两份数量不同的水，说明了
_____。

（ ）（ ）a. 王冠是纯金的　　　　　b. 王冠是白银的

c. 王冠不是纯金的　　　　d. 王冠是国王的

6.罗马军队的统帅看见一道道明亮的光柱从岸边射向他的舰
队，这些光柱是_____。

（ ）（ ）a.一种新式武器

b. 铜镜反射的太阳光

c. 灯发出的

d. 战士身上的铁甲反射的太阳光

7.阿基米德指挥叙拉古斯妇女利用_____击败了强大的罗
马舰队。

（ ）（ ）a. 比重定律　　　　　　　b. 浮力定律

c. 杠杆原理　　　　　　　d. 太阳能原理

8.阿基米德举起地球的设想_____。

（ ）（ ）a. 已经成为现实

b. 将来会成为现实

c. 永远也无法成为现实

d. 可能会成为现实

9.利用杠杆原理就可以_____。

（ ）（ ）a. 举起地球

b. 用木棍举起东西

c. 用很大的力举起很轻的东西

d. 用很小的力举起很重的东西.

10.本文告诉我们，阿基米德是位伟大的科学家，同时也说明了＿＿＿＿＿＿＿。

（ ）（ ）a. 要想成为聪明人必须犯一些错误

b. 聪明人从来不会犯错误

c. 聪明人总是犯错误

d. 聪明人有时也会犯错误

二、判断题

（ ）（ ）1. 阿基米德不是古希腊叙拉古斯王国的人。

（ ）（ ）2. 金匠不用纯金也能制造出 15 两重的王冠。

（ ）（ ）3. 同样重量的纯金和白银排出的水一样多。

（ ）（ ）4. 检验王冠是否是纯金做的，这对阿基米德来说太容易了。

（ ）（ ）5. 阿基米德检验王冠的方法是国王与大臣们无法理解的。

（ ）（ ）6. 罗马军队是被叙拉古斯国的舰队打败的。

（ ）（ ）7. 一面铜镜就使一艘船的风帆着起火来。

（ ）（ ）8. 阿基米德曾经着手准备移动地球。

（ ）（ ）9. 人们不可能找到举起地球的长杆和支点。

（ ）（ ）10.“给我一个支点，我就能举起地球。”这句话在理论上是正确的，可实际上做不到。

三、近义词选择题

1.国王让金匠做了一顶〔纯金〕的王冠。

（ ）（ ）a. 金色　　　　　　　　b. 表面是金子

　　　　c. 一半金子一半银子　　　　d. 纯净的金子

2.王冠做得非常〔精致〕，国王试戴后满意极了。

（　）（　）a. 认真负责　　　　　　　b. 辛勤努力

　　　　　　c. 精巧细致　　　　　　　d. 精确仔细

3.阿基米德〔异常〕兴奋，爬起来就往外跑。

（　）（　）a. 平常　　　　　　　　　b. 非常

　　　　　　c. 常常　　　　　　　　　d. 正常

4.我现在可以〔肯定〕地告诉您，这顶王冠不是用纯金制成
　的。

（　）（　）a. 明确　　　　　　　　　b. 决定

　　　　　　c. 坚定　　　　　　　　　d. 诚恳

5.阿基米德超人的〔智慧〕还为叙拉古斯人民在保卫自己的
　祖国中赢得了战争的胜利。

（　）（　）a. 能力　　　　　　　　　b. 财富

　　　　　　c. 聪明才智　　　　　　　d. 精神

6.罗马庞大的舰队驶到了叙拉古斯的〔港口〕。

（　）（　）a. 停放火车的地方　　　b. 停放汽车的地方

　　　　　　c. 停放飞机的地方　　　d. 停靠船舶的地方

7.罗马军队的统帅正站在船头向岸边〔凝望〕，等待发起进
　攻的机会。

（　）（　）a. 呆呆地张望　　　　　b. 注意力集中地看

　　　　　　c. 四处张望　　　　　　d. 观望

8.他有点儿弄不明白叙拉古斯人在搞什么〔名堂〕。

（　）（　）a. 花样　　　　　　　　　b. 巧计

　　　　　　c. 策略　　　　　　　　　d. 名目

9.大火随着海风不断地〔蔓延〕，顿时，整个舰队陷入一片

火海之中。

（ ）（ ）a. 向中心集中　　　　b. 向前面伸展

　　　　　　c. 向后面延长　　　　d. 向四周扩展

10. 我们再〔设想〕阿基米德的手能够运动得和光速一样快
　　 的话,那么要把地球举起 1 厘米，也要 10 多万年的时
　　 间。

（ ）（ ）a. 假设　　　　　　　b. 建设

　　　　　　c. 想法　　　　　　　d. 假如

结束时间（一）：_____　结束时间（二）：_____

练习时长（一）：_____　　练习时长（二）：_____

表一　时长评分标准：　　（时长单位：分钟）

阅读时间	13 | 13	14 | 14	16 | 16	18 | 18	21 | 21	24 | 24	30 | 30	38 | 38	| 38
得分数	40	35	30	25	20	15	10	5	0
超总时长扣分标准			每超过 1 分钟扣 1 分						

表二. 练习成绩统计及评定:(时长单位:分钟)

	项 目	阅读时长	练习时长	练习题正确数	超时	总计分	评定等级	HSK分数等级
第一次	完成情况							
	得分				扣分			
第二次	完成情况							
	得分				扣分			

表三. 部分外国留学生速读情况调查结果:

(时长单位:分钟;速度单位:字/分钟)

调查对象情况		阅　　读		练　　习				
学习时间	国 别 与人　　数	平均时长	平均速度	平均时长	平均正确题数			平均正确率
					一	二	三	
800小时以上	泰国　3 菲律宾　1 日本　1	14	148	13	5	6	4	50%
800小时以下	德国　2 日本　2 印尼　1	19	109	16	7	7	6	67%

表四. 部分中国学生速读情况调查结果:

(时长单位: 分钟; 速度单位: 字／分钟)

调查对象		阅　　读		练　　　　习				
水平档次	人数	平均时长	平均速度	平均时长	平均正确题数			平均正确数
					一	二	三	
甲	52	5	414	5	9	9	9	90％
乙	50	6	347	6	9	8	8	83％
丙	41	6	347	7	9	7	8	80％
丁	51	8	259	10	8	7	8	77％

练 习 答 案

一、　1. a　　2. c　　3. c　　4. d　　5. c
　　　6. b　　7. d　　8. c　　9. d　　10. d
二、　1. ×　　2. ✓　　3. ×　　4. ×　　5. ×
　　　6. ×　　7. ×　　8. ×　　9. ✓　　10. ✓
三、　1. d　　2. c　　3. b　　4. a　　5. c
　　　6. d　　7. b　　8. a　　9. d　　10. a

训 练 文 二

中心词:

1.	热气球	fire balloon
2.	点火器	ignitor (igniter)
3.	坠毁	crash
4.	爬升	climb up
5.	拐弯	turn; turn a corner
6.	风向	wind direction
7.	超低空飞行	minimum altitude flying
8.	反应	reaction; response; repercussion
9.	输电线	power transmission wire
10.	着陆场地	landing field; land ground
11.	背风面	lee side; sheltered side

规定总时长: 30 分钟(阅读: 17 分; 练习: 13 分)
开始时间(一): _____ 开始时间(二): _____

热气球的飞行

　　热气球飞行是一项年轻的航空运动。热气球构造简单,设备不多,比其它航空器都安全。这一次,我到扬州采访南京 513 厂生产的热气球第一次自由飞行,出于记者的好奇,我要求参加试飞。经过一番努力,我的请求终于被答应了。

　　早上七点多钟,热气球点火起飞了。驾驶员是老丁。虽然叫老丁,他人却不老,只有 30 来岁年纪,要说他老,大概是说他老到吧。

乘坐热气球的感觉美妙极了，人坐在吊篮里，头上是一个鼓鼓的五颜六色的极其漂亮的大气囊。篮子里没有方向舵、升降舵、油门等复杂的操纵系统，也没有令人眼花缭乱的电子仪器、仪表等设备。只有舱底的燃料箱、点火器和一些压舱物，再就是一些测风向风速的简单仪器。这个大篮子在空中随风缓缓飞行，脚下掠过一方方碧翠的田野，纵横交错的河溪，炊烟袅袅的小村庄，使人有一种腾云驾雾的感觉。

我们一边飞行，一边就聊开了。我最感兴趣的，当然是安全问题。老丁说："热气球比其它航空器要安全可靠得多，但如果不按规则操作，或者发生意外，也会出事故。1989年在全美热气球锦标赛的第一次比赛刚开始几分钟，就发生了一起严重的事故。

那天下午，天气良好，比赛项目是远距离飞行。莫克驾驶的"萤火虫"号热气球17点40分起飞，17点47分便坠毁在离起飞场地200多米的地方。比赛刚刚开始，"萤火虫"号热气球为了尽快爬升到理想高度，以5米／秒的速度上升，这大大地超过了上升速度不大于3米／秒的规定。气球升到1000米高度，球体上部破了一个很大的洞，并开始快速下降，尽管燃烧器不停地工作，"萤火虫"号还是以15米／秒的速度坠落到地面。莫克遇难身亡，球体和吊篮严重损坏。

我看见老丁不时打开点火器烧上一阵，又不时关闭点火器，热气球就不断地上下升降。这又激起我的好奇心："老丁，你的热气球能拐弯吗？"

老丁笑了，答道："问得好，这下子你差不多学会驾驶热气球了。热气球的操纵性能，垂直方向较好，但水平方向极差。它不像汽车、飞机那样，方向盘一摆，就能左右拐弯，要使热气球飞向目的地，就必须把它升到风向正好是飞行目的地的高度层，并且在飞行过程中根据风向不断修正航向，才能达到目的地。一句话，它是随风飘的，它的飞行方向实际上就是它所在高度的风向。

这时，脚下是一片田野，老丁把热气球的飞行高度下降到离地面只有 10 米高。我有点儿担心，就说："老丁，飞这么低，不会栽下去吧?"老丁大笑起来，说:"热气球的飞行，除了比赛和特殊任务外，大多数飞行员都喜欢低空飞行，就是高度在 100 米以下的飞行。如果技术熟练，还可以作高度仅 1—2 米的超低空飞行。那就可以和地面上的行人作简单的交谈，跟行驶中的火车或汽车里的乘客打招呼。但话又说回来，超低空飞行需要熟练的驾驶技术，驾驶员要根据气象条件、地形地物、载重量、燃气重力、高度和飞行状况，灵活地掌握加热器和加热时机，才能安全飞行。因为低空飞行是很危险的，尤其是超低空。热气球的飞行事故大都发生在低空，复杂的地形地物和变幻莫测的气流，都是产生危险的重要因素，⋯⋯"说到这里，老丁忽然抬手一指:"你看，前面那座小山，虽然高度不过 150 米左右，但我们要飞越它，现在就要开始爬升。驾驶飞机时，简单的操作动作就可以使飞机立刻升高。热气球的升高不像驾驶飞机，我们开足燃烧器向气球内加热，气球还要 10-15 秒钟的时间才能有所反应，这是因为球体太高，经过加热的空气升到球体上部还要一段时间。然而，球体一旦上升，即使立即停止加热，它还会继续上升。要想使热气球在预定高度停止上升，飞行员就应该根据上升的速度决定什么时候停止加热，这就要靠飞行经验了，没有亲身的操作经验，是很难控制的。而且，热气球正常飞行时的爬升，一般采用

'阶梯式'的爬升方法。就是说上升到一定高度之后，保持一段平飞，然后再加热，上升，再来一段平飞，直到到达需要的高度。这种爬升办法，可以使我们很好地检查气球的气密性、燃烧器的性能，更重要的是可以让我们及时了解风向的变化。"

我还从老丁那里知道，输电线是热气球飞行时最危险的障碍物，气球的任何部位碰到 600 伏以上的输电线，都会给人和气球带来可怕的后果。因此，在接近输电线时，应该让气球处于上升状态，上升速度要根据当时的风速和与电线的距离而定，越过输电线时，吊篮至少距离输电线 30 米，越过后不能马上下降，以防止风向突然改变，把气球吹近电线。

低空飞行的另一大敌就是低空风切变，也就是低空气流突然改变方向，其中对热气球飞行威胁最大的是由于雷暴、地形、地物形成的垂直切变。在炎热的季节里，一旦发现 50 公里之内积云不断形成，就应该立即选择场地着陆。风速超过 4 米／秒时，在山区、高大建筑物和树林的背风面都存在着下降气流，风速越大，下降气流越强，在这些地方飞行，气球应有足够的高度，以保证安全。

说着说着，不知不觉热气球已经绕了一个大圈，我们又回到了起飞场地附近。老丁告诉我，在准备结束飞行前，驾驶员要在飞行航线的前方或可能到达的地方选择合适的着陆场地，着陆场地的大小要根据风速和飞行高度决定。至于热气球下降的操纵，一般来说，减缓或停止向球体加热，使球内变冷就可以下降高度了。当要快速下降时，还可以打开排气阀，减少球体内的热气，气球也能稳定下降，下降速度一般在 5.5 米／秒左右，这是相当安全的。

在老丁的熟练操纵下，我们平稳地降落了，顺利地结束了这次试飞。

（原载《航空知识》1990 年第 5 期，作者郝东山）

结束时间（一）：＿＿＿＿＿结束时间（二）：＿＿＿＿＿
阅读时长（一）：＿＿＿＿＿阅读时长（二）：＿＿＿＿＿

练　习

开始时间（一）：＿＿＿＿＿开始时间（二）：＿＿＿＿＿

一、选择题

1.热气球的主要组成部分有＿＿＿＿＿＿＿＿＿。
（　）（　）a. 吊篮、气囊　　　　　　b. 方向舵、升降舵
　　　　　　　c. 油门、电子仪器　　　　d. 仪表、燃料箱

2.记者最感兴趣的是＿＿＿＿＿＿＿＿＿＿。
（　）（　）a. 热气球如何驾驶的问题
　　　　　　　b. 热气球如何拐弯的问题
　　　　　　　c. 热气球如何着陆的问题
　　　　　　　d. 热气球飞行安全的问题

3.莫克驾驶的"萤火虫号"是因为＿＿＿＿＿＿而发生事故。
（　）（　）a. 飞行时间太长　　　　　b. 飞行高度太高
　　　　　　　c. 飞行距离太远　　　　　d. 上升速度太快

4.热气球拐弯性能＿＿＿＿＿＿＿，升降性能＿＿＿＿＿＿。
（　）（　）a. 极差／较好　　　　　　b. 较好／极差
　　　　　　　c. 极好／较差　　　　　　d. 较差／极好

5.热气球主要依靠_____到达飞行目的地。

( ) ( ) a. 方向舵　　　　　　　　b. 方向盘

　　　　　　　c. 飞行高度层的风向　　　d. 操纵杆

6.低空飞行是指飞行高度在_____的飞行。

( ) ( ) a. 1——2米左右　　　　　b. 100米以下

　　　　　　　c 1000米以下　　　　　　d 30米左右

7. 超低空飞行十分危险，要求驾驶员有_____

_____。

( ) ( ) a. 丰富的气象知识　　　b. 健壮的体魄

　　　　　　　c. 熟炼的驾驶技术　　　d. 超过一般人的胆量

8._____是热气球飞行最危险的障碍物。

( ) ( ) a. 地面的高楼　　　　　　b. 低空下沉气流

　　　　　　　c. 小山坡　　　　　　　　d. 输电线

9. 热气球在飞行中采用"阶梯式"的爬升方法，其好处在于

_____。

( ) ( ) a. 可以避免撞到小山上

　　　　　　　b. 可以避免坠毁

　　　　　　　c. 可以检查气球的性能，了解风向

　　　　　　　d. 可以避免爬升太快

10._____就能使热气球上升。

( ) ( ) a. 开足燃烧器向气球体内加热

　　　　　　　b. 打开排气阀

　　　　　　　c. 改变风向

　　　　　　　d. 关闭燃烧器

二、判断题

（　）（　）1. 热气球的仪器设备跟飞机上的一样多。

（　）（　）2. 老丁是一个经验丰富的飞机驾驶员。

（　）（　）3. 热气球的飞行速度非常非常快。

（　）（　）4. 美国"萤火虫"号热气球在比赛中快到达终点时坠毁了。

（　）（　）5. 热气球要想安全飞行，就必须严格按操作规定驾驶。

（　）（　）6. 热气球不能像汽车或飞机那样拐弯，只能随风飘移。

（　）（　）7. 热气球的飞行事故大都发生在低空。

（　）（　）8. 如果停止加热，热气球就会立即下降。

（　）（　）9. 阶梯式的爬升方法是热气球飞行中最危险的一种方法。

（　）（　）10. 如果遇到输电线，热气球一般是从输电线的下面钻过去。

三、近义词选择题

1. 热气球飞行是一项〔年轻〕的航空运动。

（　）（　）a. 年纪小　　　　　　　b. 兴起的时间不长

c. 只能年轻人参加　　　d. 年轻人十分喜欢

2. 虽然叫他老丁，他人却不老。要说他老，大概是指他〔老到〕吧。

（　）（　）a. 老实　　　　　　　　b. 老大

c. 老练　　　　　　　　d. 老早

3. 吊篮的上方是一个鼓鼓的〔五颜六色〕的极其漂亮的大

—270—

气囊。

( )( )a. 五六种颜色　　　　　b. 很多种颜色

　　　　c. 五种红色和六种蓝色　　d. 十一种颜色

4.这个大篮子在空中随风〔缓缓〕飞行。

( )( )a. 慢慢　　　　　　　　b. 暖暖

　　　　c. 稳稳　　　　　　　　d. 悄悄

5.飞这么低，不会〔栽〕下去吧?

( )( )a. 掉　　　　　　　　　b. 倒

　　　　c. 种　　　　　　　　　d. 跌

6.热气球的操纵性能，〔垂直〕方向较好，但水平方向极
　差。

( )( )a. 前后　　　　　　　　b. 左右

　　　　c. 上下　　　　　　　　d. 东西

7.在飞行过程中应根据风向不断地〔修正〕航向。

( )( )a. 修理　　　　　　　　b. 改正

　　　　c. 修建　　　　　　　　d. 调整

8.复杂的〔地形〕地物和变幻莫测的气流，都是产生危险
　的重要因素。

( )( )a. 地图的形状　　　　　b. 地球的形状

　　　　c. 地下的形状　　　　　d. 地面起伏的形状

9.气球的任何部分碰到600伏以上的输电线，都能给人和气
　球带来可怕的〔后果〕。

( )( )a. 效果　　　　　　　　b. 结果

　　　　c. 水果　　　　　　　　d. 成果

10.在炎热的季节里，〔一旦〕发现50公里之内积雨云不断形
　　成，就应该立即选择场地着陆。

（　）（　）a. 一天　　　　　　　　　　b. 早晨

　　　　　　c. 要是　　　　　　　　　　d. 元旦

结束时间（一）：_____ 结束时间（二）：_____
练习时长（一）：_____ 练习时长（二）：_____

表一．时长评分标准：（时长单位：分钟）

阅读时间	14 | 14	15 | 15	17 | 17	19 | 19	22 | 22	26 | 26	30 | 26	41 | 30	| 41
得分数	40	35	30	25	20	15	10	5	0
超总时长扣分标准				每超过1分钟扣1分					

表二．练习成绩统计及评定：（时长单位：分钟）

	项目	阅读时长	练习时长	练习题正确数	超时	总计分	评定等级	HSK分数等级
第一次	完成情况							
	得分				扣分			
第二次	完成情况							
	得分				扣分			

表三. 部分外国留学生速读情况调查结果:

（时长单位：分钟；速度单位：字／分钟）

调查对象情况		阅　　读		练　　　习				
学习时间	国别与人数	平均时长	平均速度	平均时长	平均正确题数			平均正确率
					一	二	三	
800小时以上	泰国　3 菲律宾　1 日本　1	16	140	15	5	7	5	57%
800小时以下	德国　2 日本　2 印尼　1	20	112	16	6	7	6	63%

表四. 部分中国学生速读情况调查结果:

（时长单位：分钟；速度单位：字／分钟）

调查对象		阅　　读		练　　　习				
水平档次	人数	平均时长	平均速度	平均时长	平均正确题数			平均正确数
					一	二	三	
甲	52	5	448	5	9	9	9	90%
乙	50	6	373	6	8	9	8	83%
丙	41	7	320	8	8	8	8	80%
丁	51	9	249	9	7	8	8	77%

练 习 答 案

一、	1. d	2. c	3. d	4. d	5. b
	6. b	7. c	8. b	9. b	10. c
二、	1. ✓	2. ×	3. ×	4. ×	5. ✓
	6. ×	7. ×	8. ✓	9. ✓	10. ×
三、	1. b	2. c	3. b	4. d	5. b
	6. d	7. b	8. c	9. a	10. a

测 试 文

中心词:

1.	长途	long distance
2.	电报机	telegraph
3.	奠基人	founder
4.	电磁感应	electromagnetics
5.	符号	sign; symbol; mark
6.	莫尔斯电码	Morse code; Morse alphabet
7.	电话	telephone
8.	声学	acoustics
9.	噪声	noise
10.	振动	vibration
11.	仪器	instrument; apparatus
12.	硫酸	sulphuric acid

规定总时长: 31 分钟 (阅读: 16 分; 测试: 15 分)

开始时间: _____

电报与电话

1844 年 5 月 24 日, 在人类通讯史上是一个庄严的时刻。这一天, 美国华盛顿国会大厦外面聚集着成千上万的人群, 人们怀着急切而兴奋的心情, 从四面八方赶来观看"用导线传递消息"的奇迹。

在国会大厦联邦最高法院会议厅里，一个人正在对着几位被邀请来的科学家和政府人士，讲解他发明的电报机的原理。接着，他接通电报机，按照预先约定的时间，亲手向六十公里以外的巴尔的摩发出了历史上第一份长途电报。

这个最早发明电报的人名叫塞缪尔·莫尔斯。有趣的是，他既不是一个物理学家，也不是一个工程师，而是一个画家。

一个画家怎么会发明电报而成为现代通讯的奠基人的呢？

那是 1832 年 10 月的一天，莫尔斯搭乘一艘名叫"萨丽号"的轮船，从法国返回美国纽约。在船上，他被一个名叫杰克逊的青年医生的"魔术"表演深深吸引住了。只见杰克逊手里摆弄着一块马蹄形状的铁，上面绕着一圈圈绝缘铜丝。杰克逊让马蹄铁上的铜丝通上电，结果奇迹出现了：马蹄铁附近的铁钉、铁片，立即被吸了过去；当切断电源时，那些铁钉、铁片又很快掉下来。

杰克逊向大家解释说，这是电磁感应现象。尽管莫尔斯当时对电学一窍不通，但杰克逊的这个电磁感应实验却引起他的极大兴趣。一连几天，他兴奋得难以入睡，突然，一个新奇的想法像闪电一样掠过他的脑海：电线通电后能产生磁性，如果利用电流的断续，使磁针做出不同的动作，把动作再编成符号，这些符号分别代表不同的意思，这样岂不是可以利用电磁感应原理，发明一种既迅速又准确的通讯工具了吗？

回到纽约后，莫尔斯立即投入了电报机的发明工作。但整整三年过去了，试验还没有取得什么成果。他一方面刻苦学习有关知识，同时还拜电学家享利为师，并得到贝尔父子的大力支持。

1837 年 9 月 4 日，经过无数次试验后，莫尔斯发明的电报机终于能够在 500 米范围内有效地工作了。他和贝尔两人还共同研究成功了用点、线符号来表示不同英文字母的"莫尔斯电码"。1843年美国国会通过决议案，拨款三万元，资助莫尔斯建造世界上第一条电报线路。

经过一年的努力，到1844年，长途电报通讯终于试验成功了。莫尔斯在电报机的发明与创造上，一共苦斗了十二年。当电报机制造成功时，他已经是一个五十三岁的老人了。这个放弃了美术事业而又为人类作出巨大贡献的人，将永远被人们所怀念。

二

1847年3月3日，贝尔出生在英国苏格兰的爱丁堡市。后来，到了美国，加入了美国籍。1885年移居加拿大。

贝尔是一个善于思考问题、意志坚定的发明家，从小就喜欢拆装一些玩具或解剖小动物。十六、七岁时，他就曾设计过使用起来很省力的水车。后来，他进了爱丁堡大学，毕业后又进了伦敦大学，研究声学。电话机的发明正是从这时开始的。

当时，电报刚刚发明不久，人们对电的作用产生了强烈的印象，贝尔也怀着浓厚的兴趣在业余时间进行研究。

有一次，贝尔在做实验时偶然发现，当电路接通或断开时，螺旋线圈就会发出轻微的噪声，于是他想：既然空气能使薄膜振动发出声音，那么，如果用电使薄膜振动，能不能使人的声音通过电流传送出去呢？

贝尔根据这个设想，开始研究电话。十八岁的技师沃特森也参加了贝尔的研究工作。

他们把自己的住所当成实验室，一边设计，一边制造。为了试验对话，他们把电线从房间的一头拉到另一头，在电线的两端装上仪器，他们对着各自一头的仪器喊话，但是每个人所听到的声音都只是通过墙壁或过道传来的，从没通过仪器传来过。他俩不断地改进仪器，一次又一次地实验。他们的邻居也很耐心，允许他们把电线拉过自己的房间，而且长时间地忍受着他们毫无结果的喊叫。

整整用了一年的时间，他们历尽艰辛，终于在 1876 年 3 月 10 日试验成功了。

第一次电话对话是一声求援的呼声。当时，贝尔和沃特森正在相距好几个房间的实验室里准备开始另一次试验。由于贝尔把一部分设备浸置到硫酸里时，不慎让硫酸溅到自己腿上，他感到疼痛难忍，便大声呼叫沃特森，喊叫声通过电线传到了沃特森的接收器里。这是有史以来通过电话机传送的第一句人类的语言。

这次成功使他们大受鼓舞。到 1915 年，第一架实用电话机终于研制成功了。在贝尔的指导下，美国还建起了 4000 英里的长途电话。从此，电话便进入了人们的生活领域。如今，各式各样的新颖电话，如电视电话、自动拨号电话、计算电话、袖珍电话、光电话等等，不断涌现，成为人们不可缺少的通讯工具。

（原载《科学 365 天》，魏以成、麦群忠编，浙江科技出版社）

结束时间：_____ 阅读时长：_____

测 试 题

开始时间：_____

一、选择题

1. 美国华盛顿国会大厦外聚集了成千上万的人群，人们从四面八方赶来观看_____。
（　）a. 青年医生杰克逊的魔术表演
　　　b. 贝尔的电话通讯表演
　　　c. 莫尔斯的绘画表演
　　　d. 莫尔斯电报通讯表演

2. 电报的发明者塞缪尔·莫尔斯是一位_____。
（　）a. 物理学家　　　　　　b. 工程师
　　　c. 画家　　　　　　　d. 医生

3. 1832年10月的一天，莫尔斯搭乘一艘名叫"萨丽号"的轮船_____。
（　）a. 从美国去法国　　　b. 从纽约去加拿大
　　　c. 从伦敦返回美国纽约　d. 从法国返回美国纽约

4. 杰克逊手里摆弄着一块马蹄形状的铁，上面绕着一圈圈绝缘铜丝，杰克逊让_____通上电，马蹄铁附近的铁钉、铁片立即被吸了过去
（　）a. 马蹄铁上的铜丝　　b. 马蹄铁
　　　c. 铁钉、铁片　　　　d. 自己身上

5. 莫尔斯在_____的资助下，建成了世界上第一条电报线路。
（　）a. 贝尔父子　　　　　b. 电学家享利
　　　c. 美国国会　　　　　d. 青年医生杰克逊

6. 莫尔斯放弃了美术事业，把全部精力投入了电报机的发明工作。他一共奋斗了_____，终于成功地制造出电报

机。

（　）a. 五十多年　　　　　　　b. 整整三年

　　　　c. 十几年　　　　　　　d. 半年

7. 电话之父贝尔出生于_____。

（　）a. 美国　　　　　　　　　b. 英国

　　　　c. 德国　　　　　　　　d. 加拿大

8. 贝尔是一个善于思考问题、意志坚定的发明家，他从小就喜欢_____。

（　）a. 拆装一些玩具或者解剖小动物　　b. 发明电话

　　　　c. 设计使用起来很省劲的水车　　d. 发明电报

9. 贝尔的邻居很耐心，他们非常_____。

（　）a. 支持贝尔的实验　　　　b. 讨厌贝尔的实验

　　　　c. 反对贝尔的实验　　　　d. 想参加贝尔的实验

10. 通过电话机传送的第一句人类的语言是_____。

（　）a. 邻居们的喊叫　　　　　b. 贝尔求援的呼声

　　　　c. 小孩的哭声　　　　　　d. 莫尔斯的声音

二、判断题

（　）1. 历史上第一份长途电报是由莫尔斯亲手发出的。

（　）2. 青年医生杰克逊表演的魔术利用了电磁感应的原理。

（　）3. 在发明电报之前莫尔斯就精通电学知识。

（　）4. 莫尔斯经过艰苦努力，终于独自一人发明了莫尔斯电码。

（　）5. 莫尔斯在美术方面作出了巨大贡献而被人们永远怀念。

（ ）6. 电话的发明者贝尔从小就爱思考问题。

（ ）7. 贝尔一直研究电学。

（ ）8. 他们建立了先进的实验室以后，就开始研究电话。

（ ）9. 发明电话的实试验用了一年的时间。

（ ）10. 贝尔活着的时候还没有长途电话。

三、近义词选择题

1. 人们从四面八方赶来观看"用导线〔传递〕消息"的奇迹。

（ ）a. 传送 b. 传导
   c. 邮递 d. 传播

2. 一个人正在讲解他发明的电报机的〔原理〕。

（ ）a. 原则 b. 道理
   c. 理由 d. 原料

3. 尽管莫尔斯当时对电学〔一窍不通〕，但杰克逊的这个电磁实验却引起他的极大兴趣。

（ ）a. 不感兴趣 b. 从没学过
   c. 一点儿也不懂 d. 了解很少

4. 可以〔想象〕，一个从未学过电学知识，又没有机械制造技术的画家，要发明一种全新的电报机，该有多么困难啊！

（ ）a. 思考 b. 回忆
   c. 印象 d. 设想

5. 利用电流的断续，使磁针做出不同的动作，把动作再编成符号，这些符号〔分别〕代表不同的意思。

（ ）a. 离开 b. 分手
   c. 各自 d. 不同

6. 莫尔斯在电报机的发明与创造上，一共〔苦斗〕了十二年。

( ) a. 艰苦奋斗　　　　　　b. 痛苦斗争

　　 c. 耐心战斗　　　　　　d. 辛苦打斗

7. 贝尔怀着浓厚的兴趣在〔业余时间〕进行研究。

( ) a. 多余的时间　　　　　b. 工作以外的时间

　　 c. 上班的时间　　　　　d. 晚上的时间

8. 他们把自己的〔住所〕当作实验室，一边设计，一边制造。

( ) a. 吃饭的地方　　　　　b. 实验的地方

　　 c. 工作的地方　　　　　d. 住的地方

9. 他俩不断地〔改进〕仪器，一次又一次地实验。

( ) a. 改正(使完善)　　　　b. 改变(使完善)

　　 c. 修改　　　　　　　　d. 改换

10. 到 1915 年，第一架实用电话机终于〔研制〕成功了。

( ) a. 研究制造　　　　　　b. 发明创造

　　 c. 研究创造　　　　　　d. 发明制造

结束时间：_____ 测试时长：_____

表一. 时长评分标准:　（时长单位：分钟）

阅读时间	13 | 13	15 | 15	16 | 16	19 | 19	21 | 21	25 | 25	30 | 30	39 | 39	|
得分数	40	35	30	25	20	15	10	5	0
超总时长扣分标准				每超过1分钟扣1分					

表二. 练习成绩统计及评定：（时长单位：分钟）

项目	阅读时长	测试时长	练习题正确数	超时		总计分	评定等级	HSK分数等级
完成情况								
得分				扣分				

表三. 部分外国留学生速读情况调查结果:

（时长单位：分钟；速度单位：字／分钟）

调查对象情况		阅　读		练　习				
学习时间	国别与人数	平均时长	平均速度	平均时长	平均正确题数			平均正确率
					一	二	三	
800小时以上	泰国　3 菲律宾　1 日本　1	18	118	16	6	7	4	57%
800小时以下	德国　2 日本　2 印尼　1	19	112	16	6	6	6	60%

表四. 部分中国学生速读情况调查结果:

（时长单位: 分钟; 速度单位: 字／分钟）

调查对象		阅 读		练 习				
水平 档次	人 数	平均 时长	平均 速度	平均 时长	平均正确题数			平均 正确数
					一	二	三	
甲	52	4	532	5	9	8	9	87%
乙	50	5	426	6	8	8	9	83%
丙	41	6	355	7	8	7	8	77%
丁	51	8	266	10	7	7	8	73%

练 习 答 案

一、　1. d　　2. c　　3. d　　4. a　　5. c

　　　6. c　　7. b　　8. a　　9. a　　10. b

二、　1. ✓　　2. ✓　　3. ✗　　4. ✗　　5. ✗

　　　6. ✓　　7. ✗　　8. ✗　　9. ✓　　10. ✗

三、　1. a　　2. b　　3. c　　4. d　　5. c

　　　6. a　　7. b　　8. d　　9. b　　10. a

第 十 单 元

训 练 文 一

中心词:

1. 纯净　　　　　pure; clean
2. 艾滋病　　　　AIDS
3. 病毒　　　　　virus
4. 传染　　　　　infect; be contagious
5. 癌症　　　　　cancer
6. 国防　　　　　national defence
7. 接触　　　　　contact; come into contact with; touch
8. 预防　　　　　prevent; take precautions against
9. 传播　　　　　spread; propagate
10. 行政命令　　　administrative decree
11. 阳性　　　　　positive (reaction)

规定总时长: 28 分钟 (阅读: 13 分; 练习: 15 分)

开始时间 (一): _____ 开始时间 (二): _____

愿这片国土纯净
——访中国艾滋病研究室曾毅教授

　　"中国也要设艾滋病研究机构? 赶时髦吗?""艾滋病真有

那么邪乎吗?""有的国家竟把艾滋病同经济发展问题相提并论,是否小题大作?"在去采访曾毅教授的路上,我对此次采访的意义不断产生出各种各样的怀疑,并且相信这也代表了很多人的心理。因为对艾滋病,许多人同我一样听是听得够多了,却总没有一个实实在在的认识。

曾教授未曾开口,先拿出一份材料给我,那是他从刚刚结束的世界艾滋病学术讨论会上带回来的两张图表。一个是1981——1987年艾滋病在各个国家流行的统计图,另一张是对1991年前世界艾滋病患者人数的预测图。

1981年仅在8个国家发现了艾滋病,而到了1987年就有120多个国家发现了艾滋病患者。

截止1987年11月11日,全世界艾滋病发病者为6.4万,而到1991年,世界上将有100万艾滋病患者。五年,从6.4万到100万。

接着,我在那材料上看到这样一段文字:

艾滋病流行的范围要比我们估计的广,原因是我们的统计仅仅来源于各国正式报告的病例数。

由于一个人染上艾滋病毒后五年或更长的时间可能不会发病,对现在已患病人数的统计并不能准确地告诉我们今后几年内还会有多少人得艾滋病。事实上,全世界的艾滋病患者远不止7万人。

染上艾滋病毒的人约有10%——30%发病,20%——50%的人会患艾滋病相关综合症。世界卫生组织的调查表明,现在世界上已有500——1000万人染上了艾滋病毒,而他们大多数并不知道自己是艾滋病毒携带者,他们还会将病毒传染给更多的人。

曾教授指着图表说，到 1991 年全世界将有一亿人口染上艾滋病毒。

艾滋病和癌症哪一个更可怕？普通中国人的回答是后者，而曾教授的回答是前者。

癌症至今未被发现具有传染性，而艾滋病可以传染。

目前依靠现代技术可以早期诊断某些癌症并且治愈它，但艾滋病一发病便不可救药，不管是不是早期。

当然，艾滋病也有比癌症乐观点儿的特征，它完全可以预防，尽管做起来有一定的难度。

曾教授跟我谈起了 T4 细胞和 HIV，它没有情节，却可以构成一个情节的框架：

原来，人体内有一种抵抗外来病毒及其他微生物的细胞叫 T4 细胞；

原来，这 T4 细胞是人体的"国防军"；

原来，艾滋病毒能把这些"国防战士"都杀死；

所以，艾滋病毒又称人体免疫缺乏病毒（HIV）；

所以，人就没了抗细菌病毒的能力；

所以，在人体内平时不发病的很多微生物此时发展起来，吞噬人的生命。

那艾滋病毒感染的途径也绝了，专拣人不好防的：性接触感染 —— 人类必要的生活内容；血液接触感染 —— 治疗性注射、输血、吸毒注射都可能感染；母婴接触感染 —— 传宗接代也成了问题。稍不注意，你就失去了宝贵的 T4 细胞。

"中国是一片净土吗？"这是曾教授最熟悉的问题，但也是他最难回答的问题。自从有位来中国旅游的美籍华人患艾滋病死在大陆以来，好像把中国看成净土已嫌天真。但连曾教授在内的大陆中国人都应该为此而庆幸：目前尚未发现一个生活在这片土地上的中国人是艾滋病患者。庆幸中的担忧是：外国血液制品已使4个中国青少年感染上了艾滋病毒。庆幸中有所保留的是：目前国内只检测了一万多重点人，这个数目太小。

目前看到的净土得益于国家行政命令的坚决。卫生部早就有了关于进口、使用外国血液制品的严格规定，曾教授谈到此事总有毫不掩饰的感激之情，因为，这便断了一条艾滋病传播的重要途径。

但中国不可能是一片净土，艾滋病肯定会继续传进来，这是教授的推测，因为性传播的途径很难用行政命令堵住。

教授给了一个信号：他们对要求在中国居住一年以上的外国人作了艾滋病毒血液检查，其中 10 人艾滋病毒抗体是阳性。

教授又给了一个信号：他们在某一个城市检查出一名有艾滋病毒的外国男学生，并让他离开中国，但他已和一些中国女孩有过性接触。

这该怎么办？和无知作斗争是艰苦的，长期的，教授这样说。他考虑的还有许多：在中国消灭了多年的"性病"复发已不再是秘密，这会不会打开艾滋病性传染的途径；在边远落后的地区，是否也要推广使用一次性注射器；就是中国国宝之一的针灸，是否也要改改那传统的，从一个人身上拔出又扎进另一个人体内的方法；世界上很多先进国家已做到对所有的血液及血液制品进行艾滋病毒检测，中国也应逐步普及血液检查……要做的事太多了。

尽管教授肯定艾滋病也会在中国流传，但看得出，他和我一样，心底都有一个美好的愿望：愿我们脚下的这片土地能纯净。

（原载《世界知识》1988年第4期，作者孙艳）

结束时间（一）：_____   结束时间（二）：_____
阅读时长（一）：_____   阅读时长（二）：_____

练   习

开始时间（一）：_____   开始时间（二）：_____

一、选择题

1. "中国设立艾滋病研究机构是赶时髦吗？""有些国家把艾滋病与经济发展相提并论，这是不是小题大作？"这些是_____。

（ ）（ ）a. 记者采访曾毅教授时，曾毅教授提出来的疑问

b. 记者采访曾毅教授时，记者提出来的疑问

c. 采访曾毅教授前，记者脑子里就有的疑问

d. 记者采访曾毅教授时，教授脑子里产生的疑问

2. 到1987年11月11日，全世界艾滋病发病者为6.4万，这是_____；到1991年世界将有100万艾滋病患者，这是_____。这些数字_____。

（ ）（ ）a. 预测数字／统计数字／是十分准确的

b. 统计数字／预测数字／是十分准确的

c. 预测数字／统计数字／不是十分准确的

d. 统计数字／预测数字／不是十分准确的

3. 对现在已患艾滋病人数的统计并不能准确地告诉我们今后几年内还会有多少人得艾滋病，因为_____。

（ ）（ ）a. 染上艾滋病毒的人约有10%——30%发病

　　　　　b. 染上艾滋病毒的人约有20%——50%会患艾滋病相关综合症

　　　　　c. 艾滋病患者还会把病毒传染给更多的人

　　　　　d. 艾滋病毒携带者大多数不知道自己有艾滋病毒他们会将病毒传染给更多的人,而且他们也并不全部发病

4. 艾滋病比癌症更可怕的原因是_____。

（ ）（ ）a. 艾滋病有传染性而癌症没有

　　　　　b. 某些早期癌症可以治愈

　　　　　c. 艾滋病可以预防

　　　　　d. 艾滋病有传染性，而且一发病就无法治疗

5. 艾滋病毒可以_____。

（ ）（ ）a. 直接把人杀死

　　　　　b. 把国防战士杀死

　　　　　c. 把T4细胞杀死

　　　　　d. 把人体免疫缺乏病毒杀死

6. _____，只有一位美籍华人患艾滋病死在中国，四位中国青少年使用外国血液制品感染上艾滋病毒。

（ ）（ ）a. 目前尚未发现一个中国人是艾滋病毒患者

　　　　　b. 目前尚未发现一个中国人是艾滋病毒携带者

　　　　　c. 目前尚未发现一个生活在中国的中国人是艾滋病患者

　　　　　d. 目前尚未发现一个生活在中国的中国人是艾

滋病毒携带者

7. _____的行政命令断绝了艾滋病传播的一条重要途径。

（ ）（ ）a. 严格控制性接触传播

b. 严格控制进口、使用外国血液制品

c. 在国内严格检测一万多重点人

d. 要求艾滋病患者离开中国

8. 艾滋病肯定会继续传入中国来，因为_____。

（ ）（ ）a. 性传播的途径是无法用行政命令堵住的

b. 在中国居住一年以上的外国人中有10人艾滋病毒抗体是阳性

c. 一名有艾滋病毒的外国男学生同许多中国女孩交上了朋友

d. 任何行政命令都是没有用的

9. 要使我们脚下的这片国土纯净，_____。

（ ）（ ）a. 我们有许许多多事情要做，而且这项工作也十分艰难

b. 我们就要消灭"性病"，而且这项工作十分艰难

c. 我们就要推广使用一次性注射器，这需要花很多钱

d. 我们就要改变针灸的传统方法，这会遭到许多人的反对

10. 这篇文章主要谈的是_____。

（ ）（ ）a. 艾滋病在全世界传播很快

b. 中国目前已有艾滋病患者

c. 要防止艾滋病在中国的传播

d. 艾滋病传播的主要途径

二、判断题

（　）（　）1. 艾滋病流行地区很广，传播速度很快。

（　）（　）2. 普通中国人认为艾滋病比癌症可怕。

（　）（　）3. 艾滋病毒携带者经过一段潜伏期后必然要发展为艾滋病患者。

（　）（　）4. 艾滋病虽然可以预防，但实施预防却非常困难。

（　）（　）5. 艾滋病患者的死亡不是由艾滋病毒直接造成的，而是由别的细菌病毒造成的。

（　）（　）6. "中国是一片净土吗?"这个问题非常好回答。

（　）（　）7. 中国有条件和能力对国内所有的人进行艾滋病毒检测。

（　）（　）8. 中国的边远地区目前还没有推广使用一次性注射器。

（　）（　）9. 中国已普及了血液和血液制品的艾滋病毒检测。

（　）（　）10. 艾滋病在中国流行是根本不可能的。

三、近义词选择题

1. 患艾滋病以后，人体内很多平时不发病的微生物此时发展起来，〔吞噬〕人的生命。

（　）（　）a. 吃　　　　　　　b. 咽下

　　　　　　c. 吞食　　　　　　d. 咬

2. 〔母婴〕接触也是艾滋病感染的一个途径。

（ ）（ ）a. 女性婴儿　　　　b. 母亲与婴儿

　　　　　　c. 母亲的婴儿　　　　d. 生孩子

3. 人体内有一种〔抵抗〕外来病毒及其它微生物的细胞叫
　 T4 细胞。

（ ）（ ）a. 抵制抗击　　　　b. 抵消抗击

　　　　　　c. 抵御抗击　　　　d. 抵触抗击

4. 外国血液制品已使4个中国青少年感染上了艾滋病毒,
　 我们为此感到〔担忧〕。

（ ）（ ）a. 忧虑　　　　　　b. 操心

　　　　　　c. 不放心　　　　　d. 忧烦

5. 在中国消灭了多年的"性病"〔复发〕已不再是秘密, 这
　 会不会又打开艾滋病性传染的途径。

（ ）（ ）a. 恢复　　　　　　b. 再次发生

　　　　　　c. 反复发生　　　　d. 回头

6. 有的国家竟把艾滋病与经济发展〔相提并论〕, 是否小题
　 大作?

（ ）（ ）a. 同时提出来加以讨论

　　　　　　b. 作为同等重要的事情看待

　　　　　　c. 先后提出引起了争论

　　　　　　d. 相互联系起来考虑

7. 根据各国正式报告的病例数, 全世界艾滋病患者有6.4
　 万。事实上全世界艾滋病患者〔远不止〕7万人。

（ ）（ ）a. 不会停止在　　　　b. 不仅仅

　　　　　　c. 以后会超过　　　　d. 大大超过

8. 依靠现代技术可以早期诊断某些癌症并且治愈它, 但艾
　 滋病一发病便〔不可救药〕, 不管是不是早期。

( ) ( ) a. 无法治好　　　b. 不能给病人吃药

( ) c. 不能抢救　　　d. 不能节省药物

9. 目前尚未发现一个生活在这片土地上的中国人是艾滋病患者，我们都应该为此而〔庆幸〕。

( ) ( ) a. (为这件事而)庆祝

b. (为这种幸运而)庆祝

c. (为这荣幸的事)感到高兴

d. (为这个意外的结果而)感到高兴

10. "中国也要设立艾滋病研究机构，赶时髦吗?" "艾滋病真有那么〔邪乎〕吗?"我脑子里不断产生出各种各样的疑问。

( ) ( ) a. 邪恶　　　b. 厉害

c. 曲折　　　d. 歪斜

结束时间（一）:＿＿＿＿　结束时间（二）:＿＿＿＿

练习时长（一）:＿＿＿＿　练习时长（二）:＿＿＿＿

表一. 时长评分标准:（时长单位: 分钟）

阅　读 时　长	11 ｜ 11	12 ｜ 12	13 ｜ 13	15 ｜ 15	16 ｜ 16	19 ｜ 19	22 ｜ 22	26 ｜ 22	26
得分数	40	35	30	25	20	15	10	5	0
超总时长扣分标准				每超过1分钟扣1分					

表二. 练习成绩统计及评定：（时长单位：分钟）

	项 目	阅 读 时 长	练 习 时 长	练习题 正确数	超 时	总计分	评 定 等 级	HSK 分 数 等 级
第一次	完成情况							
	得 分				扣分			
第二次	完成情况							
	得 分				扣分			

表三. 部分外国留学生速读情况调查结果：

（时长单位：分钟；速度单位：字／分钟）

调 查 对 象 情 况			阅 读		练 习				
学习 时间	国 别 与 人 数		平均 时长	平均 速度	平均 时长	平均正确题数			平均 正确率
						一	二	三	
800 小时 以上	荷兰 泰国 菲律宾 日本	1 3 1 1	15	131	18	4	6	3	43％
800 小时 以下	德国 日本 印尼 美国	2 1 1 1	16	123	24	4	6	4	47％

表四. 部分中国学生速读情况调查结果:

（时长单位：分钟；速度单位：字/分钟）

调查对象		阅	读	练		习		
水平 档次	人 数	平均 时长	平均 速度	平均 时长	平均正确题数			平 均 正确率
					一	二	三	
甲	52	6	327	9	7	7	7	70%
乙	50	7	280	10	5	5	7	57%

练 习 答 案

一、　1. c　　2. d　　3. d　　4. d　　5. c
　　　6. c　　7. b　　8. a　　9. a　　10. c
二、　1. ✓　　2. ×　　3. ×　　4. ✓　　5. ✓
　　　6. ×　　7. ×　　8. ✓　　9. ×　　10. ×
三、　1. c　　2. b　　3. c　　4. a　　5. b
　　　6. b　　7. d　　8. a　　9. d　　10. b

训 练 文 二

中心词

1. 永生　　　　life eternal
2. 机体　　　　organism
3. 寿命　　　　lifespan; life
4. 衰老　　　　become old and feeble; become decrepit;
　　　　　　　 be senile
5. 新陈代谢　　metabolism
6. 氧　　　　　oxygen
7. 神经内分泌　neurosecretion; neuroendocrinic
8. 激素　　　　hormone
9. 胰岛素　　　insulin
10. 免疫系统　 immunity system from disease
11. 白血球　　 white blood cell
12. 病菌　　　 pathogenic bacteria; germs
13. 真菌　　　 fungus
14. 腺变异　　 gland variation
15. 细胞分裂　 cell division

规定总时长：24 分钟（阅读：11 分；练习：13 分）
开始时间（一）：＿＿＿＿　开始时间（二）：＿＿＿＿

揭开死亡之谜

　　科学家早已告诉人们，生命不是永恒的。尽管人人都希望永生。于是人们便这样理解永生，艺术家把艺术看作永生，道德家把声名看作永生，科学家把成功看作永生，政治家把政绩看作永生……莫扎特的 B 小调安魂曲则用美妙的乐声祝福那不死的灵魂。

　　莫扎特祝福灵魂不死，另有一大批人则正在研究人类机体生存的秘密，想要延长、再延长人的寿命，而且他们乐此不疲。早年这些人是巫术师，江湖医生和炼丹师，然而他们不仅没有找到长生不老的药，连延长寿命的根本办法也没找到。他们生活的年代，人的平均寿命是很短的。本世纪中期，科学家断言，阻止人体衰老是办不到的，这似乎已经成了最后的判决，然而文明和进步确实延长了人的寿命，这也是事实。据说罗马帝国时代人的寿命常常不到 20 岁，14 世纪法国宫廷的贵人往往也只能活到 30 多岁。现代的人活到六、七十岁已经不稀奇了。对于这样的进步，科学家们并不满足。他们承认生命延长靠的是良好的营养，靠的是医学的进步，总之是生活质量的提高。现代科学家在逐步探究解开人类生命之谜的两大要素: 人为什么会衰老? 人是怎样衰老的?

一、遗传基因决定寿命

　　一般认为，人的寿命应为 110 岁，为什么不是人人都可以活到 110 岁，而且为什么不能是 150 岁甚至更长呢? 一些科学家认为 110 岁是先人遗传给我们的最大负荷量。那么遗传基因是怎样制约我们生命的呢？他们认为遗传基因是通过对身材高矮，新陈代谢快慢及其他生理特性的影响，间接地制约我们的寿命。这种基因可能不断地去堵塞新陈代谢的通道，从而导致衰老。基因虽然不破坏机体的生命功能，但它逐步丧失了修补机体的能力，而使机体无法继续其原有的功能。

二、氧维系生命也断送生命

有的科学家认为，人体利用氧维持新陈代谢的进行，在这个过程中会产生一种叫自由基的化学物质，它能直接氧化同它接触的所有分子并成为我们机体的基本动力。但是自由基的副作用是在同细胞其它成分接触时发生氧化，损伤细胞，引起新陈代谢功能的障碍，导致细胞死亡。一些生物最终离开海洋，生活在充满氧气的陆地，进化成人类及其它生物，而人类生命中不可缺少的氧却又断送了生命，这是多么不可思议啊。

三、来自神经内分泌专家的报告

专家从为糖尿病人注射激素得到启发，认为正常人的神经内分泌系统可以通过胰岛素自动调节人体的血糖含量，进而控制着人的成长。衰老是由激素产量下降引起的，也就是说由于神经内分泌系统失灵或不畅通引起的。因此可以说，神经内分泌系统决定着人的衰老过程，是人体的生命钟。

四、免疫系统的作用

生命的一个大敌是疾病。免疫系统通过产生白血球使我们免受病毒、病菌、真菌等对我们机体的侵害。白血球的这种作用受到胸腺激素的影响。而胸腺激素的活力随着年龄增长而退化。衰老着的人体的免疫系统又会产生一种抗体，去伤害机体本身的细胞。免疫系统的自我毁灭造成生命的终结。

五、固有细胞的死亡

一个人如果不生病便会永生吗？不，根据科学家论证，即使不生病，人也会由于细胞发生腺变异而死亡。人体的细胞不能永远分裂下去，而是经多次分裂后死亡。因此持这种见解的科学家认为因主要脏器运行不良引起的死亡是"生理事故"，而"自然死亡"应以细胞分裂结束为标志。按一般的认识，后一种死亡应在百岁以后，这样看来，研究前一种死亡只能解决延寿问题，研究后一种死亡才能解决"永生"问题。

尽管众说纷纭，但有一点是科学家们都承认的，即衰老和死亡决不单纯是某一方面引起的。当前，科学已处于要查明衰老的原因，并把衰老的因果区分开来的阶段，这比我们的先人进行的炼取长生不老药之类的活动离实现永生的渴望更接近了一步，也可以说是迈出了实质性的一步。

（原载《世界知识》1988年第2期，作者张学信）

练　习

一、选择题

1. 艺术家把_____看作永生，道德家把_____看作永生，科学家把_____看作永生，政治家把_____看作永生。

（　）（　）a. 政绩／声名／成功／艺术

　　　　　　b. 艺术／声名／成功／政绩

　　　　　　c. 声名／艺术／成功／政绩

　　　　　　d. 成功／政绩／艺术／声名

2. 有很多_____为研究人类机体生存的秘密，为延长，再延长人的寿命而勤奋工作，他们已经快要查明衰老的原因了。

（　）（　）a. 巫术师　　　　　b. 江湖医生

　　　　　　c. 科学家　　　　　d. 炼丹师

3. 与几百年前相比，人的寿命的确延长了，这是因为_____。

（　）（　）a. 科学家已经找到了延长寿命的办法

　　　　　　b. 人们已经改变了14世纪法国宫廷贵人的那种生活方式

　　　　　　c. 人们的生活质量提高了

　　　　　　d. 科学家解开了"人为什么会衰老？人是怎样衰

老的?"这两个谜。

4. 遗传基因制约了我们的生命,_____。

( )( ) a. 它破坏机体的生命功能

　　　　b. 它使我们的新陈代谢加快

　　　　c. 它到110岁就开始衰老

　　　　d. 它逐步丧失修补机体的能力,使机体无法继续
　　　　　 原有的功能。

5. 自由基的副作用是_____。

( )( ) a. 维持新陈代谢的进行

　　　　b. 损伤细胞,引起新陈代谢功能障碍,导致细胞
　　　　　 死亡

　　　　c. 人类机体的基本动力

　　　　d. 断送人的生命

6. 神经内分泌专家认为衰老是由_____引起的。

( )( ) a. 糖尿病引起的

　　　　b. 给人体注射过量激素

　　　　c. 神经内分泌系统失灵或不通畅

　　　　d. 胰岛素自动调节人体血糖含量

7. 衰老着的人体的免疫系统也会产生一种抗体_____。

( )( ) a. 去伤害机体本身的细胞

　　　　b. 去影响胸腺激素

　　　　c. 去侵害白血球

　　　　d. 使人体免受病毒、病菌、真菌的侵害

8. 自然死亡_____。

( )( ) a. 是因主要脏器运行不良引起的死亡

　　　　b. 应以细胞分裂结束为标志

c. 是因疾病而引起的死亡

d. 是人在一百岁以后的死亡

9. ＿＿＿已经迈出了实际性的一步。

（　）（　）a. 炼取长生不老药的活动

b. 对人类如何成熟的研究

c. 人类对延寿与永生的研究

d. 对灵魂不死的研究

10. 这篇文章主要告诉我们＿＿＿＿。

（　）（　）a. 死亡是不可战胜的

b. 人类正在进行战胜死亡的斗争

c. 科学家对衰老与死亡的问题, 看法不同, 众说
纷纭

d. 人最多可以活到110岁

二、判断题

（　）（　）1. 由于巫术师及炼丹师的努力, 人的寿命延长
了。

（　）（　）2. 现代科学的发展动摇了"阻止人体衰老是办不
到的"这一断言。

（　）（　）3. 能活到 70 岁的人现在越来越多。

（　）（　）4. 我们寿命的最大负荷量是 150 岁。

（　）（　）5. 自由基能直接氧化同它接触的所有分子并成
为我们机体的基本动力。

（　）（　）6. 人类生命中不可缺少的氧与人体衰老、死亡
毫无关系。

（　）（　）7. 人的神经内分泌系统是人体的生命钟。

（　）（　）8. 白血球会侵害人的免疫系统。

（　）（　）9. 一个人如不受疾病侵害就不会死亡。

（　）（　）10. 引起衰老与死亡不可能只有一个原因。

三、近义词选择题

1. 据说14世纪法国宫廷的〔贵人〕也往往只能活到30岁。

（　）（　）a. 很有钱的人　　　　　b. 尊贵的人

　　　　　　 c. 爱花钱的人　　　　　d. 了不起的人

2. 一大批科学家正在〔探究〕人体生存的秘密, 为延长、再延长人的寿命而努力工作。

（　）（　）a. 探听　　　　　　　　b. 试探

　　　　　　 c. 探索　　　　　　　　d. 追查

3. 现代科学家在逐步探究巫师们所没接触过的, 解开人类生命之谜的两大〔要素〕: 人为什么会衰老? 人是怎样衰老的?

（　）（　）a. 基本的要求　　　　　b. 主要的因素

　　　　　　 c. 需要　　　　　　　　d. 朴素

4. 这种基因可能不断地去堵塞新陈代谢的通道, 从而〔导致〕衰老。

（　）（　）a. 制造　　　　　　　　b. 引起

　　　　　　 c. 创造　　　　　　　　d. 生产

5. 氧〔维系〕生命也断送生命, 这是多么不可思议啊!

（　）（　）a. 维修　　　　　　　　b. 维新

　　　　　　 c. 维持　　　　　　　　d. 维护

6. 人人都希望永生, 可生命不是永恒的, 于是人们便这样理解永生: ……道德家把〔声名〕看作永生……。

（　）（　）a. 名字　　　　　　　　b. 社会的评价

　　　　　　　　c. 声明　　　　　　　　d. 名气

7. ······政治家把〔政绩〕看作永生······。

（　）（　）a. 政治家的成绩　　　　b. 政策与功绩

　　　　　　　　c. 政权与成果　　　　　d. 政治与成绩

8. 一些科学家正在研究人类如何战胜衰老，如何战胜死亡，
　　而且他们〔乐此不疲〕。

（　）（　）a. 为做这件事高高兴兴地到处奔忙

　　　　　　　　b. 乐于做这件事，不觉疲倦

　　　　　　　　c. 为不感到疲劳而高兴

　　　　　　　　d. 因为高兴忘记了疲倦

9. 〔早年〕这些人是巫术师、江湖医生、和炼丹师，他们所
　　搞的那些玩意儿根本不能与现代科学家的研究相比。

（　）（　）a. 过春节以前　　　　　b. 前半年

　　　　　　　　c. 年轻的时候　　　　　d. 很多年以前

10. 当前，科学已处于要查明衰老的原因，并把衰老的因果
　　区分开来的阶段，这比我们的先人进行的炼取〔长生不
　　老〕药之类的活动离实现永生的渴望更近了一步。

（　）（　）a. 不衰老不死亡的　　　b. 越活越年轻的

　　　　　　　　c. 永保青春的　　　　　d. 永远不长大的

结束时间（一）：＿＿＿＿＿＿　　结束时间（二）：＿＿＿＿＿＿

练习时长（一）：＿＿＿＿＿＿　　练习时长（二）：＿＿＿＿＿＿

表一. 时长评分标准:（时长单位: 分钟）

阅　　读 时　　长	9 ｜ 	10 ｜ 9	11 ｜ 10	12 ｜ 11	14 ｜ 12	16 ｜ 14	19 ｜ 16	22 ｜ 19	｜ 22
得分数	40	35	30	25	20	15	10	5	0
超 总 时 长 扣 分 标 准				每 超 过 1 分 钟 扣 1 分					

表二. 练习成绩统计及评定:（时长单位:分钟）

	项　　目	阅　读 时　长	练　习 时　长	练习题 正确数	超　　时		总计分	评　定 等　级	H S K 分　数 等　级
第 一 次	完成情况								
	得　分				扣分				
第 二 次	完成情况								
	得　分				扣分				

表三. 部分外国留学生速读情况调查结果:

（时长单位：分钟；速度单位：字／分钟）

调查对象情况		阅读		练习				
学习时间	国别与人数	平均时长	平均速度	平均时长	平均正确题数			平均正确率
					一	二	三	
800小时以上	泰国 3 荷兰 1 日本 1 菲律宾 1	13	129	20	6	7	5	60%
800小时以上	德国 2 日本 2 印尼 1	20	84	24	5	6	5	53%

表四. 部分中国学生速读情况调查结果:

（时长单位：分钟；速度单位：字／分钟）

调查对象		阅读		练习				
水平档次	人数	平均时长	平均速度	平均时长	平均正确题数			平均正确率
					一	二	三	
甲	52	5	336	8	7	8	8	77%
乙	50	6	280	9	6	6	7	63%
丙	40	7	240	10	6	6	7	63%
丁	51	10	168	14	6	5	6	57%

练习答案

一、　1. b　　2. c　　3. c　　4. d　　5. b

　　　6. c　　7. a　　8. b　　9. c　　10. b

二、　1. ×　　2. ✓　　3. ✓　　4. ×　　5. ✓

　　　6. ×　　7. ✓　　8. ×　　9. ×　　10. ✓

三、　1. b　　2. c　　3. b　　4. b　　5. c

　　　6. b　　7. a　　8. b　　9. d　　10. a

测 试 文

中心词:

1.	按脉	feel the pulse; take the pulse
2.	中医院	a hospital of traditional Chinese medicine
3.	手腕	wrist
4.	跳动	beat; pulsate
5.	心脏	heart
6.	弹性	elasticity; resilience
7.	水泵	water pump
8.	伤寒	typhoid fever; typhoid
9.	诊断	diagnosis
10.	虚弱	weak; debilitated
11.	动脉硬化	arteriosclerosis

规定总时长: 21 分钟 (阅读: 8 分; 测试: 13 分)

开始时间: _____

医生为什么要按脉

如果你病了, 去中医院看病, 医生给你看病的时候, 一定会用手指摸触你手腕的血管, 检查你血管跳动的情况, 这就叫按脉。按脉到底有什么用呢? 我们说, 按脉是检查病的一种方法。给病人按脉, 可以知道病人的一些情况。

要知道，脉就是人身上的一种血管，这种血管叫动脉。它和心脏是连通的，心脏就像抽水站的水泵一样，它一松一缩、一下一下地把血送进动脉血管，由大动脉到小动脉，流遍全身。但是血管是软的，像胶皮管一样有弹性，心跳一下，送出一股血来，动脉管受到冲击，就胀一下，脉也就跳一下。心脏把一股一股的血不断地向外送，脉也就一下一下地跳动，这样，按脉就可以从脉的跳动情况，知道心脏跳动的情况、血液流动的情况和血管本身弹力好坏等。这就好比给园子浇水的工人能从流来的水的大小和快慢，知道水泵的工作是不是正常，水渠有没有毛病等。

从这个基本道理出发，我们就可以了解医生给病人按脉的意义了。医生给病人按脉，首先能知道病人脉管跳动次数的多少，身体健康的成年人，在安静的时候，男的脉管每分钟跳动 60 到 80 次，女的每分钟跳动 70 到 90 次。小孩比成人跳得快一些。人活动的时候、精神紧张的时候和吃饭以后，脉跳得快一些，这是正常现象。当人有了病，特别是发烧的时候，心脏跳得比平常快，脉的跳动也跟着加快，烧得越高，跳得越快。这时候按脉就可以根据脉的跳动快慢，知道病人是不是发烧，烧得厉害不厉害。有些病不是这样，比如伤寒病，病人发烧的时候，脉跳得并不快，当医生遇到发烧的病人脉跳得并不快的情况，会想到病人是不是得了伤寒病，再结合别的情况，就可以做出诊断。

按脉可以知道脉管跳动得是不是有力。脉管跳动有力的，说明心脏跳动的力量强，心脏跳动很正常；脉管跳动没有劲的，说明心脏跳动很弱，这可能是病人的心脏有了病，或者表明病人的身体很虚弱。但这也不是绝对的，身体胖的人，脉管比较深，摸上去也会觉得脉跳得很弱，这就不一定是身体虚弱的表现。

一般身体健康的人，脉跳得很均匀，不会一会儿快，一会儿慢。假如有人脉跳得很不均匀，一会儿快，一会儿慢；或者跳几下停一次；或者心跳很快，脉跳很慢；也有的人脉跳动得很强或很弱，这些都表明心脏有病，应当尽快治疗。有少数人在健康的情况下，脉的跳动也不均匀，比如吸气的时候跳得快一些，呼气的时候跳得慢一些，这不是病，不用担心。

按脉可以知道脉管的弹力大小。健康的人，脉管不软不硬，弹性好。如果有人的脉管发硬，失去弹性，像绷紧的弦一样，或者脉管摸上去不平滑，这表示动脉变硬，叫动脉硬化症。这样的病人，脑子里和心脏里的血管同样会变硬，就容易得动脉硬化性心脏病和中风。

中医大夫按脉特别细致，可以根据脉的变化，分出一个人的体质强弱和病的性质。但是话又说回来，按脉只是检查病的一种办法，得到的也只是一部分情况。要诊断一种病，还必须参照别的情况全面考虑，才能作出正确的诊断。

那么按脉为什么要在手腕上按呢？其实人身上很多地方都可以按，比如耳前、下巴、大腿靠里的一面等。因为手腕上的脉管最浅，也很方便，所以无论是中医还是西医，都按手腕上的脉管来检查心脏跳动的情况。

（原载《千万个为什么》，主编徐桂峰，中国友谊出版公司，1989）

结束时间：_____　阅读时长：_____

测 试 题

开始时间: _____

一、选择题

1. 医生给病人看病，按脉时是 _____。

( ) a. 用手指摸病人的手腕

    b. 用手指摸触病人手腕的血管

    c. 摸触病人的手指

    d. 用手指按住病人手指的血管

2. 血管的跳动从根本上说是由于 _____ 引起的。

( ) a. 心脏有毛病   b. 血管弹力太强

    c. 心脏跳动   d. 水泵打水

3. 我们可以从脉的跳动知道 _____。

( ) a. 动脉管是否受到冲击而胀一下

    b. 心脏是不是把血不断向外送

    c. 脉是不是一下一下地跳

    d. 心脏跳动、血液流动和血管本身弹力好坏等情况

4. 男的脉管跳动比女的 _____，成人比小孩跳得
_____，吃饭以后，脉跳得 _____一些。

( ) a. 快／快／快   b. 慢／慢／慢

    c. 慢／慢／快   d. 快／快／慢

5. 当病人得了伤寒的时候 _____。

( ) a. 病人发烧，脉跳得并不快

    b. 病人不发烧，脉跳得并不快

    c. 病人不发烧，脉跳得很快

d. 病人发烧，脉跳得很快

6. 一般讲，病人烧得越高＿＿＿＿＿＿＿＿＿＿。

（　）a. 脉跳得比平常快　　　　　b. 脉跳得越快

　　　 c. 脉跳得比平常慢　　　　　d. 脉跳得越慢

7. 当一个人的脉管跳动没有劲儿的时候，这说明＿＿＿＿＿＿＿。

（　）a. 这个人的心脏有病或者身体较弱

　　　 b. 这个人没睡好觉

　　　 c. 这个人得了中风

　　　 d. 这个人脉管发硬

8. ＿＿＿＿＿＿＿＿＿＿，有少数人在健康的情况下也会这样，不用担心。

（　）a. 脉跳几下停一次

　　　 b. 心跳很快而脉跳动很慢

　　　 c. 脉跳动有时强有时弱

　　　 d. 吸气时心脏跳得快一些，呼气时跳得慢一些

9. 中医大夫按脉特别细致，由此可以得到病人身体的＿＿＿＿＿＿＿＿，它是＿＿＿＿＿＿＿＿。

（　）a. 全部情况／检查病的一种方法

　　　 b. 一部分情况／检查病的一种方法

　　　 c. 全部情况／诊断病的一种方法

　　　 d. 一部分情况／治疗病的一种方法

10. 病人是否发烧、＿＿＿＿＿，这些情况都可以通过按脉检查出来。

（　）a. 心脏是否有病、是否得了中风

　　　 b. 身体是否虚弱、是否得了中风

c. 精神是否有病、是否得了中风

d. 心脏是否有病、身体是否虚弱

二、判断题

（　）1. 按脉是中医检查病的一种传统方法。

（　）2. 心脏将血送进动脉血管，由小动脉到大动脉，流遍全身。

（　）3. 脉管跳动次数的多少，可以准确反应人的健康情况。

（　）4. 人活动的时候或精神紧张的时候，脉跳动要快一些。

（　）5. 一般讲脉管跳动有力是心脏跳动正常的一种表现。

（　）6. 得动脉硬化病的人，他的脉管一定发硬，失去弹性。

（　）7. 手腕是唯一可以按脉的地方。

（　）8. 身体胖的人，一般脉跳得较弱。

（　）9. 健康的人，脉管不软不硬，弹性好，而且摸上去很平滑。

（　）10. 按脉对诊断病情是有作用的，但这种作用也是有限的。

三、近义词选择题

1. 动脉血管与心脏是〔连通〕的。

（　）a. 靠在一起的　　　　　　b. 连接相通的

　　　c. 空的　　　　　　　　　d. 有联系的

2. 按脉只是〔检查〕病的一种方法，得到的也只是一部分情况。

（ ）a. 查看　　　　　　　　b. 调查

　　　c. 检验　　　　　　　　d. 检疫

3. 我们可以从脉管跳动的〔快慢〕知道心脏工作的一些情况。

（ ）a. 速度　　　　　　b. 一会儿快，一会儿慢的情况

　　　c. 快与慢两种情况　d. 先快后慢这种情况

4. 要诊断一种病，除了按脉以外，还必须〔参照〕别的情况全面考虑。

（ ）a. 对照　　　　　　　　b. 按照

　　　c. 参加　　　　　　　　d. 参考

5. 也有的人脉管跳动〔时强时弱〕，这些都表明心脏有病。

（ ）a. 有时强有时弱　　　　b. 先强后弱

　　　c. 强与弱按时变化　　　d. 强弱时间相等

6. 心脏〔一松一缩〕，一下一下地把血送进动脉血管，由大动脉到小动脉，流遍全身。

（ ）a. 一会儿松，一会儿缩　b. 反复交替松缩

　　　c. 松一松缩一缩　　　　d. 松一下缩一下

7. 有些人脉管发硬，失去弹性，像〔绷紧〕的弦一样。

（ ）a. 紧急　　　　　　　　b. 紧张

　　　c. 拉紧　　　　　　　　d. 赶紧

8. 脉管跳动没有劲儿，说明心脏跳动很弱，这可能是病人心脏有病，或者表明病人身体很衰弱，但这也不是〔绝对〕的，身体胖的人就可能是例外。

（ ）a. 完全正确的　　　　　b. 最好的

　　　c. 确定的　　　　　　　d. 没有任何条件的

9. 手腕上的脉管最浅，也很方便，所以不管是中医还是
〔西医〕都按手腕上的脉管来检查心脏跳动的情况。

（　）a. 中国西部的医学

　　　b. 西藏的医学

　　　c. 从欧美各国传入中国的医学

　　　d. 从中国以西国家传入中国的医学

10. 中医大夫按脉特别〔细致〕，可以根据脉的变化，分
出一个人的体质强弱和病的性质。

（　）a. 详细　　　　　　　b. 标致

　　　c. 致命　　　　　　　d. 仔细

结束时间：_____　测试时长：_____

表一. 时长评分标准：（时长单位：分钟）

阅　读 时　长	6.7 | 6.7	7 | 7	8 | 8	9 | 9	10 | 10	12 | 12	14 | 14	16 | 16
得分数	40	35	30	25	20	15	10	5	0
超总时长扣分标准	每超过1分钟扣1分

表二. 测试成绩统计及评定：（时长单位：分钟）

项　　目	阅读 时长	测试 时长	测试题 正确数	超　时	总 计分	评定 等级	HSK 分数等级
完成情况							
得分			扣分				

表三. 部分外国留学生速读情况调查结果:

（时长单位：分钟；速度单位：字／分钟）

调查对象情况		阅读		练习				
学习时间	国别与人数	平均时长	平均速度	平均时长	平均正确题数			平均正确率
					一	二	三	
800小时以上	泰国 3 菲律宾 1 荷兰 1 日本 1	10	122	16	6	6	5	57%
800小时以下	德国 2 日本 2 印尼 1	13	94	18	7	7	5	63%

表四. 部分中国学生速读情况调查结果:

（时长单位：分钟；速度单位：字／分钟）

调查对象		阅读		练习				
水平档次	人数	平均时长	平均速度	平均时长	平均正确题数			平均正确率
					一	二	三	
甲	52	4	304	7	8	7	9	80%
乙	50	5	243	8	8	6	8	73%
丙	40	6	203	10	7	5	7	63%
丁	51	7	174	12	7	5	7	63%

练 习 答 案

一、　1. b　　2. c　　3. d　　4. c　　5. a

　　　6. b　　7. a　　8. d　　9. b　　10. d

二、　1. ✓　　2. ✗　　3. ✗　　4. ✓　　5. ✓

　　　6. ✓　　7. ✗　　8. ✓　　9. ✓　　10. ✓

三、　1. b　　2. a　　3. a　　4. d　　5. a

　　　6. b　　7. c　　8. d　　9. c　　10. d

第 十 一 单 元

训 练 文 一

中心词:

1.	火星	Mars
2.	登陆	landing; land on
3.	太阳系	solar system
4.	行星	planet
5.	航天	spaceflight
6.	宇宙飞船	spaceship; spacecraft
7.	无人探测器	unmaned probe; pilotless probe
8.	切向飞行	tangential flight
9.	航线	trajectory
10.	资料	data
11.	太空	outer space; firmament
12.	星球大战	star wars
13.	课题	problem; task

规定总时长: 24 分钟 (阅读: 11 分; 练习: 13 分)

开始时间 (一): _____ 开始时间 (二): _____

火星登陆

美苏宇航员登上月球已经有 15 年了。那么人类的下一个目标是什么呢？那就是火星登陆。

太阳系有许多行星。人类虽然已经登上月球，但还没有跨出地球的圈子，因为月球只是地球的卫星。人类只有到其它行星上去，才算真正跨出了地球的圈子。

苏联已决心在人类向火星进军时捷足先登。

去年，苏联科学院院长亚历克赛·桑德罗夫在莫斯科发表谈话，声称苏联目前已有能力载人向火星飞行，并加快做好火星登陆的各种准备，以开创人类航天的又一新里程。何时登上火星呢？计划已定。苏联选在 1992 年十月革命节 75 周年之际，让苏联宇航员占领火星后，再重返地球。考虑到从地球到火星往返一次得需要两三年的时间，所以打算在 1988 年就开始向火星发射航天载人飞船。

美国得知这一信息后，认为自己在航天载人长期飞行方面远远落后于苏联，因而提出与苏联联合进行火星登陆航天演习的要求，但被苏联婉言拒绝。

美国科内尔大学教授卡尔·萨根在美国国会上提出，美国具有航天飞行的优势（那时"挑战者号"还未爆炸），而苏联有长期载人宇宙飞行的优势，如果美苏合作，火星登陆便能更快、更顺利地实现。苏联对这一建议很不满意，他们想方设法阻止美国插手。在这种情况下，美国一方面宣布将于 1990 年单独发射火星轨道器，以显示自己的力量；另一方面又邀请两位苏联宇航员访问美国肯尼迪航天中心，并与美国宇航员座谈联欢，极力拉拢。这两位苏联宇航员曾参加过美苏"阿波罗—联盟号"宇宙飞船的太空对接, 和美国有过较多的交往, 美国企图通过他俩来促进美苏联合火星航天登陆计划的实现。

根据目前探测, 适合于人类登陆的太阳系行星, 首先是火星。无人探测器早已在火星上多次着陆成功, 所以, 航行到火星表面对现有的航天技术来说已不成什么问题。但是载人飞行需要两三年的长时间, 这是否可能, 却还是个谜。

苏联现已设计出的火星载人飞行的航线, 共有两个方案。第一个方案是双曲线轨道飞行, 即出发和返回都是选在地球和火星绕太阳回转到最佳位置时开始的。据测算, 从地球到火星仅单程飞行就要 259 天, 来回 518 天。可是为了等火星和地球绕到最佳飞行位置, 宇航员在火星上需等待时机, 停留 454 天。这样一来, 大约要 2 年零 8 个月的时间。第二个方案则是作切向短程飞行, 单程一次只要 70 天, 而在火星上等待的时间也仅 13 天, 共为 153 天。采用第二个方案固然好, 但是切向飞行直来直去, 着陆比较困难。

苏联认为他们的火星登陆已有把握, 因无人探测器已多次在火星表面着陆成功, 并在火星表面上有效地工作达 6 年多, 向地球传来了 300 多万份火星气象资料及火星地面资料, 对火星的气候非常了解, 对火星上的土壤也做出了可靠的分析。据此, 苏联查明火星上虽然没有生命存在, 但人类登上火星也没有什么危险性, 加上苏联的登月成功和长期航天飞行成功, 完全可以证明人类可以在太空生活两三年, 不会出现太多的问题。如有问题, 也仅是补充供给问题, 何况苏联还有一批具有长期航天经验的宇航员。所以他们认为登上火星的条件基本具备, 登陆成功颇有把握。

美国遭到苏联拒绝后, 积极研究对策。在苏联一心想着火星登陆的时候，美国先集中精力搞好月球基地的开创建设工作，积累足够的经验，待到 2010 年，到火星上建设火星基地，企图在那时候一下子超过苏联。因此，美苏在空间的计划，除了太空武器及防御方面的星球大战计划外，还在太空星球登陆和基地建设方面进行竞争。

据研究，火星登陆和月球登陆大同小异。所不同的是，到火星登陆航天时间长，返航时要等候时机，所以长时间航天能否适应成为关键性课题。对此，苏联已做了充分准备，他们的宇航员在太空中只要条件适当，可以像在地面上一样生活，生理上没有太多的问题，有也只是心理障碍问题。苏联已让宇航员模拟太空环境进行了试验，证实完全可以解除宇航员长期生活于太空中的心理障碍。目前的主要问题是，要部署好及时的后勤支援。

（原载《科学与生活》1987 年第 2 期，作者山松）

结束时间（一）：＿＿＿＿＿　结束时间（二）：＿＿＿＿＿
阅读时长（一）：＿＿＿＿＿　阅读时长（二）：＿＿＿＿＿

练　习

开始时间（一）：＿＿＿＿＿　开始时间（二）：＿＿＿＿＿

一、选择题

1. 人类现有的载人航天活动还没有＿＿＿＿＿＿。

（　）（　）a. 登上月球　　　　　b. 取得成功

　　　　　c. 跨出地球的圈子　　d. 登上地球的卫星

2. 苏联选定1992年十月革命节75周年的时候让宇航员在火星上登陆，再返回地球，所以打算在_____就向火星发射航天载人飞船。

（　）（　）a. 1992年二三月　　　　b. 1975年二三月

　　　　　　c. 两三年以后　　　　　　d. 1988年

3. 美国希望与苏联联合进行火星登陆航天演习，是因为_____。

（　）（　）a. 美国在航天载人长时间的飞行方面比苏联落后很多

　　　　　　b. 美国在航天飞行上比苏联落后

　　　　　　c. 很久以来，美国的航天事业都落后于苏联

　　　　　　d. 实际上，苏联的航天事业比美国落后

4. 美国的一位教授在美国国会上指出_____。

（　）（　）a. 在长期载人太空飞行方面，苏联占优势

　　　　　　b. 单纯的太空飞行，美国占优势

　　　　　　c. 美苏合作将更有利于实现人类火星登陆

　　　　　　d. a、b、c 三点

5. 太阳系的行星中，最适合人类登陆的是_____。

（　）（　）a. 木星　　　　　　　　b. 土星

　　　　　　c. 火星　　　　　　　　d. 月球

6. 苏联设计的火星载人飞行航线第二方案的特点是_____。

（　）（　）a. 时间短，着陆难　　　b. 时间长，着陆容易

　　　　　　c. 时间适当，着陆不难　d. 着陆难，时间不宜

7. 尽管火星上不存在生命，但人类仍可以在那儿生活一段较长的时间，只要_____。

（　）（　）a. 掌握气候与土壤资料

　　　　　　b. 补充供给及时

　　　　　　c. 宇航员经验丰富

　　　　　　d. 飞行成功

8. 美苏空间计划的竞争包括＿＿＿＿＿。

（　）（　）a. 月球和火星基地的建设及积累经验

　　　　　　b. 火星登陆及月球基地的建设

　　　　　　c. 太空武器和星球大战计划

　　　　　　d. 太空武器、星球大战计划、太空星球登陆和
　　　　　　　　基地建设

9. 火星登陆的关键问题是＿＿＿＿＿。

（　）（　）a. 返航时机不成熟

　　　　　　b. 心理障碍无法克服

　　　　　　c. 如何适应长时间航天飞行

　　　　　　d. 与月球登陆完全不同

10. 苏联准备让宇航员在火星登陆的主要意义在于
　　　＿＿＿＿＿。

（　）（　）a. 在航天事业中战胜美国

　　　　　　b. 纪念十月革命节七十五周年

　　　　　　c. 开创人类航天的新里程

　　　　　　d. 在火星上修建火星基地

二、判断题

（　）（　）1. 人类登上火星才算真正离开地球的范围。

（　）（　）2. 苏联认为他们现在已有能力把人送上火星。

（　）（　）3. 美国的太空技术长期以来都比苏联落后。

（　）（　）4. 美国为了增进美苏两国宇航员之间的友谊，邀请了两位苏联宇航员访问美国肯尼迪航天中心。

（　）（　）5. 美国提出与苏联联合进行火星登陆航天演习，苏联答应得很勉强。

（　）（　）6. 人类在火星登陆虽然没有太大的危险，但载人长期的太空飞行仍没有充分的把握。

（　）（　）7. 按第一个火星载人飞行航线方案，宇航员经过 259 天的飞行后，需要在火星上休息 518 天才能返回。

（　）（　）8. 苏联准备按照第二个火星载人飞行航线方案把宇航员送上火星。

（　）（　）9. 美苏的太空竞争十分激烈。

（　）（　）10. 苏联现在没法知道宇航员是否能克服长期生活于太空中的心理障碍。

三、近义词选择题

1. 苏联正在做火星登陆的各种准备工作，以开创人类航天的又一〔新里程〕。

（　）（　）a. 新历史　　　　　　b. 新距离
　　　　　　c. 新工程　　　　　　d. 新理论

2. 苏联对这一建议十分不满意，他们想方设法阻止美国〔插手〕。

（　）（　）a. 动手　　　　　　　b. 握手
　　　　　　c. 伸手　　　　　　　d. 参加

3. 美国提出与苏联联合进行火星登陆航天演习的要求，但被苏联〔婉言拒绝〕。

（　）（　）a. 有礼貌地拒绝　　　b. 慢慢地拒绝

　　　　　　　c. 口头拒绝　　　　　d. 漂亮地拒绝

4. 苏联已决心在人类向火星进军时〔捷足先登〕。

（　）（　）a. 悄悄跑在前面　　　b. 首先登上高峰

　　　　　　　c. 首先达到目标　　　d. 加快跑步速度

5. 但是载人飞行需要两三年的长时间,这是否可能,却还是个〔谜〕。

（　）（　）a. 猜不出的谜语　　　b. 没弄明白的难题

　　　　　　　c. 迷住　　　　　　　d. 迷人

6. 苏联现已设计出的火星载人飞行的航线,共有两个〔方案〕。

（　）（　）a. 方法　　　　　　　b. 方向

　　　　　　　c. 计划　　　　　　　d. 决定

7. 据研究,火星登陆和月球登陆〔大同小异〕。

（　）（　）a. 相同点多于不同点　b. 相同点少于不同点

　　　　　　　c. 全部相同　　　　　d. 相差很多

8. 长时间航天能否适应已成为〔关键性〕课题。

（　）（　）a. 有关系的　　　　　b. 最重要的

　　　　　　　c. 无关系的　　　　　d. 一般性

9. 苏联已让宇航员模拟太空环境进行了试验,〔证实〕完全可以解除宇航员长期生活于太空中的心理障碍。

（　）（　）a. 证据　　　　　　　b. 实际

　　　　　　　c. 证明　　　　　　　d. 确实

10. 目前的主要问题是,要〔部署〕好及时的后勤支援。

（　）（　）a. 计划　　　　　　　b. 安放

c. 全部　　　　　　　　d. 安排

结束时间（一）：_____　结束时间（二）：_____

练习时长（一）：_____　练习时长（二）：_____

表一. 时长评分标准：（时长单位：分钟）

阅　读	9	10	11	12	14	15	18	22	
时　长	|	| 9	| 10	| 11	| 12	| 14	| 15	| 18	22
得分数	40	35	30	25	20	15	10	5	0
超 总 时 长 扣 分 标 准				每 超 过 1 分 钟 扣 1 分					

表二. 练习成绩统计及评定：（时长单位：分钟）

	项　目	阅　读 时长	练　习 时长	练习题 正确数	超　时	总计分	评　定 等　级	HSK 分　数 等　级
第一次	完成情况							
	得　分				扣分			
第二次	完成情况							
	得　分				扣分			

表三. 部分外国留学生速读情况调查结果:

（时长单位：分钟；速度单位：字／分钟）

调查对象情况		阅读		练习				
学习时间	国别与人数	平均时长	平均速度	平均时长	平均正确题数			平均正确率
					一	二	三	
800小时以上	泰国　　3 菲律宾　1 日本　　1	13	125	15	5	5	5	50%
800小时以下	日本　　2 德国　　1 丹麦　　1 印尼　　1	14	116	16	5	6	4	50%

表四. 部分中国学生速读情况调查结果:

（时长单位：分钟；速度单位：字／分钟）

调查对象		阅读		练习				
水平档次	人数	平均时长	平均速度	平均时长	平均正确题			平均正确率
					一	二	三	
甲	52	5	325	5	8	9	8	83%
乙	50	5	325	7	7	8	7	73%
丙	41	7	232	9	6	8	7	70%
丁	51	8	203	10	6	7	7	67%

练 习 答 案

一、　1. c　　2. d　　3. a　　4. d　　5. c
　　　6. a　　7. b　　8. d　　9. c　　10. c

二、　1. ✓　　2. ✓　　3. ×　　4. ×　　5. ×
　　　6. ✓　　7. ×　　8. ×　　9. ✓　　10. ×

三、　1. a　　2. d　　3. a　　4. c　　5. b
　　　6. c　　7. a　　8. b　　9. c　　10. d

训 练 文 二

规定总时长: 23 分钟（阅读: 10 分; 练习: 13 分）
开始时间（一）: _____　开始时间（二）: _____

月球太空城

在中国的古典文学和民间传说中, 常常提到月亮上的广寒宫, 说它是嫦娥奔月后居住的地方。

科学家与文学家不同, 他们想象不出月亮上会有这种东西存在。待到宇航员登月一看，竟然是一片不毛之地，哪有什么广寒宫。

不过话得说回来，毕竟是人类创造世界，所以科学家们又相信，总有一天，在月球上，要修建起广寒宫来。这便是目前人类在设计规划中的"月球基地计划"，又叫"月球太空城镇计划"。

美国有关当局最近公开宣布，美国打算在月球上建造一座太空城镇，并计划在 2007 年建成一个可以居住百人左右的基地。值得一提的是，这个月球基地的总设计师林铜博士是一位中国人。他现年 53 岁，台湾宜兰人，在台湾中原理工学院毕业后，又留学美国，获奥克拉荷马大学博士学位，后来在芝加哥建筑技术实验室工作。从 1981 年开始，他就潜心于月球"广寒宫"的设计。美国太空署十分赏识并支持他的设想，便把这一总体设计的任务交给了他，于是他就废寝忘食地大干起来。到了 1985 年，他向美国当局提出了初步设计方案，美国当局决定拨款 1000 亿美元来实现这一计划。

要在月球上建造"广寒宫"，不像在地球上那么容易。首先，月球上没有钢筋混凝土，如果从地球上运去，不仅太麻烦，而且光是运输费用，就不得了。林氏提出利用月球上的土壤就地制造混凝土。美国太空署把宇航员从月球上取回来的月球土给他做实验，结果他不负众望，实验成功。这种太空混凝土强度性能高于地球混凝土，其耐热、耐磨、耐腐蚀、耐真空和耐用度也都优于地球水泥。

之后，他们又设计了一座以月球混凝土为基建材料的月球基地初始建筑物。这是一座直径为 100 米的大圆柱型楼房，楼房有 3 层，底层、1 楼和 2 楼。每层都分隔成许多间，有宿舍、实验室、办公室、厨房、盥洗室、储藏室、娱乐室、修理室、仓库等等。各层楼房自成体系，万一其中某一间被破坏，不会影响其它房间的使用。建筑物高大坚实，可以防御宇宙射线的侵害，而且耐高温、耐撞击，人住在里面比生活在航天飞机中还要安全。建筑物里装有发电照明设施，并有人体供氧装置、淋浴设施等，具备应有的生活条件。由于这一建筑物是专供登月宇航员们居住、工作之用，故又称"月球招待所"。

按照美国的初步计划，这个"月球招待所"建设之初的一些器材、人员及生活用品等，要先从地球运到太空轨道上，再由登月舱运到月球上储存。然后就可开采月球上的岩土，用太阳炉在月亮上生产太空水泥，并制成各种混凝土构件。因为月球上缺水（也有一说，月球北极有水），搅拌水泥就得设法在月球上化合水。据探测，在月球地面下有不少氧气，可以抽吸出来，由航天飞机和登月舱送去压缩氢气，通过氢氧化合生成水。

美国打算先让两个大型航天登月舱飞到月球上着陆，每个登月舱可容6人。这12个宇航员兼专家，便是第一批开发月球基地的人。这两架登月舱便是宇航员在月球上的工作室和临时宿舍。其他的生活、工作和生产用品器材，在开始阶段也要由航天飞机送去。

在月球上是否能种庄稼的问题，美国也做了实验。美国宇宙农学家沃克舒博士用月球土成功地种出了莴笋、番茄等蔬菜，还可以种粮食，但得另加土壤添加剂和肥料。

月球太空城镇中，除了太空水泥厂外，还计划有太空冶炼厂。因为目前已证实月球岩土中含有铁和钛，以及多种金属元素。总之，一个死寂的月球，经过人的开发，完全有可能具有相当价值。当然，其艰苦程度，可能比现在人们去南极、北极探险要大，也困难得多，但人类在月球上建设太空城镇，必将是下一世纪人类的伟大历史使命。

（原载《科学与生活》1987 年第 3 期，作者番松）

结束时间（一）：＿＿＿＿　　结束时间（二）：＿＿＿＿

阅读时长（一）：＿＿＿＿　　阅读时长（二）：＿＿＿＿

练　习

开始时间（一）：＿＿＿＿　　开始时间（二）：＿＿＿＿

一、　选择题

1. "广寒宫"是＿＿＿＿＿＿。

（　）（　）a. 古代中国人在月球上修建的建筑物

　　　　　　b. 中国民间传说中月亮上的建筑物

　　　　　　c. 美国科学家在月球上修建的建筑物

　　　　　　d. 中国人将要在月球上修建的建筑物

2. 宇航员登上月球后，＿＿＿＿＿＿。

（　）（　）a. 确实发现了"广寒宫"

　　　　　　b. 他们就住在"广寒宫"

　　　　　　c. 发现了中国美女嫦娥

　　　　　　d. 只看到一片不毛之地

3. 月球太空城镇＿＿＿＿＿＿。

（　）（　）a. 目前正在设计规划中

　　　　　　b. 目前已经建成

　　　　　　c. 还没有开始设计规划

d. 还没有好的设计方案

4. 美国当局最近公开宣布，_____。

（　）（　）a. 计划在2007年建成一个月球基地

b. 计划在2007年开始建造月球基地

c. 计划在2007年开始设计月球基地

d. 计划在2007年前完成月球基地的设计

5. 中国人林铜博士是_____。

（　）（　）a. 月球基地的领导人

b. 月球基地的居住者

c. 月球基地的总设计师

d. 月球基地的建造者

6. 得到美国政府支持的林铜博士，_____。

（　）（　）a. 在1985年向美国当局提交了月球基地的设
计方案

b. 在1985年开始为美国设计月球基地方案

c. 建议美国在1985年开始月球基地的设计工作

d. 在1985年开始建造月球基地

7. 美国政府决定拨款1000亿美元，用来_____。

（　）（　）a. 支持林铜博士完成他的月球基地设计方案

b. 实现林铜博士设计的月球基地方案

c. 帮助林铜博士建造月球基地

d. 购买林铜博士的月球基地设计方案

8. 关于建造月球基地所需的混凝土，林铜博士主张
_____。

（　）（　）a. 从地球上运去

b. 从地球上运去制造混凝土的原料，然后在月

　　　　　球上制造

　　　　c. 把月球土运回地球制造,然后再运到月球上
　　　　　去

　　　　d. 利用月球土在月球上就地制造

9. 美国宇宙农学家沃克舒博士用月球土成功地

_____。

(　) (　) a. 制造出了水泥　　　b. 种出了蔬菜

　　　　　c. 种出了苹果　　　　d. 种出了香蕉

10. 月球上将建造太空冶炼厂,因为_____。

(　) (　) a. 人们可以从地球上运去铁矿

　　　　b. 月球土中含有铁和钛

　　　　c. 在月球上炼铁不需要铁矿

　　　　d. 可以从其它星球上运来铁矿

二、判断题

(　) (　) 1. 月亮上确实没有广寒宫。

(　) (　) 2. 美国政府决定拨款1000亿美元以后,林铜博士
　　　　　才开始月球太空城的设计。

(　) (　) 3. 太空混凝土在许多方面都优于地球混凝土。

(　) (　) 4. 月球基地初始建筑物是一座100米高的楼房。

(　) (　) 5. 月球表面就有大量的氧气。

(　) (　) 6. 在月球上建造基地,跟在地球上一样容易。

(　) (　) 7. 美国计划把混凝土从地球上运到月球上去。

(　) (　) 8. 建造月球基地所需要的工具都必须从地球运
　　　　　去。

(　) (　) 9. 美国政府计划把地球上的水运到月球上去。

( ) ( )10. 开发月球可能比去南极、北极探险的困难要
　　　　　多得多。

三、近义词选择题

1. 从1981年开始, 他就〔潜心〕于月球上的广寒宫的设计。

( ) ( ) a. 关心　　　　　　　　　b. 专心

　　　　　　c. 放心　　　　　　　　　d. 小心

2. 结果他〔不负众望〕, 实验成功。

( ) ( ) a. 实现了大家的愿望

　　　　　　b. 不能实现大家的愿望

　　　　　　c. 大家认为他没有希望

　　　　　　d. 他希望不要失败

3. 美国有关当局最近公开宣布, 美国〔打算〕在月球上建造
　　一座太空城镇。

( ) ( ) a. 计算　　　　　　　　　b. 打发

　　　　　　c. 准备　　　　　　　　　d. 打听

4. 美国太空署十分〔赏识〕并支持他的设想, 便把这一总
　　体设计的任务交给了他。

( ) ( ) a. 欣赏　　　　　　　　　b. 认识

　　　　　　c. 识别　　　　　　　　　d. 奖赏

5. 待到宇航员登月一看, 竟然是一片〔不毛之地〕, 哪有什
　　么广寒宫。

( ) ( ) a. 荒凉的地方　　　　　　b. 没有头发的地方

　　　　　　c. 没有动物的地方　　　　d. 没有头发的人

6. 美国〔当局〕决定拨款 1000 亿美元来实现这一计划。

( ) ( ) a. 当时的局面　　　　　　b. 顺利的局势

c. 有关政府部门　　　　d. 银行

7. 他提出利用月球上的土壤〔就地〕制造混凝土。

（　）（　）a. 在地球上　　　　b. 在地上

　　　　c. 借土地　　　　　　d. 在当地

8. 建筑物里装有发电照明设施，并有人体供氧〔装置〕、淋浴设施等、具备应有的生活条件。

（　）（　）a. 安装　　　　　　b. 布置

　　　　c. 设备　　　　　　d. 服装

9. 在月球上是否能种〔庄稼〕的问题，美国也做了实验。

（　）（　）a. 粮食作物　　　　b. 观赏植物

　　　　c. 蔬菜　　　　　　d. 小麦

10. 总之，一个死寂的月球，经过人的开发，完全有可能具有〔相当〕价值。

（　）（　）a. 同样　　　　　　b. 一定

　　　　c. 一样　　　　　　d. 当然

表一 阅读时长评分标准：（时长单位：分钟）

阅读时长	8 | 8	9 | 9	10 | 10	11 | 11	13 | 13	14 | 14	17 | 17	20 | 20	| 20
得分数	40	35	30	25	20	15	10	5	0
超总时长扣分标准				每超过 1 分钟扣 2 分					

表二. 练习成绩统计及评定：（时长单位：分钟）

	项 目	阅 读时 长	练 习时 长	练习题正确数	超 时	总计分	评 定等 级	HSK分 数等 级
第一次	完成情况							
	得 分				扣分			
第二次	完成情况							
	得 分				扣分			

表三. 部分外国留学生速读情况调查结果：

（时长单位：分钟；速度单位：字／分钟）

调查对象情况		阅 读		练 习				
学习时间	国 别 与人 数	平均时长	平均速度	平均时长	平均正确题数			平均正确率
					一	二	三	
800小时以上	泰国 3澳大利亚 1菲律宾 1日本 1	14	108	15	6	8	5	63%
800小时以下	日本 2德国 1印尼 1	12	126	13	6	7	7	67%

表四. 部分中国学生速读情况调查结果:

（时长单位：分钟；速度单位：字／分钟）

调查对象		阅　读		练　　习				
水平	人	平均	平均	平均	平均正确题数			平　均
档次	数	时长	速度	时长	一	二	三	正确率
甲	52	4	378	5	9	9	9	90%
乙	50	5	302	6	9	9	8	87%
丙	47	7	216	7	8	9	8	83%
丁	51	8	189	9	8	9	8	83%

练 习 答 案

一、　1. b　　2. d　　3. a　　4. a　　5. c

　　　6. a　　7. b　　8. d　　9. b　　10. b

二、　1. √　　2. ×　　3. √　　4. ×　　5. ×

　　　6. ×　　7. √　　8. √　　9. ×　　10. √

三、　1. b　　2. a　　3. c　　4. a　　5. a

　　　6. c　　7. d　　8. c　　9. a　　10. b

测 试 文

中心词:

1.	流星	meteor; shooting star
2.	相应	corresponding; relevant
3.	天象	astronomical phenomena; celestial phenomena
4.	恒星	(fixed) star
5.	大气层	atmospheric layer; atmosphere
6.	星际物质	interplanetary objects; interstellar objects
7.	宇宙空间	cosmic space; outer space
8.	天体	celestial body
9.	分子磨擦	friction between molecules; molecular friction
10.	电离	ionization
11.	陨星	meteorite; aerolite; stony meteorite
12.	元素	element

规定总时长: 23 分钟（阅读: 10 分; 测试: 13 分）

开始时间: _____

流　星

　　夜晚抬头远望,有时候天空突然一亮,接着就有一道光带在夜空掠过,来得突然,去得迅速,人们常常脱口呼出: 流星!

　　在中国古老的传说里,有着许多关于流星的神话。最普遍的说法是每个人都相应有一颗星,那个人死了,他的那颗相应的星就会落到地上来。因此每个帝王的身边,总有几个星官在观查天象,给帝王预报吉凶。有些传说,神乎其神,还谈到某人因为一颗星坠落,放声大哭,断定他的某一个知己或朋友死了。

　　这许许多多的传说,实在是一点科学根据都没有。

　　那么流星是什么? 是不是天上的那些星星中,有一部分掉下来了?

　　的确,天上有那么多星星,掉下来一些似乎也没什么可大惊小怪的。可实际上,别说掉下来一些,就是掉下来一颗,地球也就完了。我们看到的满天星斗,除了太阳系的几个行星外,都是恒星。这些恒星,小的跟太阳差不多,大的比太阳还大几千几万倍,别说它们掉下来,就是靠得近些,地球也会化成气体了。事实上,它们离地球非常远,和地球相碰的可能性是很小很小的。因此,根本没有天上的星星掉下来那么一回事。

　　那么,流星究竟是什么呢?

　　按科学的说法,流星是落入大气层的一种星际物质。

　　原来,宇宙空间并不是除了许多大天体以外,就是茫茫的空间,那里还有着各种星际物质。就像大海一样,除了鱼虾介贝之外,水中还有种种其它的小生物。这种星际物质小的像小小的灰尘,大的像座山,它们在空间都按照自己的轨道和速度运行。这些星际物质，不光是到地球上来，也到其它星球上去，月亮的表面像个蜂窝，就是它们作出的成果。有时候它们也互相碰撞，于是崩裂得更小；有时候又你追我赶，相互结合在一起。

这些星际物质又叫作"流星体"，它们自己不发光。当这些星际物质向地球飞来的时候，那个惊心动魄的场面，简直使你难以想象。

你看到过电影上火车头向你冲来的那个气势吗？这不过是每小时行驶 50—60 公里的火车；飞机俯冲的那个劲儿就更惊人，可是飞机也不过每小时千把公里。而星际物质奔向地球有多快呢？当他们接近地球的时候，流星相对于地球大气的速度非常高，每秒钟十几公里到 70—80 公里，比飞行最快的飞机还快几十倍。现在你试着去想想，这样的速度地球上的生命承受得了吗？

这要谢谢地球的大气层了，它保护着我们，使地球上的生命免除了天外飞来的横祸。原来星际物质在到达地球表面之前，首先要通过上千公里厚的大气层，这层大气越靠近地球表面分子越密，星际物质在进入大气层时就与大气里的分子发生磨擦，使空气电离并加热到几千度甚至几万度。哪一种物质能耐得住如此高的热度呢？于是星际物质在大气层里烧毁而气化了。

当然星际物质在大气里燃烧，不是一下子就烧完，它有一个燃烧过程。这个燃烧的过程伴随在星际物质运动的进程中，这样就形成了我们看到的那条光带，并且沿途留下空气电离的余迹。

有时候，体积过大的星际物质，还来不及烧完就落到地面上，这时我们就把它叫做陨星。我国早在公元前 687 年就有陨星坠落的记载。陨星有大有小，从几两重到几十吨重不等。由于大气稠密，落到地面上的陨星很少。它们到达地面时的速度也较慢，所以很少带来灾害。

星际物质的内容究竟是些什么呢？有没有地球上面没有的元素？

据科学家化验的结果，构成星际物质的无非是些铁、镍之类的东西，据说有些陨星是整块石头。也有人猜，星际物质中可能有些地球上没有的元素，只是燃烧的时候烧毁了。这一点暂时还得不到证实，因为星际物质一旦进入大气层就无法控制，也不能捕捉，只能暂且当一个谜。

（原载《千万个为什么》，主编徐桂峰，中国友谊出版公司，1989 年）

结束时间：_____　阅读时长：_____

测 试 题

开始时间：_____

一、选择题

1. 流星是一道光带，它_____。

（　）a. 在天空中停留很久　　b. 来得突然，去得迅速

　　　 c. 在天空慢慢移动　　　d. 天天在天上出现

2. 以下四种说法中，_____的说法有科学根据。

（　）a. 天上有一颗流星落下来，地上就有一个人死亡

　　　 b. 帝王旁边的星官可以根据天象给帝王报吉凶

　　　 c. 天上有那么多星星，一定有一些掉到地球上

　　　 d. 流星是落入大气层的一种星际物质

3. 星际物质_____。

（　）a. 是小灰尘，它只落到地球上

　　　b. 像大山一样大，它常撞在月球上，使月亮的表面像蜂窝

　　　c. 有大有小，它们会落到不同的星球上去

　　　d. 总是你追我赶，互相结合起来

4. 本文提到了火车、飞机、星际物质的运行速度，其中____。

（　）a. 火车行驶的速度最快

　　　b. 飞机飞行的速度最快

　　　c. 星际物质奔向地球的速度最快

　　　d. 磨车比飞机、星际物质的运行速度快

5. _____免除了星际物质对地球的伤害。

（　）a. 宇宙空间

　　　b. 星际物质与大气层磨擦

　　　c. 磨擦产生的高温烧毁并气化了星际物质

　　　d. b、c的共同作用

6. 我们看到的流星，实际上是_____。

（　）a. 大气的燃烧

　　　b. 星际物质在大气里燃烧

　　　c. 陨星燃烧

　　　d. 陨星

7. 陨星是_____。

（　）a. 星际物质燃烧后落到地面的灰尘，含铁、镍等

　　　b. 星际物质燃烧后落到地面的灰尘，含什么是个谜

　　　c. 燃烧未尽落到地面的星际物质，含铁、镍等

d. 燃烧未尽落到地面的星际物质,含什么是个谜

8. "我们不能确知星际物质原来包含什么元素"这句话
_____。

( ) a. 不对　　　　　　　　b. 对

( ) c. 有点儿不对　　　　　d. 从文章里找不到答案

9. 有人猜星际物质含有一些地球上没有的元素,但是
_____,我们目前只能把它当个谜。

( ) a. 科学家尚未化验出来

b. 当星际物质在大气层中燃烧时,这些元素被烧毁了

c. 科学家尚未找到陨星

d. 星球物质进四大气层就无法控制

10. 文章告诉大家_____。

( ) a. 不要害怕流星　　　　b. 大气层对流星很重要

( ) c. 陨星就是流星　　　　d. 关于流星的科学常识

二、判断题

( ) 1. 流星很早就引起人们的注意。

( ) 2. 观察天象可以预知吉凶。

( ) 3. 流星就是天上掉下来的恒星。

( ) 4. 每一星际物质都有自己的运行轨道和运行速度。

( ) 5. 星际物质自己不发光。

( ) 6. 星际物质要先通过大气层,然后才能到达地球。

( ) 7. 星际物质由于接触地球表面而燃烧。

( ) 8. 古代人从没见过陨星。

( ) 9. 陨星不会超过十吨。

( )10. 人类还不能在大气层中控制、捕捉星际物质。

三、近义词选择题

1. 夜晚抬头远望，有时可以看到一道〔光带〕在夜空扫过，人们常脱口呼出：流星!

( ) a. 条状的光　　　　　　　b. 发亮的带子

　　 c. 光线充足的地区　　　 d. 光秃秃的地区

2. 帝王身边的〔星官〕观察天象，给帝王预报吉凶。

( ) a. 官位很低的人　　　　　b. 负责观察星星的人

　　 c. 负责观察流星的人　　 d. 负责观察天象的人

3. 天上有那么多星星，掉下来一些似乎没什么可〔大惊小怪〕的。

( ) a. 过分惊讶　　　　　　　b. 惊讶但不奇怪

　　 c. 大人惊讶、小孩奇怪　 d. 不令人惊讶奇怪

4. 有时候星际物质互相碰撞，〔崩裂〕得更小。

( ) a. 砰地裂(成两半)　　　　b. 一下子分裂(成几部分)

　　 c. 山裂(开)　　　　　　　d. 砰地裂(开一条缝)

5. 星际物质在大气层里烧毁而〔气化〕了。

( ) a. 化成空气　　　　　　　b. 空气融化

　　 c. 变为气体　　　　　　　d. 化学气体

6. 某人因为某一颗星坠落，放声大哭，断定他的某一个〔知己〕或朋友死了。

( ) a. 相互了解而感情深厚的人

　　 b. 有知识的人

　　 c. 最了解自己的人

　　 d. 最了解自己的亲戚

7. 我们看到的满天〔星斗〕，除了太阳系的几个行星外，都

是恒星。

( ) a. 星星碰撞争斗 b. 很小的星星

  c. 星星 d. 斗状的星星

8. 地球的大气层保护着我们,使地球上的生命免除了天外飞来的〔横祸〕。

( ) a. 凶狠的灾祸 b. 意外的灾祸

  c. 无法躲避的灾祸 d. 令人恐惧的灾祸

9. 世界上哪种物质能〔耐得住〕几万度的高温呢?

( ) a. 有耐心等待一直到 b. 停留在

  c. 忍受住 d. 受得了

10. 对这种猜测我们还找不到证据,只能〔暂且〕当一个谜。

( ) a. 暂时 b. 在短时间内

  c. 目前 d. 而且

结束时间: _____ 测试时长: _____

表一. 时长评分标准: (时长单位: 分钟)

阅 读 时 长	8 | 8	9 | 9	10 | 10	11 | 11	12 | 12	14 | 14	16 | 16	19 | 19
得分数	40	35	30	25	20	15	10	5	0
超总时长扣分标准				每超过1分钟扣1分				

表二. 测试成绩统计及评定：（时长单位：分钟）

项　　目	阅读时长	测试时长	测试题正确数	超　时	总计分	评定等级	HSK分数等级
完　成　情　况							
得　分				扣分			

表三. 部分外国留学生速读情况调查结果：

（时长单位：分钟；速度单位：字／分钟）

调查对象情况			阅读		练　　习				
学习时间	国别	人数	平均时长	平均速度	平均时长	平均正确题数			平均正确率
						一	二	三	
800小时以上	泰国 菲律宾 日本	3 1 1	14	104	16	5	6	5	53％
800小时以下	日本 德国 印尼	2 2 1	13	112	14	6	7	6	63％

—348—

表四. 部分中国学生速读情况调查结果:

（时长单位：分钟；速度单位：字/分钟）

调查对象		阅	读		练	习		
水平	人	平均	平均	平均	平均正确题数			平　均
档次	数	时长	速度	时长	一	二	三	正确率
甲	52	4	364	6	8	8	9	83%
乙	50	5	291	6	7	7	8	73%
丙	47	7	208	7	7	6	8	70%
丁	51	8	182	9	6	6	7	63%

练 习 答 案

一、　1. b　　　2. d　　　3. c　　　4. c　　　5. d

　　　6. b　　　7. c　　　8. b　　　9. b　　　10. d

二、　1. ✓　　　2. ×　　　3. ×　　　4. ✓　　　5. ✓

　　　6. ✓　　　7. ×　　　8. ×　　　9. ×　　　10. ✓

三、　1. a　　　2. d　　　3. a　　　4. b　　　5. c

　　　6. a　　　7. c　　　8. b　　　9. d　　　10. a

第 十 二 单 元

训 练 文 一

中心词:

1. 高速运输　　　　high—speed transportation
2. 海底隧道　　　　submarine tunnel
3. 海峡　　　　　　channel; strait
4. 地下铁路　　　　underground railway; tube; subway
5. 真空通道　　　　vacuum subway
6. 桥梁　　　　　　bridge
7. 巴拿马运河　　　the Panama Canal
8. 地峡　　　　　　isthmus
9. 水槽　　　　　　water trough
10. 履带式拖车　　　caterpillar trailer; crawler trailer
11. 半潜式双体船　　semi—submerged catamaran
12. 机翼　　　　　　wing of an aircraft
13. 赤道宇宙基地　　the equator space port

规定总时长: 27分钟 (阅读: 11分; 练习: 16分)

开始时间 (一): _____　　开始时间 (二): _____

大型高速运输计划

世界经济不断发展,国际贸易日益频繁,这就要求建立与其发展相应的、速度更快、流通量更大、线路更长的国际运输系统。而且,随着宇宙开发的进展,人类的运输线还要伸延出地球以外,建立连接地球和宇宙的各种运输系统。

所有这一切,都在科学家的研究计划之中,美国、日本等先进国家的科技人员,已组成了大型工程研究组织,专门研究全球性的,大型运输系统基本建设发展方向。而金融银行界和工程企业界也积蓄了大量资金和人手,准备作长期的投资。

多用途的海底隧道,是连接海峡两岸的大型高速运输的主要设施之一。这种多用途的海底隧道内,除了有单线行驶的高速火车铁路新干线和双线行驶的线性电动机车道轨外,还有输油管、管道或货运系统、通讯电缆、给水管等。

建设海底隧道,需要很高的工程技术。例如,1983 年 1 月份建成的日本青函隧道全长 53.85 公里,施工历时 18 年之久,耗资 7000 亿日元。参加这一工程的累计人数约 1100 万人,而且其中部分工程设计,还因财政困难而暂时搁置。

地下隧道的挖掘,除了交通运输上的意义之外,还被利用于石油的地下贮存等方面,而且在军事上更有特殊的价值,例如建立核隐蔽所、防弹室等。

苏联在西伯利亚铺设管道的计划,有关地下挖掘方面的技术,非常希望得到美国的协助。但是由于这些技术都是与建设地下导弹基地有关,所以技术交流估计是不可能的。

由于有了地下挖掘的新技术,美国正设想建造一条连接纽约和洛杉矶、横穿美洲大陆的高速地下铁路。这条地下铁路,在深100米的隧道内设置真空通道,线性电动车在这条真空通道内飞驰。据设计者洛巴夫·萨尔特博士讲,从纽约到洛杉矶只要21分钟就可直达,如果中途停车一次,也只要54分钟。

连接海峡两岸的交通系统,除了隧道以外,还可以建造桥梁。桥梁与陆地高度差比较小,而且工程大部分是在海面进行,而不是在海底进行,同时也无需像隧道那样解决排气的困难。

当然,如果架设桥梁,还是应该选择大型的、多用途的形式。1968年建成的中国南京长江大桥,全长6700米,就是双层的桥梁,上层是公路桥,下层是双线行驶的铁路桥。

美国人正在研究所谓"巴拿马运河代替方案",就是在巴拿马或其它地方,建造代替现有巴拿马运河的运输系统。有人提出一种不必挖掘运河的新想法。其方案有两种:一种是考虑在地峡上建造排列着的好像水槽那样的预制混凝土水路,把大西洋和太平洋连接起来;另一种方案是根本不开凿运河也不建造其它水路系统,而是考虑用履带式拖车来运载轮船或货物,横穿地峡。这种方法和在肯尼迪发射场把火箭和飞船运往发射台所使用的履带式拖车,原理完全一样。实际上很早以前就有人提出过连船坞一起用轨道来运输的方法,现在需要研究的是这种方法是否能用来在陆地上运送巨型轮船的问题。

至于海上的高速大量运输,就必须依靠新型的轮船了。

最近,一位教授设计了一种半潜水式的双体船。这种双体船受波浪的阻力极小,摇摆小而稳定性好,好像一个海上浮岛一样。用其宽大的甲板代替栈桥,半潜式双体船就可以当作一个可移动的海港。在其潜水式的双体内,可以装载石油或煤炭等货物,而船面上就装载集装箱或汽车等。

而空中运输方面,研制的对象将是机翼下可装载货物的大型飞机和大型飞船。

　　所有海洋的、空中的和地下海底的各种运输线,都将会集在赤道宇宙基地。它可能设在太平洋、大西洋或印度洋等海洋国家建造的人工岛上,或者建在拉丁美洲和非洲的东海岸。它是地球和宇宙的通航港口,也是国际自由贸易港,作为投资金融中心吸收了世界资本,而且还设有独立的工业基地。这个称为 ESP 的宇宙港,不仅可以发射巨型运输火箭和新型大型宇宙穿梭机,还设有宇宙升降站。

　　这种宇宙港也许不只有一个。50 年、100 年以后,我们的子孙就可以使用宇宙的资源,也可以向宇宙疏散人口了,那时的地球一定会比现在更加美丽怡人,人们必将生活得更愉快健康。

　　(原载《科学与人》,1984 年第 4 期,作者育果)

结束时间 (一):　＿＿＿＿　结束时间 (二):　＿＿＿＿

阅读时长 (一):　＿＿＿＿　阅读时长 (二):　＿＿＿＿

练　习

开始时间 (一):　＿＿＿＿　开始时间 (二):　＿＿＿＿

一、选择题

1. 世界经济不断发展,国际贸易日益频繁,这就要求建立的国际运输系统＿＿＿＿。

　( )　( ) a. 速度更快

b. 流通量更大, 线路更长

c. 速度更快, 流通量更大, 线路更长

d. 速度更快, 流通量更大, 线路更长, 而且还要
伸延出地球以外。

2. 建设海底隧道, _____。

( ) ( ) a. 需要简单的工程技术

b. 需要一般的工程技术

c. 需要较高的工程技术

d. 需要很高的工程技术

3. 苏联计划在西伯利亚铺设管道, 美国拒绝提供地下挖掘
技术。这是因为 _____。

( ) ( ) a. 美国有财政方面的困难

b. 这与美国建造连接纽约和洛杉矶的高速地下
铁路有关

c. 这与建设地下导弹基地有关

d. 苏联有财政方面的困难

4. 地下隧道的挖掘 _____。

( ) ( ) a. 除了有利于发展交通运输事业以及石油的地
下贮存之外, 还在军事上有特殊的意义

b. 有利于发展交通运输事业

c. 有利于石油的地下贮存

d. 有利于建立核隐蔽所、防弹室等

5. 美国设想建造一条连接纽约和洛杉矶的高速地下铁路。
如果中途不停车, 从纽约到洛杉矶只要 _____。如果
停车一次, 也只要 _____。

( ) ( ) a. 21分钟／54分钟   b. 54分钟／21分钟

c. 54分钟／54分钟　　　d. 21分钟／21分钟

6. 作者认为, 在海峡两岸间架设桥梁, 应该选择的形式是 _____。

（　）（　）a. 公路桥　　　　　　b. 铁路桥

　　　　　c. 大型的、多用途的桥　d. 传统桥梁

7. 半潜式双体船, _____。

（　）（　）a. 受波浪的阻力极小, 但摇摆较大

　　　　　b. 受波浪的阻力较大, 但摇摆小而稳定性好

　　　　　c. 受波浪的阻力极小, 摇摆小而稳定性好

　　　　　d. 受波浪的阻力极小, 摇摆小, 但稳定性不够好

8. 空中运输方面, 研制的对象将是 _____。

（　）（　）a. 大型飞机

　　　　　b. 大型飞船

　　　　　c. 机翼下可装载货物的大型飞机

　　　　　d. 机翼下可装载货物的大型飞机和大型飞船

9. 将来, 赤道宇宙基地会集的运输线有 _____。

（　）（　）a. 海洋的运输线

　　　　　b. 空中的运输线

　　　　　c. 地下海底的各种运输线

　　　　　d. 海洋的、空中的和地下海底的各种运输线

10. 本文谈到的大型高速运输计划所包括的内容有 _____。

（　）（　）a. 海底隧道、地下铁路、桥梁、新型轮船、通往宇宙的港口

　　　　　b. 海底隧道、地下铁路、桥梁、履带式拖车、新型轮船、大型飞机和飞船、通往宇宙的港

口

c. 海底隧道、地下铁路、桥梁、履带式拖车、大型飞机和飞船

d. 海底隧道、地下铁路、桥梁、大型飞机和飞船、通往宇宙的港口

二、判断题

（　）（　）1. 科学家们正在研究全球性的大型高速运输计划。

（　）（　）2. 多用途的海底隧道，是连接海峡两岸的大型高速运输的唯一设施。

（　）（　）3. 多用途的海底隧道内没有输油管。

（　）（　）4. 地下铁路与地下隧道不是一回事儿，两者没有关系。

（　）（　）5. 建造桥梁不必像建隧道那样解决排气的困难。

（　）（　）6. 建造一条大运河，只有两种方案供考虑。

（　）（　）7. 人们已经解决了用履带式拖车在陆地上运送巨型轮船的问题。

（　）（　）8. 海上的高速大量运输，必须依靠新型的轮船。

（　）（　）9. 半潜式双体船一般都不太大。

（　）（　）10. 赤道宇宙基地是地球和宇宙的通航港口，也是国际自由贸易港。

三、近义词选择题

1. 世界经济不断发展，国际贸易日益〔频繁〕。

（ ）（ ）a. 复杂　　　　　　b. 增多

　　　　c. 大量　　　　　　d. 麻烦

2. 参加日本青函隧道工程的累计人数约1100万人, 而且其中部分工程设计, 还因财政困难而暂时〔搁置〕。

（ ）（ ）a. 停止　　　　　　b. 改变

　　　　c. 拿走　　　　　　d. 执行

3. 地下隧道的挖掘, 除了交通运输上的意义之外, 还被利用于石油的地下〔贮存〕等方面。

（ ）（ ）a. 存在　　　　　　b. 生存

　　　　c. 埋藏　　　　　　d. 存放

4. 苏联在西伯利亚铺设管道的计划, 有关地下挖掘方面的技术, 非常希望得到美国的〔协助〕。

（ ）（ ）a. 帮助　　　　　　b. 协商

　　　　c. 协议　　　　　　d. 援助

5. 日本青函隧道〔耗资〕7000亿日元。

（ ）（ ）a. 消耗　　　　　　b. 损耗

　　　　c. 资助　　　　　　d. 花费

6. 在深100米的隧道内设置真空通道, 线性电动车在这条真空通道内〔飞驰〕。

（ ）（ ）a. 快速运行　　　　b. 飞行

　　　　c. 又飞又跑　　　　d. 飞快

7. 城市之间的长距离运输系统, 必须根据高速、大量的〔客运货运〕要求, 多方面地进行设计。

（ ）（ ）a. 客人的货物运输　　b. 人和货物的运输

　　　　c. 带有货物的客人运输　d. 货物运输

8. 在海上和海中, 可以发展海上〔人工岛〕, 这种漂浮的人工岛还可以成为潜水艇开发海底资源的基地。

（　）（　）a. 有人的海岛　　　　b. 可以工作的海岛

　　　　　　c. 有工厂的海岛　　　d. 人造的海岛

9. 所有海洋的、空中的和地下海底的各种运输线, 都将〔会集〕在赤道宇宙基地。

（　）（　）a. 会见　　　　　　b. 收集

　　　　　　c. 集合　　　　　　d. 会合

10. 50年、100 年以后，我们的子孙就可以使用宇宙的资源，也可以向宇宙（疏散）人口了。

（　）（　）a. 清除　　　　　　b. 疏忽

　　　　　　c. 分散　　　　　　d. 散布

结束时间：＿＿＿＿＿　　阅读时长：＿＿＿＿＿

表一. 时长评分标准:（时长单位: 分钟）

阅　　读 时　　长	9 ｜ 9	10 ｜ 10	11 ｜ 11	13 ｜ 13	14 ｜ 14	16 ｜ 16	19 ｜ 19	23 ｜ 23	｜
得分数	40	35	30	25	20	15	10	5	0
超总时长扣分标准				每超过 1 分钟扣 2 分					

表二. 练习成绩统计及评定：（时长单位：分钟）

项目	阅读时长	练习时长	练习题正确数	超时	总计分	评定等级	HSK分数等级
第一次 完成情况							
得　分				扣分			
第二次 完成情况							
得　分				扣分			

表三. 部分外国留学生速读情况调查结果：

（时长单位：分钟；速度单位：字／分钟）

调查对象情况		阅读		练习				
学习时间	国别与人数	平均时长	平均速度	平均时长	平均正确题数			平均正确率
					一	二	三	
800小时以上	泰国　3 菲律宾　1 日本　1	12	142	13	5	7	4	53%
800小时以下	丹麦　1 苏联　1 澳大利亚　1 日本　1 加拿大　1	19	89	20	8	8	5	70%

表四. 部分中国学生速读情况调查结果:

(时长单位: 分钟; 速度单位: 字/ 分钟)

调查对象		阅 读		练 习				
水平档次	人数	平均时长	平均速度	平均时长	平均正确题数			平均正确率
					一	二	三	
甲	52	5	340	7	8	8	8	80%
乙	46	5	340	7	7	7	7	70%
丙	41	7	243	8	6	7	7	67%
丁	51	9	189	10	6	7	7	67%

练 习 答 案

一、　1. c　　2. d　　3. c　　4. a　　5. a

　　　6. c　　7. c　　8. d　　9. d　　10. b

二、　1. ✓　　2. ×　　3. ×　　4. ×　　5. ✓

　　　6. ×　　7. ×　　8. ✓　　9. ×　　10. ✓

三、　1. b　　2. a　　3. d　　4. a　　5. d

　　　6. a　　7. b　　8. d　　9. d　　10. c

第 十 二 单 元

训 练 文 二

中心词:

1. 光泽材料　　　lustre material; glass material
2. 墙壁　　　　　wall
3. 生意　　　　　business; trade
4. 代表作　　　　representative work
5. 卧具　　　　　bedding
6. 厨房设施　　　kitchen utensils
7. 折叠　　　　　fold
8. 压缩机　　　　air compressor
9. 陶瓷　　　　　pottery and porcelain; ceramics
10. 纸造房子　　　a cardboard house
11. 拆迁　　　　　disassemble and move
12. 牛皮纸　　　　brown paper

规定总时长: 23 分钟 (阅读: 8 分; 练习: 15 分)

开始时间 (一): ＿＿＿＿ 开始时间 (二): ＿＿＿＿

新 型 建 筑

世界科学技术发展迅猛, 各类新式住宅建筑五彩缤纷, 这里

简介其中几种:

亮 派 建 筑

亮派建筑是新发展起来的一个建筑流派, 其特色是采用光泽材料如合金、不锈钢、镜面玻璃、塑料等做建筑物的墙壁或装饰物, 使整座建筑闪闪发光,绚丽异常。

亮派建筑以美国居多。由于商业竞争激烈, 为具有广告效果, 大量使用光泽材料造房。五十年代, 专营肥皂和洗衣粉的纽约华丽公司建造了一幢玻璃大厅, 引人注目, 曾招来不少生意。

日本东京草目会馆, 是亮派建筑的代表作。外墙全部用蓝色镜面玻璃砌成, 阳光云影辉映其中, 与周围环境融为一体,大大美化了市容。

旅 游 住 宅

对于经常出门旅游的人来说, 最大的麻烦莫过于交通和住宿两件事。国外针对这一状况, 在一般小汽车或大卡车的基础上,研制出旅游住宅。这种能跑的住宅, 不仅设置有卧具, 可以让辛劳的人舒舒服服地睡上一觉, 而且还备有箱、橱、柜、台等, 便于存放衣物和办公。在较大型的旅游住宅中, 甚至还配置有小型厨房设施, 如气灶、冰箱、餐桌等, 可供 4—8 人用餐之需。这种旅游住宅, 对野外勘测人员亦是比帐篷高级得多的住处。

折 叠 房 屋

瑞典一家铝制品公司, 用带隔热片的铝板制造折叠房子。只要用安装在折叠房子上的小压缩机输入空气, 房子就"造"好了。一套这样的房子, 仅重 950 公斤。

这种房子适合于建立临时居住点,也适合于灾区、国际集市及运动会等使用。

陶 瓷 住 宅

日本最近利用一种新型建筑材料研制成一种陶瓷住宅,这将成为 21 世纪的理想住宅。这种材料极轻,可浮于水上,而抗压力大,极难破碎。它的特点有:抗火,耐久,不易腐蚀,隔音,并能控制湿度。制造的方法是,把矽土和石灰石混合加水,再以 180 摄氏度的高温加热,生产快,成本低。

纸 造 房 子

美国世界造纸公司研制成一种纸造房屋。这种纸造房屋不仅费用低廉,而且具有容易拆迁和建造迅速等特点,适合牧区、林区和农场使用,还可以解决由于水灾、地震等自然灾害所造成的大量过渡性用房之需。

这种新型房子的板壁是由一种专门设计的经化学处理的带皱纹的牛皮纸制成的,使用寿命可达 15 至 20 年。它的厚度为 5 至 16 英寸。纸板外面涂上树脂和玻璃纤维,其每平方英寸的抗压强度为 3000 磅;房子里墙和天花板上的涂料能经受高达华氏 1900 度的高温,并可以防虫害。

房子的有效使用面积为 20 × 205 平方英尺,全部重量约 450 磅,全部部件可以装在两个大纸盒子里,搬迁简便,而且可以任意装配。只要设计稍加改动,便可以作教室、图书室和会议室。

(原载《科学与生活》,1989 年第 2 期,作者鹰扬)

练   习

一、选择题

1. "亮派建筑"是_____。

（　）（　）a. 新发展起来的一个建筑流派

b. 阳光下的建筑方法

c. 室内光线明亮的房子

d. 夜里也能发光的建筑物

2. 美国大量建造亮派建筑的一个重要目的是_____。

（　）（　）a. 显示美国的建筑技术

b. 使建造者本人感到满足

c. 在激烈的商业竞争中增强广告效果

d. 使住在里面的人更高兴

3. 日本东京草目会馆是_____。

（　）（　）a. 日本古代建筑的代表作

b. 亮派建筑的代表作

c. 世界上最大的建筑物

d. 日本最好的建筑物

4. 纽约华丽公司建了一幢玻璃大厅之后，_____。

（　）（　）a. 公司比以前好多了

b. 生意因此比以前好得多

c. 公司的职工生活在更明亮的房子里

d. 公司的生意不那么好做了

5. "能跑的住宅"是一种_____。

( )( )a. 有脚的房子

b. 逃跑的人住的房子

c. 随时都有可能被别人偷走的房子

d. 用小汽车或大卡车改装的旅游住宅

6. 旅游住宅不但可以满足旅游者的需要，也可以_____。

( )( )a. 用作野外勘测人员的住房

b. 用作有钱人的高级住处

c. 当作人们的日常住房

d. 用作无房者的住房

7. 美国世界造纸公司研制成的纸造房子，_____。

( )( )a. 它的全部部件可以装在两个大纸盒子里

b. 它的样子和两个大纸盒子一样

c. 它只有两个大纸盒子那么大

d. 它由两个大纸盒子组成

8. 日本新近研制成功的陶瓷住宅是_____。

( )( )a. 一种新型的工艺品

b. 一种日用品

c. 一种新型房子

d. 一种存放陶瓷的房子

9. 瑞典一家公司制造的折叠房屋，_____。

( )( )a. 每套总重量950公斤

b. 能活动的部分重量为950公斤

c. 仅能装下950公斤重的东西

d. 可以装下950公斤重的家具

10. 美国世界造纸公司制造的一种纸造的房子,设计稍加改动就_____。

( ) ( ) a. 可以装上压缩机

b. 适合于旅行时使用

c. 适合于地震多发地区使用

d. 可以做教室、图书室等

二、判断题

( ) ( ) 1. 纸造住房也是新型建筑的一种。

( ) ( ) 2. 亮派建筑全部都是用玻璃建成。

( ) ( ) 3. 陶瓷住宅是现在日本人的住宅。

( ) ( ) 4. 折叠房屋只作为临时住房而不是作为永久住房来使用。

( ) ( ) 5. 一座较大型的车式旅游住宅可供几十人用餐。

( ) ( ) 6. 安装折叠房屋必须要用空调机。

( ) ( ) 7. 纸造房子的板壁是用一种特殊的纸制成的。

( ) ( ) 8. 旅游住宅可以睡觉,但不能办公。

( ) ( ) 9. 亮派建筑以美国居多。

( ) ( )10. 生活在陶瓷住宅中会很潮湿。

三、近义词选择题

1. 世界科学技术发展迅猛,各类新式住宅建筑〔五彩缤纷〕。

（　）（　）a. 色彩艳、式样多　　　b. 有五种颜色

　　　　　　c. 有五个流派　　　　　d. 颜色复杂

2. 亮派建筑是新发展起来的一个建筑〔流派〕，其特色是采
　　用光泽材料。

（　）（　）a. 派别　　　　　　　　b. 潮流

　　　　　　c. 传统　　　　　　　　d. 水流

3. 外墙全部用蓝色镜面玻璃砌成，阳光云影辉映其中，与周
　　围环境融为一体，大大美化了〔市容〕。

（　）（　）a. 市中心　　　　　　　b. 城市大小

　　　　　　c. 城市建筑物　　　　　d. 城市的环境、面貌

4. 它的特点有：〔抗火〕，耐久，不易腐蚀，隔音，并能控制湿
　　度。

（　）（　）a. 可以灭火　　　　　　b. 不怕火烧

　　　　　　c. 可以用来烧火　　　　d. 可烤火取暖

5. 对于经常出门旅游的人来说，最大的麻烦〔莫过于〕交通
　　和住宿两件事。

（　）（　）a. 就是　　　　　　　　b. 不仅是

　　　　　　c. 超过　　　　　　　　d. 包括

6. 全部部件可以装在两个大纸盒子里，搬迁〔简便〕。而且
　　可以任意装配。

（　）（　）a. 简明　　　　　　　　b. 随便

　　　　　　c. 方便　　　　　　　　d. 简化

7. 日本最近研制成一种陶瓷住宅，这将成为21世纪的〔理
　　想〕住宅。

（　）（　）a. 合理的　　　　　　　b. 令人满意的

　　　　　　c. 幻想的　　　　　　　d. 有希望的

8. 这种纸房屋不仅费用〔低廉〕。而且具有容易拆迁和建造
   迅速等特点。
   （　）（　）a. 低下　　　　　　　　b. 便宜
   　　　　　　　c. 廉洁　　　　　　　　d. 低等

9. 这种房子适合于建立〔临时〕居住点，也适合于灾区、国
   际集市及运动会等使用。
   （　）（　）a. 暂时的　　　　　　　b. 长期的
   　　　　　　　c. 及时的　　　　　　　d. 不定期的

10. 这种能跑的住宅，不仅〔设置〕有卧具，可以让辛劳的人
    舒舒服服地睡上一觉，而且还备有箱、橱、柜、台等，便
    于存放衣物和办公。
    （　）（　）a. 安装　　　　　　　　b. 开设
    　　　　　　　c. 设想　　　　　　　　d. 布置

结束时间（一）：＿＿＿＿＿　结束时间（二）：＿＿＿＿＿
练习时长（一）：＿＿＿＿＿　练习时长（二）：＿＿＿＿＿

表一. 时长评分标准：（时长单位：分钟）

阅　读 时　长	7 ｜ 7	7.6 ｜ 7.6	8 ｜ 8	9 ｜ 9	11 ｜ 11	12 ｜ 12	14 ｜ 14	17 ｜ 17	17
得分数	40	35	30	25	20	15	10	5	0
超总时长扣分标准				每超过1分钟扣1分					

表二. 练习成绩统计及评定：（时长单位：分钟）

	项　目	阅　读时　长	练　习时　长	练习题正确数	超　时		总计分	评　定等　级	HSK分　数等　级
第一次	完成情况								
	得　分				扣分				
第二次	完成情况								
	得　分				扣分				

表三. 部分外国留学生速读情况调查结果：

（时长单位：分钟；速度单位：字／分钟）

调查对象情况		阅　　读		练　　　　习				
学习时间	国　别　与人　　　数	平均时长	平均速度	平均时长	平均正确题数			平均正确率
					一	二	三	
800小时以上	泰国　　　3 菲律宾　　1 日本　　　1	9	140	10	6	6	5	57%
800小时以下	苏联　　　1 澳大利亚　1 丹麦　　　1 日本　　　1 加拿大　　1	16	79	18	6	7	5	60%

表四. 部分中国学生速读情况调查结果:

（时长单位：分钟；速度单位：字／分钟）

调查对象		阅 读		练 习				平 均
水平 档次	人 数	平均 时长	平均 速度	平均 时长	平均正确题数			正确率
					一	二	三	
甲	52	4	315	6	9	9	8	87%
乙	46	5	252	6	8	8	7	77%
丙	42	6	210	7	8	7	7	73%
丁	51	8	158	10	7	7	7	70%

练 习 答 案

一、　1. a　　2. c　　3. b　　4. b　　5. d
　　　6. a　　7. a　　8. c　　9. a　　10. d

二、　1. ✓　　2. ✗　　3. ✗　　4. ✓　　5. ✗
　　　6. ✗　　7. ✓　　8. ✗　　9. ✓　　10. ✗

三、　1. a　　2. a　　3. d　　4. b　　5. a
　　　6. c　　7. b　　8. b　　9. a　　10. a

测 试 文

规定总时长：26 分钟（阅读：11 分；测试：15 分）

开始时间：_____

明天的火车和铁路

明天的火车可漂亮啦。车厢是塑料做的，两壁和车顶都是透明的有机玻璃。你坐在车厢里，就可以清楚地欣赏窗外的风景，还可以抬头看天空，看星星或是欣赏空中纷纷飞舞的雪花。这车厢没有窗子，但是车厢里却空气新鲜，四季如春，因为有空气自动调节装置，可以控制温度和空气的流通。座位是沙发椅子，靠背可以随便往后仰，下面还有活动扶腿垫。你疲倦了，就可以躺下来睡觉。凡是旅行当中需要的设备，车厢里应有尽有。

然而，这些还不是火车的主要优点。明天的火车的主要优点是开得特别快，特别安全，特别准确。要做到这三点，必须有新式的火车头，新式的红绿灯信号和新式的路轨。

火车头的正式名称叫做机车。过去时常见到的火车头是烧煤的蒸汽机车。蒸汽机车不但速度低，拉力也不够大，而且烧煤的效率很低，所以蒸汽机车已经逐渐被烧柴油的内燃机车和用高压电的电力机车所代替。内燃机车和电力机车速度快，拉力大，也比较经济。它们的速度都比蒸汽机车快得多。

从上海到北京的铁路，现在大约长一千四百六十公里，将来铁路修得多了，铁路网密了，火车还可以走近路。铁路可以有平行的两条线，也就是"复线"，来往的火车各走一条线，不需要中途让车，可以节省很多时间。要是再用强大的电力机车，每小时就可以跑大约二百多公里。现在，法国的高速火车每小时就可以跑二百六十公里。由于电力机车效率高，速度快，拉的车厢多，客票的价格当然就便宜了。

火车跑得越快，空气对它的阻力也越大。能不能想个办法，使空气不但不起消极作用，反而起积极作用呢？将来的火车可以利用飞机飞行的原理，在速度达到某个限度的时候，能借空气的浮力腾空而起，稍稍离开路轨，免去车轮和路轨的摩擦，同时利用空气的作用，使火车加速前进，这就是气垫。气垫列车每小时能跑四百二十多公里，这样，从上海到北京，不是三个多小时就够了吗？

在车轮与路轨之间，除了用气垫以外，还可以用磁垫。那是在车轮和路轨上都装上磁铁，利用两块磁铁之间同极相抗、异极相吸的原理，使车轮和路轨都"同极"磁化，因而相互排斥，这样就使车轮离开路轨，中间来个磁垫，可免去车轮同路轨之间的摩擦。磁垫悬浮列车的速度更快了，每小时差不多能走五百公里。用气垫火车和磁垫火车，铁路运输就格外地多快好省了。

再说说信号吧！

将来的信号完全是利用电子计算机自动控制的，不需要人来操作。前面的一段铁路上没有火车，绿灯就亮了，如果一出现火车，绿灯立刻变成红灯。机车上有一种电子装置，前面一出现红灯，就能自动停车，如果前方有各种障碍，像马车挡路、路轨下陷、桥梁折断等等危险情况，利用一种光线或声波的作用，也能自动停车，避免事故。

通过这种自动信号，还可以在车站的调度室里集中调度火车的运行。在一百公里的范围里行驶的火车，只要一个人就能调度。调度员不但可以通过各种信号，知道各条铁路上火车的运行情况，还可以通过电视，亲眼看到这些火车。他不但可以用按电钮的办法来向火车发出信号，还可以用无线电话和火车上的司机通话，就像现在飞机场上的调度塔指挥飞机航行一样。

目前的路轨有许多缺点：首先，钢轨是一节一节接起来的。这样做，原来是为了适应温度的变化，在每两节钢轨之间留一条缝，好让它在热胀冷缩的时候，有伸缩的余地。可是，就因为有了缝，车轮滚动的时候，每遇到前面一节钢轨的头，就冲击一下，造成了震动和响声。其次，钢轨是钉在枕木上的，枕木不但强度不够，而且寿命不长, 很不经济。 这些缺点, 现在正在开始克服。 钢轨可以一节一节焊接起来, 这种钢轨叫长钢轨, 钉死在枕木上, 温度变化的时候也不会伸缩。 用长钢轨铺的线路叫无缝线路, 枕木可以用坚固耐久的预应钢筋混凝土来做。

目前, 世界上的铁路, 钢轨都有左右两条, 火车才站得稳。 能不能不用两条钢轨, 而只用一条呢? 在一条钢轨上, 火车怎么能站得稳呢? 这也不难, 只要在每节车厢装上左右两个飞轮, 飞轮有平衡的作用。 飞轮飞快地旋转起来, 就能使车厢稳定。

(原载科学普及出版社《从小学科学(1)》, 作者茅以升)

结束时间: _____阅读时长: _____

测 试 题

开始时间: _____

一、 选择题

1. 明天的火车, 车厢的两壁和车顶都是用透明的_____做的。

( ) a. 塑料　　　　　　　b. 有机玻璃

　　c. 钢铁　　　　　　　d. 木材

2. 明天的火车车厢里空气新鲜, 四季如春, 是因为_____。

( ) a. 有沙发椅子　　　　b. 有自动扶脚垫

　　c. 车厢有上下两层　　d. 有空气自动调节装置

3. 将来火车的重要优点是_____。

( ) a. 坐在车厢里, 可以清楚地欣赏窗外的风景

    b. 旅行当中需要的设备应有尽有

    c. 开得特别快, 特别安全, 特别准确

    d. 火车头是蒸汽机车

4. 将来火车客票的价格便宜, 是因为_____。

( ) a. 坐火车的人不多

    b. 铁路修得多了, 铁路网密了

    c. 铁路有平行的两条线, 火车不需要中途让车

    d. 电力机车效率高, 速度快, 拉的车厢多

5. 要消除车轮和路轨之间的磨擦, _____。

( ) a. 必须使用长钢轨

    b. 可以利用气垫, 还可以利用磁垫

    c. 必须用内燃机车或电力机车

    d. 必须修两条平行的铁路

6. 将来铁路上的信号, 完全是_____。

( ) a. 利用人工控制

    b. 利用电子计算机自动控制

    c. 利用光线的作用来控制

    d. 利用声波的作用来控制

7. 将来, 在一百公里范围内行驶的火车, _____。

( ) a. 不需要人调度

    b. 只要一个人就能调度

    c. 由飞机场调度

    d. 由飞机调度

8. 目前的路轨, _____。

（　）a. 没有缺点　　　　　　b. 铁轨中间有一条缝

　　　　c. 主要是枕木不合要求　d. 有许多缺点

9. 将来的铁路，_____。

（　）a. 必须要用两条钢轨　　b. 只需要用两个飞轮

　　　　c. 可以只用一条钢轨　　d. 不需要用钢轨

10. 本文的主要内容是_____。

（　）a. 指出今天的火车和铁路的缺点

　　　　b. 介绍有些国家已经在试验或者试用了气垫火车和磁
　　　　　 垫火车

　　　　c. 指出对气垫火车和磁垫火车，我国还需要做不少科学
　　　　　 研究工作

　　　　d. 介绍未来火车和铁路的情况

二、判断题

（　）1. "明天的火车"指的是"将来的火车"。

（　）2. 机车也可以叫做火车头。

（　）3. 蒸汽机车比电力机车和内燃机车的速度快，拉力大。

（　）4. 在复线铁路上行使的火车一般也得中途让车。

（　）5. 空气对火车只有消极作用，不可能有积极作用。

（　）6. 未来的气垫列车在行驶时同样也有剧烈的震动。

（　）7. 明天的火车只需要磁垫，不需要信号。

（　）8. 有了好的车厢、好的火车头、好的调度系统，就能大
　　　　 开快车了。

（　）9. 长钢轨钉死在枕木上，温度变化时也不会伸缩。

（　)10. 如果用一条钢轨，使车厢平稳也不是一件困难的事。

三、近义词选择题

1. 你坐在车厢里，可以清楚地〔欣赏〕窗外的风景，也可以抬头看天空，看星星或是欣赏空中纷纷飞舞的雪花。

（　）a. 欣喜　　　　　　　　　b. 参观

　　　c. 观看　　　　　　　　　d. 赞赏

2. 座位是沙发椅子，靠背可以随便往后仰，下面还有〔活动〕扶脚垫。你疲倦了，就可以躺下来睡觉。

（　）a. 参加锻炼的　　　　　　b. 不固定，可以移动的

　　　c. 可以随身带走的　　　　d. 没有装好的

3. 法国的〔高速〕火车每小时可以跑二百六十公里。

（　）a. 又高又快的　　　　　　b. 高级

　　　c. 使用高压电的　　　　　d. 速度很快的

4. 蒸汽机车已经逐渐被烧柴油的内燃机车和用高压电的〔电力机车〕所代替。

（　）a. 可以发电的机车

　　　b. 用电作动力的机车

　　　c. 试验电压的机车

　　　d. 可以在电线上行驶的机车

5. 我们知道，火车跑得越快，空气对它的〔阻力〕也越大。

（　）a. 阻挡火车前进的力

　　　b. 空气对火车的浮力

　　　c. 火车对空气的反作用力

　　　d. 车轮和路轨之间的摩擦力

6. 〔复线〕铁路有平行的两条线，来往的火车各走一条线，不需要中途让车。

（　）a. 没有铁轨的铁路线

b. 只有一条铁轨的铁路线

c. 有两组或两组以上铁轨的铁路线

d. 有三组以上铁轨的铁路线

7. 用气垫火车和磁垫火车，铁路运输就〔格外地〕多快好省。

（　）a. 严格地　　　　　　　b. 意外地

c. 平常地　　　　　　　d. 特别地

8. 气垫不仅能消除空气的〔消极作用〕，还能使空气对火车的行驶起积极作用。

（　）a. 一般的作用　　　　　b. 不好的作用

c. 消失了的作用　　　　d. 好的作用

9. 钢轨可以一节一节的焊起来，这种钢轨叫长钢轨，钉死在枕木上，温度变化的时候也不会〔伸缩〕。

（　）a. 延伸　　　　　　　　b. 收缩

c. 增大和缩小　　　　　d. 伸长和缩短

10. 将来铁路修得多了，铁路网〔密〕了，火车还可以走近路。

（　）a. 比以前多　　　　　　b. 重叠

c. 各线路间的距离近　　d. 都在地下

结束时间：＿＿＿＿＿＿测试时长：＿＿＿＿＿＿

表一. 时长评分标准：（时长单位：分钟）

阅　　读 时　　长	9 | 9	10 | 10	11 | 11	12 | 12	14 | 14	16 | 16	19 | 19	22 | 22	| 22
得分数	40	35	30	25	20	15	10	5	0
超总时长扣分标准				每超过1分钟扣1分					

表二. 测试成绩统计及评定: (时长单位: 分钟)

项 目	阅读时长	测试时长	测试题正确数	超 时		总计分	评定等级	HSK分数等级
完 成 情 况								
得分				扣分				

表三. 部分外国留学生速读情况调查结果:

(时长单位: 分钟; 速度单位: 字/分钟)

调查对象情况		阅 读		练 习				
学习时间	国 别 与 人 数	平均时长	平均速度	平均时长	平均正确题数			平均正确率
					一	二	三	
800小时以上	泰国 3 菲律宾 1 日本 1	14	120	11	5	7	5	57%
800小时以下	丹麦 1 苏联 1 澳大利亚 1 日本 1 加拿大 1	24	70	19	6	7	5	60%

表四. 部分中国学生速读情况调查结果:

（时长单位：分钟；速度单位：字／分钟）

调查对象		阅　　读		练　　　习				
水平档次	人数	平均时长	平均速度	平均时长	平均正确题数			平均正确率
					一	二	三	
甲	52	6	280	6	9	9	9	90％
乙	46	6	280	8	7	7	8	73％
丙	41	6	280	8	7	7	8	73％
丁	51	9	187	10	7	7	7	70％

练 习 答 案

一、　1. b　　2. d　　3. c　　4. d　　5. b

　　　6. b　　7. b　　8. d　　9. c　　10. d

二、　1. ✓　　2. ✓　　3. ×　　4. ×　　5. ×

　　　6. ×　　7. ×　　8. ×　　9. ✓　　10. ✓

三、　1. c　　2. b　　3. d　　4. b　　5. a

　　　6. c　　7. d　　8. b　　9. d　　10. c